ÉMILE GALTIER

HISTOIRE
DE
SAINT-MAUR-DES-FOSSÉS

Depuis les origines jusqu'à nos jours

L'ABBAYE - LE CHATEAU - LA VILLE

OUVRAGE HONORÉ D'UNE SOUSCRIPTION DU
CONSEIL MUNICIPAL DE SAINT-MAUR ET
PUBLIÉ SOUS LES AUSPICES DE LA SOCIÉTÉ
« LES AMIS DES ARTS » DE SAINT-MAUR.

PARIS
LIBRAIRIE ANCIENNE ÉDOUARD CHAMPION, ÉDITEUR
5, QUAI MALAQUAIS, 5

1913

Émile GALTIER

HISTOIRE

DE

SAINT=MAUR=DES=FOSSÉS

Depuis les origines jusqu'à nos jours

L'ABBAYE - LE CHATEAU - LA VILLE

OUVRAGE HONORÉ D'UNE SOUSCRIPTION DU
CONSEIL MUNICIPAL DE SAINT-MAUR ET
PUBLIÉ SOUS LES AUSPICES DE LA SOCIÉTÉ
« LES AMIS DES ARTS » DE SAINT-MAUR.

PARIS
LIBRAIRIE ANCIENNE ÉDOUARD CHAMPION, ÉDITEUR
5, QUAI MALAQUAIS, 5

1913

Il a été tiré 1.050 exemplaires numérotés.

N°

A monsieur MARIN, Auguste-Frédéric,
maire de Saint-Maur,
vice-président du conseil général de la Seine,
en souvenir de notre amitié
et en témoignage d'admiration pour ses constants efforts
en vue de l'embellissement
et de la prospérité de sa chère ville natale

ÉMILE GALTIER

Introduction

Nous nous sommes proposé d'écrire une histoire assez complète de la ville de Saint-Maur-des-Fossés, sans, toutefois, la surcharger de documents trop techniques, afin de populariser, le plus possible, les principaux faits de nos annales locales. Nous avons suivi, en général, l'ordre chronologique qui est le plus clair, le plus rationnel, en nous efforçant, par quelques lignes placées en tête de chaque chapitre, de rattacher notre histoire locale aux grandes époques de l'histoire de France. Ainsi la lecture en sera d'autant plus facile, et, d'autre part, le fait sera de la sorte situé dans les conditions de temps et de lieu les plus propres à lui assurer sa véritable signification.

Nous ne nous sommes pas dissimulé les difficultés d'une telle entreprise ; mais, soutenu par un ardent amour pour ce coin de notre France, au passé glorieux, qui est devenu depuis 15 ans notre pays d'adoption et de prédilection, et guidé par l'unique souci de faire une œuvre d'impartialité et de conscience, nous croyons avoir atteint notre but, et nous livrons ce volume au jugement du public avec quelque confiance.

Nous avons, autant que possible, consulté les sources historiques ; c'est de la sorte que nous avons pu rectifier quelques *erreurs et exhumer des documents ignorés des auteurs qui ont traité le sujet avant nous* (1).

Nous avons souvent été frappé de l'ignorance de nos concitoyens en ce qui concerne leur histoire locale ; c'est pourquoi nous avons conçu le projet, audacieux peut-être, de mettre sous leurs yeux un enchaînement clair et sûr des événements qui se sont déroulés sur le sol de leur antique cité, si hospitalière, si belle, qui justifie pleinement l'appréciation si élogieuse de Rabelais : « Saint-Maur, paradis de salubrité, aménité, sérénité, commodité, délices et tous honnestes plaisirs d'agriculture et de vie rustique. »

Ils sont peu nombreux ceux qui, remontant les étapes de la civilisation, s'efforcent de rattacher le présent au passé et de se faire une idée de la vie de nos aïeux.

Quelques-uns de nos concitoyens connaissent à peine ce vieux Saint-Maur, aux vieilles maisons, où s'est déroulée toute notre histoire, autour de cette place de la Pelouse qui groupait l'Abbaye, le Bourg et le Château de Condé.

Les habitants de Saint-Maur ont l'avantage de vivre sur une presqu'île qui a vu passer presque toutes les invasions, dont le nom a été universellement connu du moyen âge religieux et qui a supporté, en partie, les malheurs de la France. Presque toutes les guerres qui ont eu Paris pour objectif se sont déroulées sur son sol. Il est attachant de retrouver ainsi dans nos annales locales tous les grands faits de notre histoire générale.

Afin de donner à l'œuvre plus de clarté, plus de précision et de permettre au lecteur de suivre le récit que nous allons entreprendre, il convient de fixer avant tout la topographie et le plan général de l'ouvrage.

Nous verrons d'abord se fonder sur le sol de la presqu'île une abbaye royale qui devint riche et célèbre. Elle était située à droite dans la rue de l'Abbaye, en descendant à la Marne, et dominée, vers le sud, par la butte de la Pelouse. Au nord, elle

---

(1) Piérart, qui était conseiller municipal de Saint-Maur en 1876, est impardonnable d'avoir négligé les meilleures sources de notre histoire : les archives de la commune et le *Terrier du prince de Condé*.

avait pour limite un bras de Marne qui a disparu et qui passait dans le bas de la propriété de M. Adolphe Maujan, sénateur.

L'éclat de ce monastère, lieu de pèlerinage très renommé, et les ravages qu'il eut à supporter lors des guerres des Normands, des guerres civiles, de la guerre de Cent Ans, des luttes des Armagnacs et des Bourguignons ou de Louis XI et du duc de Bourgogne, de la Ligue, etc., constituent une histoire d'un intérêt passionnant.

Le Château, qui fut construit bien plus tard, à l'époque de la Renaissance, dominait l'Abbaye et faisait face à la place de la Pelouse, s'étendant du nord-est au sud-ouest, depuis l'escarpement que forme la butte du côté de la Marne, jusqu'à l'avenue de Condé qui en coupe en partie l'emplacement.

A l'époque de la Renaissance, c'est la Cour tout entière qui séjourne à Saint-Maur une grande partie de l'été ; puis c'est le duc de Bourbon-Condé qui fait du Château royal inachevé la plus belle résidence princière des environs de Paris.

Tout ce passé glorieux était déjà enseveli sous des ruines à l'époque de la Révolution, mais le village de 500 habitants s'éveillait au souffle de la Liberté ; il était distingué, pour ses beautés naturelles, par une foule de riches et d'artistes qui mettaient en vogue les rives de la Marne, et il devait devenir, par une ascension rapide, cette belle ville de 34.000 habitants que nous admirons aujourd'hui.

Mais, avant d'aborder les temps historiques, nous essayerons d'évoquer le passé mystérieux de notre presqu'île, sa formation géologique, la vie des premiers hommes sur ce sol facile à cultiver, à défendre, qui fut pour eux comme une oasis, un refuge contre les hordes d'envahisseurs ennemis qu'une loi historique poussait comme une marée incessante de l'est à l'ouest de l'Europe.

Avant de se jeter dans la Seine à Charenton, la Marne se tord, se replie sur elle-même comme un serpent qui se réchauffe au soleil ; elle forme cette curieuse particularité de son cours qui a reçu le nom de boucle de la Marne et qui délimite une presqu'île de 1.126 hectares de superficie, devenue l'emplacement de la ville dont nous allons entreprendre l'histoire.

Rien ne passionne comme cette patiente résurrection de la vie de nos pères ; rien n'est plus propre à faire pénétrer ce goût naturel de connaître les événements qui se rattachent à nous par la chaîne des traditions et des souvenirs, comme les documents écrits ou les précieux vestiges de l'art et du labeur de nos pères qui nous livreront quelques-uns de leurs secrets ensevelis depuis des siècles.

C'est une belle tâche à laquelle nous nous sommes consacré avec ferveur et conscience, et nous espérons que le public, reconnaissant de nos efforts, voudra bien nous accorder que nous avons fait œuvre intéressante et utile.

Émile GALTIER.

CARTE GRAVÉE PAR DE FER (1717).

...Suivez-moi dans cette contrée
Où la Marne, désespérée
D'abandonner sitôt Saint-Maur,
Dès qu'elle s'en est séparée
Retourne pour le voir encor

Ode VII. — Marquis de La Fare. (1644-1712).

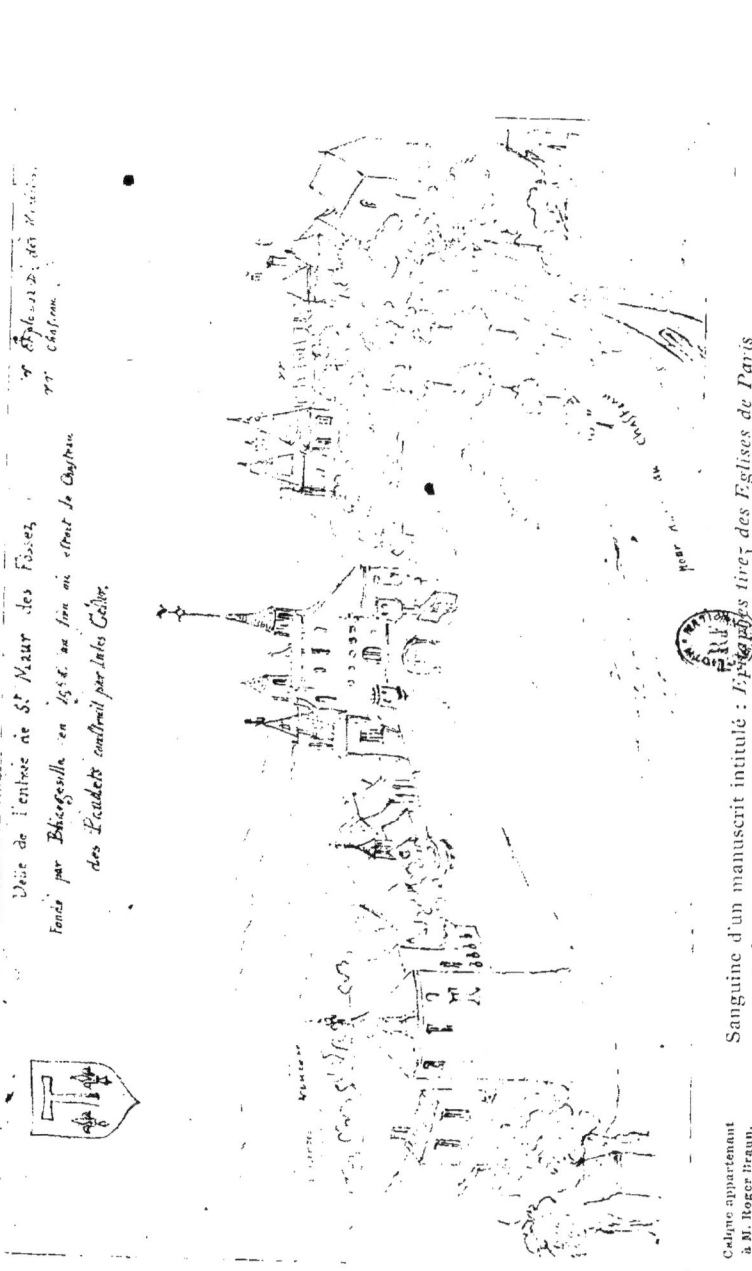

Sanguine d'un manuscrit intitulé : *Épitaphes tirez des Églises de Paris et de ses environs*. Bib. nat. F 8224, fol. 372. (Voy. p. 94.)

SAINT-MAUR-DES-FOSSÉS

(Rattachement administratif)

Anciennement, paroisse du doyenné de Chelles, communauté de la Généralité et de l'Élection de Paris, baronnie de la maison de Bourbon-Condé.

De 1787 à 1790, municipalité du département de Corbeil et de l'arrondissement de Bourg-la-Reine.

De 1790 à 1792, chef-lieu de canton du district de Bourg-la-Reine (Bourg-Égalité).

De 1792 à l'an IX, commune du district de Bourg-la-Reine (supprimé par la constitution de l'an III) et du canton de Charenton-le-Pont (Charenton-le-Républicain).

De l'an IX à 1893, commune de l'arrondissement de Sceaux et du canton de Charenton-le-Pont.

Actuellement, chef-lieu de canton de l'arrondissement de Sceaux, en vertu de la loi du 12 avril 1893.

BIBLIOGRAPHIE

L'abbé Lebeuf, *Histoire du diocèse de Paris*, t. II, p. 418-463 de l'édition Bournon.
L'abbé Pascal, *Villa Bourières, Saint-Maur-des-Fossés* ; Paris, 1858, in-8, 30 p.
Lambin (Émile), *Origines de Saint-Maur-des-Fossés* ; Paris, Dumoulin, 1873, in-12, 20 p.
Piérart (Z.-J.), *Histoire de Saint-Maur-des-Fossés, de son Abbaye, de sa péninsule* ; Paris, Ferroud, 1886, in-8.
Bournon (Fernand), *Monographies des communes de la Seine. — Saint-Maur-des-Fossés* ; 1905, in-8°.

Chapitre I

Période Préhistorique

Les progrès de la géologie, les découvertes de la paléontologie, qui ont été favorisées de nos jours par l'ouverture de nombreux chantiers souterrains, permettent aux savants d'affirmer qu'à une époque très reculée le bassin parisien fut une vaste mer d'où émergeaient quelques îles.

<small>Époque des hauts niveaux.
La vallée de la Marne.</small>

Quelque soulèvement formidable du sol changea plus tard le relief de la France, et le bassin parisien devint un vaste lac où affluaient des rivières au régime très important.

« Je partage l'opinion d'Élie de Beaumont, dit Belgrand (1), je crois que le soulèvement des Alpes s'est fait rapidement et que c'est à ce grand cataclysme qu'il faut attribuer le déplacement d'eau qui a raviné le bassin de la Seine. »

Le sous-sol de notre région renferme en effet des vestiges de cette époque diluvienne, un dépôt de roches granitoïdes provenant, à la suite de ce grand cataclysme, des montagnes du Morvan ou de contrées plus éloignées peut-être (2).

---

(1) Belgrand, *la Seine, le bassin parisien aux âges antéhistoriques*, p. xxxix.
(2) D'Orbigny. *Bulletin de la Société géologique de France*, 2ᵉ série, t. XVII, 1859.

Sans nous attarder à exposer les théories plus ou moins ingénieuses qui ont été émises pour expliquer ce phénomène, arrivons-en à des constatations établies par la méthode scientifique.

Belgrand a trouvé trace des lits de la Seine et de la Marne à 60 mètres d'altitude. En ce qui concerne la Marne, il fait remarquer que toutes les sablières riveraines sont situées au-dessous de cette cote.

« Les plus anciens lits, dit-il, ceux qui correspondent à l'altitude de 60 mètres, passaient en ligne droite par-dessus le cap de Joinville-le-Pont ; aussi nous avons exploité des sablières au sommet du cap, derrière la station de Joinville, à l'altitude de 60 mètres, et nous n'y avons trouvé ni ossements, ni coquilles fluviatiles ou terrestres, ni même aucun débris de fossiles du calcaire grossier.

« Mais, dès que la rivière a commencé le travail d'abaissement de son lit, la presqu'île de Saint-Maur a surgi au-dessus de l'eau, et l'anse de Joinville-le-Pont s'est dessinée. Au fond même de cette anse, vers l'altitude de 52 mètres, sur le penchant du côteau qui descend vers la Marne à l'entrée de Joinville, il restait il y a quelques années un lambeau de ce premier lit abaissé qui appartenait encore aux hauts niveaux. Cette sablière a été entièrement exploitée et l'on y a trouvé de très nombreux ossements, des coquilles fluviatiles et terrestres et une quantité incroyable de débris de cérites et autres fossiles du calcaire grossier.

« Ces deux carrières de Joinville, l'une complètement azoïque, l'autre si riche en débris des animaux de l'âge de pierre, sont séparées par le chemin de fer et nous ne croyons pas qu'il existe en géologie un contraste plus frappant et cependant plus facile à comprendre ; la première fait partie d'un lit rectiligne, la seconde était au fond d'une anse (1). »

On comprend que celle-ci seule ait retenu des débris d'animaux alors que ces débris étaient emportés par le courant rectiligne de l'altitude de 60 mètres.

L'étiage moyen de la rivière étant actuellement de 31 m. 75 environ, on peut se faire une idée de l'énorme travail de ses eaux. A cette époque, rien n'émergeait du territoire de Saint-Maur puisque le sommet de la colline est à 51 m. 90 d'altitude. La Marne avait alors un débit très important par suite du boisement général, de précipitations atmosphériques plus abondantes et de glaciers à sa source, probablement. Ce qui prouve cette importance,

---

(1) BELGRAND, ouvrage cité, p. 197. — Voy. STANISLAS MEUNIER, *Géologie des environs de Paris.*

aux yeux des savants, c'est la présence de l'hippopotame ou animal des grands fleuves dont on a retrouvé de nombreux ossements.

A l'époque des grandes crues, la Seine et la Marne, qui confluaient dans les plaines de Valenton et de Villeneuve-Saint-Georges, se joignaient également par le défilé de Sevran qui est à l'altitude de 62 m. 96 ; ainsi le plateau de Romainville, Montreuil, la plaine Saint-Denis, etc., formaient une grande île.

Peu à peu la rivière a creusé sa vallée et abaissé son niveau jusqu'au point où nous la voyons aujourd'hui, après avoir perdu de son importance pour des causes générales qui ne nous sont point connues.

C'est alors que la boucle de Saint-Maur s'est formée par le phénomène que nous allons exposer.

Pendant ce travail de creusement, la Marne a rencontré le banc de pierre qui forme comme l'épine dorsale de la presqu'île depuis Joinville jusqu'à Champignolles. Alors elle s'est rejetée vers la rive opposée qui lui offrait moins de résistance.

Elle a d'abord entouré étroitement le point culminant de la colline de Saint-Maur dont elle fit longtemps une île par la dépression qui se trouve dans l'axe de la rue Beaubourg et qui est à 45 mètres d'altitude. Puis elle s'est abaissée insensiblement en élargissant la boucle à peine dessinée alors. On sait que le travail d'érosion des eaux est en fonction de la vitesse et que, lorsqu'une rivière infléchit son cours, la plus grande vitesse de ses eaux se trouve à l'extérieur de la courbe. C'est donc du côté du plateau de la Brie qu'a dû se porter l'effort du courant. A mesure que la Marne l'affouillait, elle en rendait la pente plus abrupte et elle déposait au contraire à l'intérieur ces graviers, ce sable, ce limon qui constituent le sol de la presqu'île.

Longtemps elle conserva deux confluents avec la Seine, à Charenton et à Villeneuve-Saint-Georges, séparés par l'île rocheuse de Créteil, mais la masse des alluvions obstrua un jour le chenal de Valenton et la rivière adopta le lit que nous lui connaissons.

Combien de temps dura ce travail de creusement, d'élargissement, de comblement, aucun calcul ne peut en fixer la durée, même approximative ; travail insensible, mais continu, qui ne peut être compris qu'à la lumière de cette parole d'Aristote : « Les révolutions du globe sont si lentes, par rapport à la durée de la vie humaine, que leurs progrès sont tout à fait inappréciables. »

Les découvertes de fossiles qui ont été faites sur divers points du cours de la Marne prouvent que ses bords étaient fréquentés par les grands mammifères de l'époque pléistocène. Suivant A. Lartet, on a retrouvé dans l'anse de Joinville des restes d'*elephas primigenius*, ou mammouth, d'*elephas antiquus,* ou éléphant commun, de cheval et de *rhinoceros tichorrhinus* ou à narines cloisonnées.

Les fossiles.
Le mammouth
le rhinocéros
l'hippopotame

Aux époques des grandes crues, des cadavres de ces animaux devaient venir échouer dans le remous qui se formait à l'intérieur de la boucle. On a retrouvé, en effet, des restes du mammouth près du cimetière de Saint-Maur, ainsi que dans une carrière à sable située rue Delerue. Ces derniers ossements, que le temps et l'humidité avaient rendus friables, ont été exhumés en partie (1) en 1910 et transportés au Muséum d'histoire naturelle. L'ivoire des défenses ne résistait pas au toucher, mais les lames d'émail des grosses molaires avaient encore tout leur brillant et toute leur dureté.

Cette découverte, à une profondeur de 6 mètres, permet de se faire une idée de l'énorme quantité de terrain de transport accumulé sur notre presqu'île depuis le temps où l'homme de la pierre taillée vivait en compagnie du mammouth.

L'homme.
L'âge de la pierre.
Sépulture
préhistorique.
La Marne.

On dit de l'Égypte qu'elle est un don du Nil ; on peut dire avec autant de raison que la presqu'île est un don de la Marne. On peut également se demander combien l'homme primitif, avec des armes grossières, dut déployer de ruse ou de force pour venir à bout de ses redoutables ennemis.

A côté des restes du mammouth, des armes ou des outils de l'époque de la pierre taillée n'ont point été retrouvés, comme dans divers autres gîtes fossilifères. On ne peut pas en conclure que la presqu'île de Saint-Maur n'était pas alors habitée, car des découvertes d'objets de l'époque de la pierre taillée ont eu lieu sur d'autres points de son sol, comme on va le voir. Entourée d'eau, présentant une entrée étroite facile à défendre, elle n'avait sans doute pas échappé à l'attention des hommes primitifs, vivant dans des grottes, sur des lacs ou dans des refuges naturels d'où ils pou-

---

(1) Le reste du squelette est encore enfoui sous le sable.

vaient braver les dangers d'une existence toujours menacée par les animaux sauvages ou les tribus belliqueuses.

Des découvertes de la plus haute importance permettent, en effet, d'affirmer que la presqu'île était habitée dès la plus haute antiquité. Elles sont dues à un de nos compatriotes, l'architecte Louis Leguay ; nous allons les exposer ici, mais citons immédiatement sa conclusion qui confirme ce que nous venons de dire : « Les nombreuses découvertes que j'ai faites à La Varenne-Saint-Hilaire, dit-il, m'ont convaincu qu'il y avait existé une cité ou une réunion importante et continue de peuples anciens. »

Voici un passage de sa brochure, *les Sépultures de l'âge de pierre chez les Parisii,* parue en 1865 :

« En 1859, par suite de travaux faits pour le redressement des berges de la Marne, à La Varenne-Saint-Hilaire, les ouvriers rencontrèrent quelques grosses pierres dans le lit même de la rivière, et au niveau des plus basses eaux. Sur une ligne parfaitement droite, dans une longueur de 69 m. 50, existaient treize groupes de pierres de toutes dimensions. Huit étaient des sépultures, quatre formaient des demi-dolmens ou pierres inclinées supportées par une autre placée au-dessous, et le dernier, placé vers le milieu, qui m'a paru être une espèce d'autel formé d'une pierre percée de quatre trous, en forme d'écuelles de petites dimensions, exposée en bascule sur plusieurs autres. »

C'était une pierre branlante dont on voit tant de spécimens dans les pays où abondent les monuments mégalithiques (1).

A l'étude, M. Leguay reconnut qu'il s'agissait d'un cimetière de l'âge de la pierre, ce que les archéologues nomment un *carneillou*. Toutes les sépultures renfermaient des objets en pierre sans la moindre trace de métal, de bronze, par exemple, dont on retrouve des vestiges dans le sol près des *menhirs*. Il faut en conclure que les sépultures remontent à l'âge de la pierre et à une époque fort reculée (2).

En continuant les fouilles, le même architecte découvrit, le 17 juillet 1864, un monument d'une très grande rareté : une sépulture de l'âge archéologique recouverte d'un tumulus tout particulier et contenant des fragments d'os brûlés semblant provenir de squelettes humains. A côté du cercle de pierre qui envi-

---

(1) Ces découvertes eurent lieu quai de Bonneuil, au lieu dit la Digue des Mûriers, à l'endroit où précisément nous avons placé un gué, dans la suite de ce volume.

(2) *Bulletin de la Société des antiquaires,* année 1859, p. 57, et année 1864, p. 107.

ronnait la sépulture étaient des fragments d'ossements également carbonisés. Ces ossements furent attribués par le savant A. Lartet à un cheval, à un animal du genre *sus* (cochon ou sanglier), à un ruminant (cerf, peut-être) et à quelques petits rongeurs indéterminés. Ces restes d'animaux sont les débris d'un repas mortuaire et ceux du cheval qui avait servi de monture à un guerrier, sans doute.

L'étude des ossements et des silex carbonisés, l'absence de toute trace de charbon dans le sol prouvaient que l'incinération avait eu lieu hors de cet endroit et que les restes en avaient été rapportés dans l'enceinte sacrée ou *cromlech*. Ce cromlech relevé avec soin a été transporté dans le jardin du musée de Cluny.

Tous ces silex, du genre dit couteau, étaient grossièrement taillés ; c'étaient des pierres votives dont on faisait présent au mort pour se défendre dans l'autre vie. Le même architecte exhuma des fragments de poterie grossière.

Toutes ces découvertes se rapportent aux premières manifestations de l'existence de l'homme à l'époque de la pierre taillée. Plus tard, le génie humain, toujours en éveil, poussé par la nécessité qui est la mère de l'industrie, lui fit trouver le polissoir, invention simple, mais qui devait révolutionner ses conditions d'existence, la guerre et la chasse, en lui donnant des armes plus redoutables, plus tranchantes.

Le polissoir était un bloc de grès sur lequel, par un long travail de polissage, l'homme parvenait à donner à ses outils le tranchant ou l'acuité nécessaires. Un de ces polissoirs primitifs fut trouvé par M. Leguay, à La Varenne.

« C'est une pierre à polir et à façonner les belles haches, dit-il, retrouvées au lieu dit *la Pierre au Prêtre,* près de celui du *Marais* (1), à La Varenne-Saint-Hilaire. Cette pierre est en grès brut, de forme cubique, n'offrant aucune trace de taille. D'une épaisseur réduite de 34 centimètres, elle a 96 centimètres de long sur 55 de large et, de même que dans beaucoup de blocs erratiques, une de ses faces est toute disposée pour l'usage auquel on l'a employée.

« C'est cette face qui a servi, pendant de longues années, à user et à polir toutes les armes fabriquées dans l'endroit et dont les débris se retrouvent en faible quantité dans les environs et en

---

(1) La dépression du quartier des Mûriers, appelée également Trou Javeau. — Voy. au chapitre des lieux dits.

abondance dans les sépultures où on les a déposées comme silex votifs. »

L'intérieur, creusé en cuvette, permettait de donner aux haches la forme et le poli ; les rainures latérales achevaient de leur donner le tranchant (1).

Ces hommes primitifs pour lesquels la vie dut être singulièrement dure, n'eurent pas que des préoccupations matérielles, la défense, la guerre, la recherche des subsistances tirées de la pêche ou de la chasse. Chez ces êtres les plus grossiers, les plus inférieurs, il y avait des croyances et le culte des morts. Longtemps les corps des ancêtres furent conservés dans la grotte familiale, dans l'excavation la plus profonde, et leur présence, auprès du foyer, semblait perpétuer la famille et rattacher par la chaîne des croyances religieuses les morts aux vivants. A Saint-Maur, la nature du sol avait obligé les hommes primitifs à adopter un genre de sépulture différent, le tumulus, amas de terre ou de cailloux sous lequel gisait le corps. Depuis la mise en culture du pays, ces sépultures ont dû être violées et dispersées en grand nombre.

Il existe en divers lieux des pierres bizarres, érigées comme de grandes bornes qui passent pour avoir été des idoles, des emblèmes de la force génératrice, ou des points de ralliement indiquant un lieu sacré : ce sont les menhirs. Dans les endroits où la pierre abonde, comme en Bretagne, c'est par milliers qu'on les rencontre. Les habitants de ce pays les appellent encore aujourd'hui *pierres du souvenir*. Ils sont bien antérieurs aux druides gaulois qui les ont associés à leur culte. On ignore encore quelle était leur véritable destination, mais on s'accorde à penser que c'étaient des monuments religieux.

Un grand nombre de ces menhirs existaient autrefois aux lieux dits les *Pilliers* et le *Fond-Saint-Hilaire*. Leguay affirmait, en 1860, que quantité de ces menhirs avaient disparu vers 1850, débités en pavés par les gens du pays. Il en reste un spécimen remarquable qui ne pèse pas moins de 7.500 kilogrammes et qui est érigé dans le haut de la propriété de M. Maujan, ancienne Abbaye royale de bénédictins. Un dolmen qu'on voyait aux Mûriers a été transporté à l'institution du *Parangon*.

Nous venons d'exposer les origines les plus lointaines de ce

---

(1) D'après Piérart, un propriétaire, archéologue amateur, M. Bourières, recueillit une hache polie, au milieu d'ossements et autres débris, au lieu dit la Cassine, près du Port-Créteil. — Piérart, *Histoire de Saint-Maur-des-Fossés*, p. 55, note.

Saint-Maur, qui devait devenir célèbre par son Abbaye et son pèlerinage, et de prouver que son sol abrita une tribu de pêcheurs ou de chasseurs de l'âge de la pierre. L'agglomération et la forêt qui se trouvaient sur la presqu'ile devaient avoir des noms celtiques qui ne nous sont point parvenus. Nous ne savons pas davantage comment les premiers habitants de ces lieux dénommèrent cette large rivière qui les protégeait contre leurs ennemis. Les anciens Latins l'ont appelée plus tard *Matrona* ; dans les chartes du moyen âge, elle est appelée *Materna, Maderna* ou *Merna*, l'orthographe n'étant point fixée à cette époque ; c'est de ce nom que dérive celui de la Marne. D'après Féline, ce mot signifierait, dans son origine gauloise, « mère » plutôt que « rapide comme un trait », ou « la limoneuse » comme certains auteurs l'ont avancé. La migration des Parisii s'étant produite par le couloir de la vallée de la Marne, il est facile de concevoir qu'ils aient appelé « mère des eaux » cette grande rivière qui tenait tant de place dans leur existence aventureuse.

Nous voici arrivés à la période historique. Les Gaulois venus de la Germanie vont absorber ou détruire les races autochtones, puis les Romains vont venir, à leur tour, asservir les Gaulois et leur porter le bienfait de la civilisation latine ; les Francks barbares viendront ensuite occuper la région, et, sous l'égide d'une religion nouvelle, que Clovis embrassera le premier, surgira de ce peuple la première dynastie royale de l'aurore historique de notre pays.

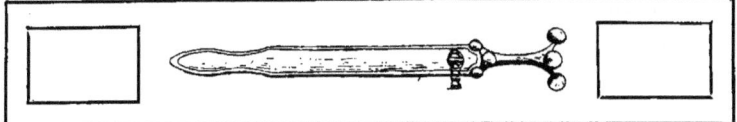

Chapitre II

PÉRIODE GAULOISE

Les *Commentaires sur la guerre des Gaules*, de Jules César, sont l'ouvrage le plus ancien que nous possédions sur les origines historiques de la région parisienne. L'auteur, écrivain de talent autant que soldat de génie, nous donne de précieux renseignements sur l'origine, les mœurs de nos ancêtres et l'état de la Gaule au début des temps historiques.

Les Parisii.

Il nous apprend que les bords de la Seine et de la Marne furent, à une époque incertaine, occupés par un peuple venu du Nord de la Gaule dont il nous a transmis le nom, les *Parisii*.

Cette tribu belge s'était établie entre la Marne et l'Oise moins de cent ans avant la conquête romaine. César dit que, de son temps (52 av. J.-C.), la tradition, *memoria patrum*, conservait encore le souvenir de cet événement. La migration s'était produite à la suite d'une invasion de *Kimris*, et les Parises, chassés de leur pays, s'étaient arrêtés au bord de la Seine et avaient obtenu des *Senones*, peuple gaulois dont la ville principale était Sens (*Agedincum*), en même temps qu'une alliance, l'autorisation d'occuper les rives du fleuve jusqu'à Saint-Germain. Cette tribu devait être assez importante, car à l'époque de la guerre de l'indépendance gauloise elle put envoyer 8.000 guerriers au secours de Vercingétorix assiégé dans Alésia. C'est encore des *Commentaires* que nous extrayons ce détail.

Le nom des *Parisii* provient, d'après certains auteurs, de la racine celtique, *Par* ou *Bar*, qui signifie frontière, obstacle, barrière, à cause de la situation géographique de leur pays placé à la frontière de la Celtique et de la Belgique, alors séparées par la Seine.

Quelques autres en donnent cette étymologie séduisante: *Par* ou *Bar* serait la racine de *baris,* mot grec et latin qui signifie bateau à fond plat. On en a déduit qu'elle pourrait bien avoir quelque vraisemblance, puisque les armes de la Ville de Paris contiennent un bateau.

Toutes ces explications, plus ou moins ingénieuses, n'ont aucune base scientifique solide, les étymologies celtiques étant encore des plus imprécises.

Au centre de leur territoire, les nouveaux occupants trouvèrent des refuges naturels, dans le cours du fleuve, des îles. Ils établirent leur *cité* dans la plus grande dont ils firent leur forteresse, ou *oppidum*. Ce fut là le berceau de Lutèce (1). Deux cités sœurs furent bâties dans les mêmes conditions, dans des îles, ce sont Melun et Meaux.

L'oppidum gaulois.

Mais il faut ici remarquer que la forteresse des Parises n'était pas suffisamment vaste pour servir de refuge, en cas d'alerte, à tous les membres de la tribu, hommes, femmes, vieillards et enfants. Elle ne pouvait être que la citadelle d'où les guerriers pouvaient braver les coups de l'ennemi.

On sait que nos ancêtres de l'âge de la pierre recherchaient et aménageaient d'autres abris naturels, promontoires, presqu'îles, collines, etc., qu'ils coupaient de fossés ou fortifiaient de murailles cyclopéennes formées d'énormes blocs superposés, sans mortier ni ciment. Ces positions, après avoir été choisies et occupées par les générations préhistoriques, sont devenues successivement des camps gaulois, des camps romains ou des châteaux féodaux. Le mont Valérien, les îles de la Seine ou de la Marne, la boucle de Saint-Maur dans la région parisienne, ont eu ces diverses destinations.

Les Gaulois pacifiques, qui d'ordinaire vivaient répandus dans la campagne, se réfugiaient, en cas de guerre, dans ces abris avec leurs familles et leurs troupeaux.

Il est permis d'affirmer que la presqu'île de Saint-Maur a été habitée dès la plus haute antiquité comme l'ont montré les décou-

---

(1) *Loutouhézi*, qui signifie en langue celte *habitation au milieu des eaux*, est le nom primitif de Paris. Ce serait la véritable étymologie du nom latin *Lutetia*, et du nom français Lutèce.

vertes de l'âge de la pierre que nous avons étudiées au début de ce volume, et qu'elle a joué ensuite le rôle d'*oppidum* de la tribu des Parises.

Elle était, en effet, un lieu de refuge naturel, vaste, excellent, entouré d'eau profonde et dont l'entrée étroite était facile à garder et à défendre. Ces avantages, offerts par sa configuration singulière, n'ont pas dû échapper aux peuples primitifs toujours en lutte contre des voisins ou des envahisseurs ; les ressources qu'elle offrait par son sol boisé et ses eaux poissonneuses en faisaient une région défensive privilégiée autant que sûre.

Au moment de la conquête romaine, cette forte position a dû frapper le génie de César qui a bien pu en faire un camp retranché, comme nous l'apprend la tradition. C'était un asile sûr, rapproché de Lutèce, où ses troupes et ses approvisionnements se trouvaient à l'abri des soulèvements imprévus de ces Gaulois turbulents, toujours subjugués, mais jamais soumis, parmi lesquels étaient les Senones et leurs alliés les Parises, les plus redoutables ennemis des conquérants, avec les *Carnutes* (Chartres).

Nous verrons par la suite que cette tradition s'est perpétuée à travers les âges et que d'importantes découvertes, l'opinion des savants modernes n'ont fait que la fortifier.

Mais avant d'aborder la période de la conquête romaine, essayons de nous faire une idée de l'état de notre région à cette

État de
notre région
avant
les Romains.

époque. Une vaste forêt couvrait le pays depuis Lutèce jusqu'aux rives de la Seine et de la Marne. Dans ce pays vivaient des agriculteurs, des pêcheurs qui, sans être arrivés à la civilisation raffinée des Romains, n'avaient rien de l'état de barbarie. César nous apprend qu'il a trouvé en Gaule une organisation administrative ancienne ; les Gaulois avaient des états d'impôts, des plans de propriétés, des actes de prêts et de conventions diverses. D'autre part, il nous montre la Gaule couverte de riches moissons et possédant des industries rudimentaires, mais florissantes. On peut donc avancer avec certitude que notre région parisienne, privilégiée au point de vue des voies navigables, des matériaux de construction si abondants dans son sol, de la douceur de son climat qui contribue à sa fertilité, était déjà dans un état florissant à l'arrivée des Romains. De même qu'ils n'ont fait que transformer nos vieux chemins gaulois en routes larges et solides pour le passage de leurs armées, ils ont utilisé en les développant, suivant leurs besoins militaires, les abris naturels auxquels les Gaulois confiaient la sécurité de leurs foyers et de leurs biens. Deux chemins gaulois mettaient en communication Paris avec les provinces de l'Est et du Sud-Est, pour ne citer que ceux qui intéressent notre région, celui de la Brie et celui de la Bourgogne, qui traversaient la Marne à bac ou à pont de bois, l'une à Charenton, l'autre à Joinville. Les recherches des savants contemporains leur reconnaissent la plus haute antiquité.

Chapitre III

Période Gallo-Romaine

Un moine de l'Abbaye de Saint-Maur, auteur de la *Vie de saint Babolein,* premier abbé de cette Abbaye, attribue à Jules César l'édification d'un château, d'une forteresse, protégée par un fossé et un mur barrant l'entrée de la presqu'île.

La bataille de Lutèce.

Cet auteur anonyme, qui écrivait sous le règne de Philippe Ier, vers l'an 1080, transmettait évidemment la tradition qui avait cours de son temps. Les *Commentaires* de César sont muets à ce sujet ; nous n'avons sur la campagne contre les Parises, conduite par un de ses lieutenants, *Labienus*, qu'un récit de seconde main qui est loin d'avoir la précision de l'autre partie de l'ouvrage. Nous verrons cependant que ce moine est un témoin oculaire qui a décrit les restes d'un château et d'un fossé qui se voyaient encore de son temps.

La présence de Jules César dans le *Parisis*, son passage probable dans la presqu'île de Saint-Maur, l'authenticité de l'œuvre qui lui est attribuée par de nombreux auteurs, peuvent se déduire de quelques considérations historiques que nous allons exposer.

En 53 avant Jésus-Christ, César convoque les notables Gaulois à Boulogne-sur-Mer pour en obtenir des secours en cavalerie ; mais il dissout l'assemblée devant l'absence de quelques représentants, ceux des Parises notamment. Il vient tenir un nouveau *concilium* à Lutèce même. Accon, l'auteur de la résistance chez les *Parisii*, donne l'ordre aux siens de se retirer dans les *oppida*, refuges ou lieux fortifiés (c'est dans ce sens qu'il faut prendre ce mot ici) (1). Ces *oppida* devaient être les collines des environs de Paris, la presqu'île de la Marne, des îles, etc.

Dans son livre VII des *Commentaires,* nous voyons que César quitte Labienus à *Agedincum* (Sens) pour aller réprimer un soulèvement des Eduens qui venaient de massacrer la garnison romaine de la ville de *Noviodunum* (Neuvy-sur-Baranjon, Cher, probablement). C'est pendant cette campagne qu'il charge son lieutenant de châtier les Parises révoltés.

Comme il est dit au chapitre LVII, le général romain se présenta devant Lutèce par la rive gauche de la Seine, mais il ne put traverser les marais de la Bièvre qui couvraient l'emplacement actuel de la gare d'Austerlitz et derrière lesquels s'abritait l'armée du vieux chef gaulois Camulogène. L'absence de ponts ou d'équipages de ponts l'obligea à rétrograder jusqu'à Melun où il passa la Seine au moyen de bateaux enlevés chemin faisant. Il se représenta devant Lutèce, par la rive droite, après avoir traversé la Marne à un endroit que l'histoire ne précise pas.

Quelques auteurs pensent que ce fut à Charenton. L'abbé Lebeuf dit, à ce sujet, qu'on n'a point de certitude que dès le temps de César il y ait eu un pont à l'endroit qu'on appelle Charenton. Il y en a seulement quelque apparence, ajoute-t-il, à en juger par la facilité avec laquelle les troupes romaines passèrent la Marne après la tentative avortée de surprendre Lutèce par la rive gauche de la Seine.

Dans son *Histoire de Paris*, E. de Ménorval dit également que Labienus passa la Marne à Charenton. Mais, en l'absence de document certain, et, si l'on envisage les difficultés de l'opération, si l'on suppose vraisemblablement que le pont de bois avait été coupé par les Gaulois, et que la défense de ce passage était facile pour une armée postée sur les côteaux qui dominent l'endroit, on peut conjecturer que le passage de la Marne eut lieu sur un autre point. Or, avant l'établissement des barrages et la suppression des petits bras, qui en ont modifié le niveau,

---

(1) *Géographie de la Gaule romaine*, par E. Desjardins, I, p. 665.

la Marne pouvait être traversée à gué en plusieurs endroits dans la presqu'île de Saint-Maur. Nous verrons ces gués utilisés, dans la suite, par les Anglais. L'un de ces gués se trouvait justement du côté de Bonneuil, en amont du viaduc du chemin de fer, et un autre vers l'emplacement actuel du pont de Créteil. Les Romains, venant par la voie de la Bourgogne qui passait par Créteil, n'avaient donc qu'à se détourner un peu de leur route pour trouver un passage commode de la Marne (1).

Il n'est donc point invraisemblable de penser que l'armée romaine pénétra ainsi dans la presqu'île de Saint-Maur et s'empara de la position qu'elle put fortifier facilement.

La tradition rapporte que Jules César, trouvant l'endroit propice à un camp retranché, construisit là, pendant la conquête, une forteresse pour y abriter ses troupes. Cette opinion est partagée par de nombreux auteurs que nous allons citer.

Le Château de César.

Dans sa *Description de Paris sous Charles VI*, Guillebert de Metz (2) dit, en effet, au chapitre IV : « Jules César allant à la conquête de Meaux par la rivière de Marne arriva au lieu ou est l'eglise de Saint-Mor à présent et la demoura tout l'iver, ouquel temps d'iver les anciens se reposoient, ne n'aloient en guerre jusques au printemps. Il s'i logea et tout son ost (armée) pendant lequel temps, pour ce qu'il vit le lieu si bel et la place forte, tant pour la rivière comme pour la situation du lieu, il y fist faire ung chastel trop merveilleusement fort qui se fermoit des deux côtés de la rivière de Marne et par devers Paris de fors murs et de grans fossés. »

Un autre auteur décrit les précautions prises par César pour mater et tenir en respect les Parisiens belliqueux. « Après que Jules César eut ainsi fortifié la ville des Parisiens, il s'assura encore des dehors par deux légions de ses meilleures troupes qu'il y laissa en garnison. Il en mit une dans un fort qu'il fit bâtir exprès sur la rivière de Marne, au lieu où est aujourd'hui Saint-Maur (3), et l'autre sur la Seine au bourg d'Andrezy, en

---

(1) Voy. l'opinion concordante de M. Macé, à la description d'une nécropole gallo-romaine découverte par lui boulevard de Bellechasse et rue Aline.

(2) Libraire du duc de Bourgogne, Jean sans Peur, né en 1360, mort vers 1434.

(3) Des vétérans de la *légion de l'Alouette*, dit l'auteur anonyme de la *Vie de Saint Babolein*.

sorte que la ville se trouvait renfermée entre ces deux troupes, l'une au-dessus, l'autre au-dessous sur les bords des fleuves, d'où elle pouvait tirer ses subsistances et qu'il était au pouvoir des Romains de l'affamer quand bon leur semblerait (1). »

Les voies fluviales étaient ainsi toutes barrées, si l'on se rappelle que les Romains occupaient également Melun.

Ainsi s'est accréditée à travers les siècles la tradition du passage des Romains dans la presqu'île.

Un autre fait cité au livre V des *Commentaires* nous permet également de supposer, à la suite de savants historiens, que c'est là que Jules César fit hiverner une partie de ses légions.

Nous y lisons que César, allant passer l'hiver en Italie, chargea ses troupes de construire le plus de vaisseaux qu'il serait possible. Quand il revint, il trouva que, malgré la pénurie de toutes choses, l'activité singulière des soldats avait suffi pour construire 600 vaisseaux et 28 galères prêts à voguer. Il complimenta ses soldats et ceux qui les avaient dirigés et leur ordonna de descendre la Marne et la Seine, pour conduire de là cette flotte au port d'*Itius* (près de Boulogne), sur la Manche, qui n'était qu'à trente milles de la Bretagne (Grande). Or, les savants commentateurs de ce passage, cités par E. de Ménorval (2), admettent que les chantiers de construction de la flotte romaine se trouvaient échelonnés le long de la Marne depuis Meaux jusqu'à Saint-Maur-des-Fossés. Le voisinage de la forêt de Vincennes (3) qui couvrait tout le pays, de la Marne à la Seine, permettait d'approvisionner sans peine ces chantiers en bois de construction.

On peut se demander comment les Romains purent faire descendre à leurs bateaux le cours d'une rivière semée d'écueils, d'îles, coupée de gués. Sans doute leurs bâtiments ne furent que de grandes barques plates, d'un faible tirant d'eau, mais il est permis d'admettre qu'ils purent bien attendre, pour tenter l'opération, une des crues propices qui se renouvellent souvent pendant l'hiver.

Nous verrons plus tard les Normands remonter la Marne jusqu'à Meaux sur leurs barques à carène plate. Ainsi, devant

---

(1) DELAMARE, *Traité de la police*, I, p. 71, 4 vol. in-fol., 1705-1728.
(2) *Histoire de Paris*, I, p. 20, note.
(3) Vincennes, autrefois *Vilcena*, *Vicenna*, a une étymologie moins hasardée que celle que lui attribue Piérart, l'historien de Saint-Maur. — Ce nom signifie: à 120 stades de Paris, comme *Tricenna* (Saint-Denis) signifie: à 300 stades.

ce fait parfaitement établi, nous ne devons pas nous étonner si la flotte romaine put vaincre les difficultés d'une navigation périlleuse.

Mais le Château fort romain, le camp, devait être suivant l'usage relié à Lutèce par la voie la plus courte, la ligne droite. C'est ce que nous apprend un archéologue et numismate réputé du XVIIIe siècle, Genébrier, qui, au cours de fouilles exécutées sous sa direction, a retrouvé des vestiges d'une voie romaine dans la forêt de Vincennes, entre autres deux masses de pierres et de mastics et des lits de briques gisant de distance en distance (1).

On ne doit pas regarder comme très sûre, dit l'abbé Lebeuf, *la Vie de saint Babolein* et les détails historiques ou légendaires qu'elle contient, car l'auteur l'a écrite vers la fin du XIe siècle, plus de mille ans après les événements que nous venons de passer en revue. Les savants bollandistes, parmi lesquels Mabillon, lui reprochent d'avoir manqué de critique. Examinons ce qu'il faut en penser.

Examen des sources historiques.

Il est certain que l'endroit appartenait depuis l'an 640 à l'Abbaye dont ce moine faisait partie, et que cet auteur a dû avoir, comme sources historiques, les divers diplômes des fondations ou donations. Cependant on incline à croire que certains de ces documents ont subi des altérations ou ont été refaits de mémoire après la perte des originaux qui a dû arriver dans les temps de troubles.

Il est également permis de supposer, d'autre part, que l'auteur a pu connaître des documents anciens qui ne nous sont pas parvenus, des parchemins dont ces moines savants avaient dû certainement enrichir leur bibliothèque.

Mais n'aurait-il transmis qu'une tradition, qu'on ne serait pas fondé, à notre avis, à révoquer en doute l'autorité de son œuvre. Rien n'autorise à croire que la tradition se soit altérée ou que l'auteur l'ait reproduite avec des retouches personnelles. Dans toutes les traditions populaires il y a un fonds de vérité. « A mon avis, dit Guizot, il y a souvent plus de vérités historiques à recueillir dans la légende que dans de savantes dissertations (2). »

---

(1) *Vie de Carausius,* par Genébrier, 1740, p. 18. — Si l'on jette les yeux sur une carte, on remarquera que cette ligne droite ne passait pas par le donjon de Vincennes, mais par le plateau de Gravelle, où nous verrons décrit par plusieurs auteurs, le plus ancien chemin de Paris à Saint-Ma...

(2) *Collection des Mémoires,* préface.

La science de l'étymologie prouve également que les Romains ont fait mettre en valeur les terrains environnant la presqu'île et peut-être la presqu'île elle-même. Le mot Nogent (*Novigentum*) dérive de *Novigentes*, ou *gentiles*, nouvelles familles étrangères. Les Romains désignaient ainsi des peuples prisonniers qu'ils amenaient de la Germanie et qu'ils employaient à défricher un canton de terres qui leur était assigné pour résidence.

Ainsi les allégations du moine de Saint-Maur, auteur de la *Vie de saint Babolein,* se trouvent fortifiées de l'autorité particulière des travaux de nombreux savants qui sont parvenus à préciser l'histoire et la géographie de la Gaule à l'époque de la conquête romaine.

Il y a plus, le témoignage de cet auteur ne peut être révoqué en doute au sujet de l'existence d'un fossé et d'un mur coupant l'isthme. Ce religieux est un témoin oculaire qui en décrit de façon précise les vestiges, visibles encore de son temps. « Même aujourd'hui, dit-il en parlant du Château fort, on trouve de grandes pierres taillées en carré, par un très grand travail romain, qui furent alors posées comme fondements de cet édifice même. » Il ajoute plus loin : « Mais à la partie occidentale qui regarde la ville des Parises, un mur très solide avait été élevé, surpassant le fossé, lequel mur, d'une eau à l'autre, coupe la terre comme une entaille. »

On peut accepter, à la suite de l'historien anonyme, que le mur du fossé et le Château paraissaient avoir été bâtis par les Romains. Les proportions, la forme des pierres taillées en cubes étaient bien les caractéristiques de l'architecture romaine.

Il était facile aux Romains de faire venir par eau la pierre nécessaire, mais il est plausible de penser qu'ils n'eurent qu'à l'extraire du sous-sol de la colline où elle se trouve encore en abondance. Il existe, en effet, sous le vieux Saint-Maur, des souterrains qui sont d'anciennes carrières et qui rayonnent jusqu'à Joinville. Il semble même que le rebord septentrional de la colline a dû être entaillé par une exploitation de carrière à ciel ouvert qui a formé l'emplacement où s'est élevée plus tard l'Abbaye. On a retrouvé, profondément enfoncé dans le sol vers l'avenue Andrée, un chemin pavé de grosses pierres qui se dirigeait vers la Marne et qui est sans doute l'ancienne voie par laquelle étaient transportés les blocs jusqu'aux bateaux amarrés le long de la rivière. L'intendant du prince de Condé, Gourville, dit en effet, dans ses *Mémoires,* vers 1672, que « le long du Château existait une ancienne carrière d'où l'on avait extrait beaucoup de pierres et l'on descendait par là pour aller dans la prairie qui longeait la Marne (1) ». Cette pierre est fort dure, dit un auteur du xviiie siècle, résiste très bien au fardeau et aux injures du temps. Mais le banc est fort inégal et les quartiers ne sont pas si grands que ceux d'Arcueil; cependant on en a tiré autrefois beaucoup et le Château de Condé en est bâti (2). L'exploitation des carrières à Saint-Maur est donc une industrie fort ancienne.

Les emplacements du fossé et du Château de César n'ont point été fixés par les historiens et n'ont point été retrouvés encore.

On peut penser que la forteresse couronnait la colline qui porte aujourd'hui la vieille église de Saint-Maur. Quant au fossé, diverses considérations stratégiques, topographiques et historiques, peuvent étayer nos conjectures.

Il était, comme nous l'avons vu, situé à l'ouest du Château, vers la partie qui regardait Paris. Or, une singulière dépression de terrain à la base occidentale de la colline, sur le prolongement de la rue Beaubourg, semble indiquer l'emplacement cherché.

Cette hypothèse s'appuie sur ce fait que les limites de la paroisse de Fontenay-sous-Bois, laquelle à l'origine comprenait tout le territoire de la forêt de Vincennes et de la presqu'île, étaient marquées, après la fondation de l'Abbaye, par cette même rue Beaubourg. Lorsque Clovis II donna à un archidiacre de Paris toute la presqu'île du Fossé pour y établir un monastère, la délimitation de cette donation dut être naturelle et simple si l'on suppose le fossé à l'endroit indiqué (3).

Peut-être un jour, quelque architecte érudit, quelque heureux archéologue pourra-t-il, avec ces données, résoudre l'énigme qui se pose encore à la sagacité des savants.

---

(1) *Mémoires de Gourville*, collection Petitot, p. 454.

(2) *Encyclopédie ou Dictionnaire raisonné des sciences et des arts*, par M*xxx*, 1765. La pierre de Saint-Maur a également servi à la construction d'une partie du château de Vincennes, du Panthéon, de la Bourse, de la Madeleine, de l'Hôtel de Ville, du nouveau Louvre, etc.

(3) Suivant l'opinion la plus plausible, le fossé serait indiqué de nos jours par les limites de la commune, à l'entrée de la presqu'île. Ces limites correspondent à celles des paroisses anciennes de Saint-Maur, Fontenay et Charenton dont l'origine se perd dans la nuit des temps.

Il n'est pas invraisemblable de croire que ce fossé était rempli d'eau par la Marne; tous les textes anciens s'accordent sur ce point, et le travail du creusement de ce fossé n'avait rien d'impossible si on le compare aux travaux gigantesques entrepris ailleurs par les Romains. D'après nos calculs sur les lieux mêmes, le fossé pouvait avoir une longueur maximum de 800 mètres. Il se trouverait à une profondeur de 11 mètres par rapport au sol actuel, qui sans doute a été comblé à travers les siècles pour rendre l'entrée du bourg plus facile. Si l'on examine bien le nord du village, on remarquera que toutes les maisons sont bâties sur murs élevés ou terrasses. Cette disposition fait bien voir le système de défense employé, fossé et mur.

Une heureuse découverte faite au xviiiᵉ siècle jette quelque lumière sur le passé lointain de la presqu'île et fortifie de l'autorité de la science le récit du moine de Saint-Maur qui nous a transmis la tradition que nous venons d'examiner ; nous voulons parler d'une inscription lapidaire trouvée dans l'enclos de l'ancienne Abbaye. Cette pierre était couverte de caractères majuscules romains dont les dimensions allaient en diminuant de la première ligne à la dernière. Elle fut trouvée en 1725 dans la grosse tour du cloître canonial, laquelle servait de bûcher. L'abbé Chatelain qui visita en 1680 les curiosités de la collégiale dit avoir vu cette inscription qui, sans doute, était alors encastrée dans quelque mur. C'était une pierre plate d'environ un pied carré. Donnée par le propriétaire même qui la trouva, M. le chanoine Chevalier, à son frère M. Chevalier, abbé de Saint-Germain-des-Prés, elle passa dans les collections archéologiques de cette abbaye ; on ignore ce qu'elle est devenue depuis. Elle portait l'inscription suivante :

Le temple de Sylvain.
Inscription latine.

COLLEGIUM
SILVANI. REST.
ITUERUNT. M.
AURELIUS. AUG.
LIB. HILARUS
ET MAGNUS. CRYP
TARIUS. CURATORES

Le père dom Bernard de Montfaucon en a donné la traduction suivante dans une dissertation insérée dans les *Mémoires de l'Académie des inscriptions et belles-lettres* (1) : « Marcus Aurelius, affranchi d'Auguste et surnommé Hilarus, et Magnus, cryptarius, curateurs, ont rétabli le collège de Sylvain, c'est-à-dire la confrérie des prêtres de ce dieu. »

L'inscription nous apprend donc, d'abord, qu'il existait sur l'emplacement de l'Abbaye un *fanum* ou temple païen élevé au dieu pacifique des bois, ensuite que ce temple avait dû tomber en ruine ou avait été démoli par violence, puisque deux curateurs romains affirment l'avoir restauré.

Sa présence en ce lieu n'a rien d'étonnant si l'on admet l'existence du camp et des chantiers romains dont nous avons parlé. Il fallait aux troupes ou aux artisans un temple pour les exercices de leur vie religieuse. Près du camp romain établi non loin du palais des Thermes, sur la montagne Sainte-Geneviève, se trouvait

---

(1) Année 1734, t. XIII, p. 427.

également un temple dédié à Bacchus. Il en était ainsi dans tous les camps. Nous remarquerons, en passant, que le bois qui couvrait le sol de notre presqu'île avait pu déterminer le choix de la divinité sylvestre (1).

Mais revenons à l'inscription. Au sujet de celui qui s'intitule affranchi d'Auguste, on peut observer que, suivant l'usage, il portait le nom de son bienfaiteur, l'empereur Marc-Aurèle. Or, l'empereur philosophe ayant régné de l'an 161 à l'an 180, la restauration du temple se place donc vers ce temps. La qualité prise par Magnus, le second curateur, qui s'intitule *cryptarius*, fait penser, dit Montfaucon, que « c'était un nom d'office », de fonction. Magnus était vraisemblablement le préposé, l'inspecteur des souterrains, carrières, caves ou cryptes qui se trouvent encore en quantité dans ces lieux, comme nous aurons l'occasion de le voir.

Mais comment cette pierre portant la précieuse inscription est-elle parvenue jusqu'à nous depuis le IIe ou IIIe siècle à travers les vicissitudes de l'Abbaye, ravages des Normands, incendies, reconstructions successives, guerres civiles, que nous exposerons par la suite ?

On peut penser qu'elle aura, tout d'abord, été encastrée sur le temple païen et que ce monument n'aura pas entièrement péri à l'avènement du christianisme. On peut même penser qu'il a pu être utilisé en 640 par le fondateur de l'Abbaye qui en aura fait son premier oratoire, ou en aura relevé les ruines.

On sait, en effet, que les temples des divinités païennes cessèrent d'exister officiellement depuis le règne de l'empereur chrétien Constantin. Cependant, si, en certains endroits, ils furent renversés de fond en comble, dans d'autres ils furent associés au nouveau culte. Un évêque de Rome ordonnait de briser les idoles, mais de conserver les bâtiments pour le culte s'ils étaient bâtis solidement.

Le portique de ce temple semble bien être celui qui se voyait encore au temps de l'abbé Lebeuf, vers 1753. En entrant dans l'Abbaye, dit-il, on trouvait les restes d'un ancien portique qui comprenait quatre travées et qui paraissait être du IIIe siècle.

Des pierres qui semblent provenir de l'ancien temple, des sculptures d'un symbolisme païen, des chapiteaux mérovingiens

(1) Un propriétaire de l'emplacement de l'Abbaye, M. Bourières, crut retrouver un buste en marbre du dieu Sylvain, dit Louis Baron, dans son ouvrage : *les Environs de Paris* ; mais, d'après la Commission du Vieux-Paris, cette œuvre ne remonterait pas au delà du XVIIe siècle, comme nous le verrons plus loin.

ont été retrouvés sur l'emplacement de l'antique Abbaye par un propriétaire, M. Bourières, en faisant démolir de vieux murs.

Ces précieux débris méritent de retenir un instant notre attention. Sous la direction de cet homme riche et éclairé furent retirés une foule d'objets dignes d'attirer les regards des amis de l'antiquité religieuse ou profane : des pierres tumulaires, des tronçons de colonnes, des chapiteaux, des soubassements, des fragments de vitraux, des peintures murales polychromes, des poteries, des sculptures d'une finesse remarquable (1) dont quelques-unes représentent des têtes de béliers, d'adolescents, des guirlandes de fleurs symboliques du dieu Sylvain, des griffons, un combat de centaures, une fête nautique et autres sujets païens et mythologiques.

Quelques-uns de ces précieux vestiges du passé glorieux de Saint-Maur sont la propriété de M. Adolphe Maujan, sénateur de la Seine, ancien sous-secrétaire d'État à l'Intérieur, qui a acquis par des achats successifs presque tout l'emplacement de l'antique Abbaye.

En faisant démolir des vieux murs de séparation dans ses propriétés, M. Bourières mit au jour un pan de mur très ancien qui, à en juger par la forme de sa moulure de couronnement, doit dater du XIIe siècle. Il est percé de huit ouvertures ; sa construction assez grossière indique un mur de clôture intérieure. Il n'est pas mentionné sur l'ancien plan de l'Abbaye, ni sur le plan général de la presqu'île que le prince de Condé fit dresser en 1701 et qui donne cependant le périmètre complet des fortifications de l'Abbaye de Saint-Maur dont un pan de mur ruiné et une tour défigurée par un replâtrage moderne sont les seuls jalons qui subsistent aujourd'hui (2).

La trace des luttes qui durent s'engager entre Gaulois et Romains, dans la péninsule de Saint-Maur, semble avoir été retrouvée en 1887, par un de nos compatriotes, l'architecte Macé, qui a mis au jour tout un cimetière gaulois contenant des squelettes, des armes et des poteries. Nous allons extraire de son rapport à l'Académie des inscriptions et belles-lettres un compte rendu fidèle de cette heureuse découverte (3).

Cimetière gallo romain. Armes.

(1) L'abbé Pascal, *Villa Bourières.*
(2) *Bulletin de la Société de Paris et de l'Ile-de-France,* communications de M. Giry, p. 33, année 1876.
(3) Séance du 30 juin 1887. Voy. aussi *Journal officiel* du 6 juillet 1887.

« Il y a environ deux ans (1885), me trouvant avec un de mes amis sur les bords de la Marne (quai de la Pie), celui-ci arrachant avec un râteau quelques herbes dans le but d'amarrer son bateau, ramenait un magnifique trident en fer, monté sur un tube en or. Quelle était exactement la nature de l'objet, je ne l'ai jamais su d'une façon précise, mais ai toujours cru voir là une arme d'honneur de gladiateur. En tout cas, il ne peut être mis en doute que cet objet appartienne à l'époque romaine.

« Plus tard, au mois de novembre 1886, l'administration municipale de Saint-Maur en faisant procéder à Adamville à la plantation du boulevard de Bellechasse, entre le chemin de la Pie et la rue Aline, trouva dans un des trous d'arbres un squelette humain avec un fragment d'épée, une lance, des bordures de bouclier et une partie de ceinture en fer. »

A la suite de cette découverte, M. Macé fit continuer les fouilles sur des terrains de la famille Adam dont il était le mandataire. Elles furent couronnées de succès ; il explora 52 tombes sur une surface de 250 mètres. Sur ces 52 tombes, 12 seulement représentaient des sépultures de guerriers, les autres étaient des tombes d'adultes non armés et même d'enfants.

M. Macé communiqua les premiers résultats de ses recherches au directeur du musée des Antiquités nationales de Saint-Germain qui s'empressa de déléguer un chef d'atelier, M. Maître, pour recueillir et reconstituer les précieux débris. 3 tombes surtout retinrent l'attention du praticien ; elles furent soigneusement explorées, et les objets qui en provenaient furent transportés à Saint-Germain, exposés dans les vitrines de la collection gallo-romaine de la Marne, où on les voit aujourd'hui, 3e étage, salle VII, vitrine I, sous le titre : fouilles de Saint-Maur-des-Fossés.

En voici l'énumération :

PREMIÈRE TOMBE

(fig. 1)

Une dizaine de fragments de chaîne-ceinture en fer, dont un avec boucle (fig. 1).
Cette chaîne servait de ceinture aux guerriers. C'est là qu'ils suspendaient leur épée.

Une pointe de lance en fer, longueur 30 cent. (fig. 2).

(fig. 2)

Un talon de lance en fer, longueur 10 cent. (fig. 2).
Ces deux objets proviennent probablement de la même lance dont le bois a disparu.

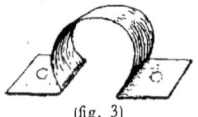
(fig. 3)

Un umbo de bouclier en fer, d'une seule pièce, et où il ne reste plus trace des clous d'attache (fig. 3). Le reste du bouclier, d'un métal moins résistant, et peut-être même de bois, a disparu, largeur 10 cent.

Une épée dans son fourreau, avec boucle de ceinturon, fer, longueur 75 cent., largeur 4 cent.

(fig. 4)

La soie de l'épée est garnie de trois fleurons à son extrémité et de trois à la garde (fig. 4).

Une fibule en fer, 10 cent. longueur.
Deux fragments de garniture de bouclier, fer.

DEUXIÈME TOMBE

Une épée dans son fourreau, fer, avec deux anneaux plats de bronze, adhérents

(fig. 5)

à la garde (fig. 5), longueur 80 cent., largeur 3 cent.

○   ⌒⌒   Un crochet et un anneau plat de ceinturon, bronze (fig. 6).
(fig. 6)

Deux fibules en fer, deux clous en fer avec tête et un petit fragment de ceinture, bronze.

TROISIÈME TOMBE

Six épées dans leur fourreau, fer ; de forme à peu près semblable, variant de 75 cent. de longueur à 95 cent. et de 3 à 5 cent. de largeur.
Trois ont conservé l'anneau qui servait à les attacher à la ceinture (voy. les fig. ci-dessus).

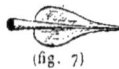
(fig. 7)

Une pointe de lance en feuille de laurier, fer, longueur 20 cent. (fig. 7).

(fig. 8)

Une pointe de lance, très effilée, avec deux boutons bronze et restes de bois dans la douille, longueur 35 cent. (fig. 8).

Une pointe de lance avec restes de bois dans la douille (forme feuille de laurier), ébréchée, longueur 30 cent.

Une pointe de lance, idem, longueur 40 cent.

(fig. 9)

Un umbo de bouclier, fer, avec lamelle pour le renforcer, et clous, largeur 10 cent. forme plate (fig. 9).

(fig. 10)

Un umbo de bouclier, fer, avec clous, forme plate à arête, largeur 8 cent. (fig. 10).

(fig. 11)

Un umbo de bouclier, fer, avec clous, forme bombée, longueur 6 cent. (fig. 11).

(fig. 12)

Trois soies d'épée, fer, avec bouton (fig. 12).

(fig. 13)

Un crochet de ceinture, bronze (fig. 13).

(fig. 14)

Un anneau de ceinture, bronze (fig. 14).

Vingt-deux anneaux de bronze, plats et ronds, variant de 1 à 3 centimètres de diamètre.

Deux bracelets de bronze, section ronde.

Un bracelet en jayot, très épais, section demi-cercle.

Un anneau de bronze et de fer soudés ensemble.

Un bracelet de fer.

Dix fibules, dimensions et formes diverses.

Une extrémité de boucle, bronze.

Quatre boucles et fragments d'attache, fer.

Quatre gros fragments de chaîne-ceinture, fer, torsade.

Un anneau, fer.

Six fragments de garniture de boucliers.

Un fragment de fourreau d'épée et de nombreux débris divers de boucliers, fourreaux, fibules, chaînes, etc.

Dès les premières découvertes, M. Macé avait cru pouvoir attribuer ces restes militaires et humains aux *Bagaudes*, dont la légende exerce une véritable séduction sur les savants qui s'occupent des origines historiques de la région parisienne. L'opinion de M. Maître fut différente.

« Ces guerriers, dit-il, sont pour nous bien antérieurs aux Bagaudes dont on parle tant ; ils remontent bien au delà de Dioclétien et n'ont certainement jamais appartenu à l'armée des révoltés d'*Amandus* et d'*Ælianus*.

« L'identité frappante des armes appartenant aux guerriers des tombes d'Adamville et de celles qui se trouvaient dans les tombes du département de la Marne nous indique une parenté d'époque qui ne laisse aucun doute dans notre esprit. C'est un grand intérêt pour l'histoire gauloise et cela montre que ces populations guerrières n'étaient pas seulement cantonnées dans les départements de l'Est. »

M. Macé ajoutait : « Tout le monde est d'accord pour dire que ces sépultures sont gauloises et datent d'avant notre ère. »

Il indiquait qu'il avait trouvé des restes de sépultures romaines, avec de nombreux débris de tuiles qui ne laissaient aucun doute sur leur origine, et de cette réunion de tombes gauloises et romaines, il concluait, non sans raison, qu'une bataille avait dû se livrer en ce lieu. Son opinion confirme celle que nous avons déjà exprimée par déduction en disant que ce combat est celui qui fut livré aux Gaulois de Camulogène par les soldats de Labienus. Il joint à son exposé un plan de 1686 tiré de l'*Histoire des Gaules* par Guillaume Marcel, sur lequel est marqué l'emplacement des troupes romaines. Le gros de l'armée occupait la plaine de Grenelle, trois cohortes se trouvaient entre la Bièvre et la Seine et cinq autres entre la Seine et la Marne, vers Créteil. Il est permis de supposer que ce sont ces dernières cohortes qui se frayèrent un passage à travers la presqu'île comme nous l'avons avancé.

Quoi qu'il en soit, les débris de tuiles romaines portent une indication précieuse : c'est le chiffre IX où XI, suivant qu'il est lu de telle ou telle façon. Ne serait-ce pas le numéro d'ordre de la légion qui combattit là ? Labienus, pour marcher sur Lutèce, avait 4 légions, environ 27.000 hommes. La VIIe et la XIIe étaient du nombre ; reste à savoir s'il en était de même de la IXe ou XIe. Si oui, il y aurait là une trace évidente de son passage et un argument singulièrement probant touchant ce que nous avons avancé précédemment sur ce sujet à la suite de l'auteur de la *Vie de saint Babolein* et de quelques autres historiens. Espérons que ce point important sera éclairci par quelque découverte ultérieure.

Les faits que nous venons d'exposer, les découvertes archéologiques que nous avons décrites montrent l'importance qu'avait prise, sous la domination romaine, la forteresse des bords de la Marne. Nous allons voir le rôle qu'elle joua au IIIe siècle pendant les révolutions politiques et sociales qui troublèrent la Gaule.

Les Bagaudes. Origine. La légion thébaine. Extermination.

C'est encore l'auteur de la *Vie de saint Babolein* qui rapporte la légende des Bagaudes.

Il dit que ces révoltés s'emparèrent du Château de César et qu'ils furent écrasés ensuite dans la presqu'île par l'empereur Maximien.

Nous devons prévenir le lecteur que cette légende ne doit être acceptée qu'avec circonspection. Il n'existe à ce sujet aucun document historique certain ; les auteurs anciens qui ont parlé de cette jacquerie gallo-romaine, de sa répression, Orose (1) et avant lui Aurelius Victor et Eutrope, n'ont point indiqué le lieu, ni même le canton où l'événement se serait produit.

Des découvertes archéologiques indiscutables n'ont point encore appuyé de leur autorité particulière les allégations du moine de Saint-Maur qui dit, en outre, que les Bagaudes étaient chrétiens.

Nous verrons, dans tous les cas, que l'opinion de cet historien anonyme n'a pas été, non plus, combattue par les auteurs qui se sont occupés des origines lointaines de notre histoire, lesquels l'ont, au contraire, admise à sa suite.

Au temps dont nous parlons, les persécutions et les exactions des Romains furent la cause des tentatives anarchiques et des soulèvements populaires qui sont connus dans l'histoire sous le nom de *Bagaudie*.

Ce nom de *Bagaudes* a une étymologie incertaine. Il provient, suivant certains auteurs, du mot celtique *bagad*, qui signifierait rassemblement, attroupement. D'Arbois de Jubainville (2) le fait dériver de *baga*, lutte. Il viendrait enfin, d'après Genébrier (3), et

---

(1) Orose, *Hist. lib.*, VII, ch. xxv.
(2) *Les Premiers Habitants de l'Europe*, t. II, p. 349.
(3) *Histoire de Carausius* (1740), par Genébrier.

par corruption, du mot *Alaudæ* (1) nom donné à des soldats qui composaient la garnison du Château de César, appelé depuis *Castrum Bagaudarum*.

Quoi qu'il en soit, ces révoltés semblent avoir été poussés à l'insurrection et au brigandage par une longue série d'exactions et de misères. Pillés, opprimés par les agents du fisc, livrés aux excès d'une soldatesque sans frein, ne trouvant aucune garantie dans l'ordre social, les paysans abandonnaient leurs chaumières et leurs champs pour chercher leurs ressources dans le pillage. Les auteurs romains les ont appelés *rusticos, agrestes, latrones*, paysans, bandits, etc.

Ces rassemblements avaient des liens entre eux et même étaient parvenus à se grouper et à former une sorte de gouvernement régulier. Ils s'étaient donné pour chefs *Ælianus* et *Amandus* qui avaient pris les titres de César, d'Auguste et avaient même fait frapper des médailles à leur effigie (2). Ils y sont représentés le front ceint d'une auréole de rayons, tenant en main une pique, tandis qu'un bouclier figure à leurs pieds. Amandus y est qualifié de *César, empereur, auguste, pieux et heureux*. Au revers on lit le mot *Espérance* qui marque la volonté de secouer le joug étranger.

Les Bagaudes étaient, dit Lavisse, le vieux fonds gaulois résistant aux Romains et recruté de tous les hommes énergiques qui ne voulaient point subir la servitude.

Cette insurrection avait commencé vers l'an 270. Vaincus par Claude et Aurélien, contenus par Probus, écrasés de nouveau par Carin, ils s'étaient relevés plus terribles à l'avènement de Dioclétien.

Au début, ils avaient pillé Autun, la ville la plus importante des Gaules, d'après César, la *mère des provinces*, d'après Eumène. Cette cité, cette sœur du peuple romain, que les Gaulois considéraient comme traître à ses sœurs gauloises, solda peut-être, à cause de son titre d'honneur, dit l'abbé Pascal, la dette de la vengeance et de la réaction (3).

. (1) La légion de l'Alouette, formée par Jules César avec des éléments gaulois. Le nom et le numéro de cette légion étaient : *legio quinta alaudæ*.— Les Bagaudes sont parfois appelés *Baudets* par des auteurs anciens. Ce nom serait l'origine de la porte Baudoyer qui se trouvait à l'emplacement de la mairie du IV° arrondissement de Paris, sur la voie romaine conduisant à Saint-Maur.

(2) Antoine Loisel, auteur des *Mémoires du Bauvaisis*, leur adjoint *Batto* et *Atton*, ch. I.

(3) L'abbé Pascal, *Villa Bourières*.

Ils s'étaient également emparés du Château de César dans la presqu'île où s'élève Saint-Maur, et en avaient fait leur camp retranché, leur place d'armes, où ils entassaient le produit des dévastations qu'ils commettaient dans les vallées de la Seine, de la Marne, de l'Oise, de la Loire et même de la Saône.

Déjà les frontières avaient été forcées par les Francks qui avaient saccagé soixante-dix villes, et les Bagaudes se faisaient plus turbulents. Ils menaçaient de nouveau Autun qu'ils avaient pillée et demantelée vingt-cinq ans auparavant. L'heure était grave ; l'empire courait de grands dangers. Il fallait réduire ces armées de brigands, écraser dans l'œuf cette rébellion qui menaçait la souveraineté de Rome en Gaule.

L'empereur Dioclétien avait en ce même temps sur les bras la guerre avec les Perses qui, eux aussi, tentaient de se soustraire à la domination du peuple-roi, devenue intolérable. Alors il associa à l'empire un soldat grossier, brave, mais d'intelligence médiocre, issu d'une famille si pauvre que ses parents durent le faire gardien de troupeaux ; nous parlons de Maximien, son ancien compagnon d'armes, que sa force, sa taille, son énergie morale et physique avaient fait surnommer Hercule. C'est à ce général cruel, violent, que fut confiée la tâche d'écraser la rébellion. On verra avec quelle énergie il poursuivit ces bandes mal commandées, mal armées, et comment il persécuta les chrétiens dont les doctrines subversives venaient ajouter le mépris des faux dieux, des maîtres païens, de la mort, à l'impulsion et à la force du soulèvement.

« La tâche de Maximien, dit Amédée Thierry, n'était rien moins qu'aisée. Anarchie militaire, révolte de paysans, absence prolongée de toute autorité, voilà ce qu'il allait trouver en Gaule. »

Son panégyriste va jusqu'à dire qu'il eut à reconquérir ce pays presque entièrement.

La répression terrible commença par le massacre de la légion thébaine, ainsi appelée parce qu'elle avait ses quartiers d'hiver à Thèbes dans la haute Egypte. Elle était chrétienne.

Les *Actes de Saint-Maurice* (par les Bollandistes) racontent que trois officiers, le centurion *Maurice,* l'instructeur *Exupère* et *Candide* s'engagèrent par serment entre les mains de l'évêque de Rome, *Caïus,* à refuser l'obéissance à l'empereur, si, ainsi qu'il en annonçait le dessein, il voulait transformer la guerre des Bagaudes en persécution contre les chrétiens. « Nous périrons par le glaive, dirent-ils avec fermeté, avant de tirer le glaive contre nos frères et contre le Christ. »

La légion reçut l'ordre de quitter Rome et de se rendre à *Octodurum,* ville située au confluent de la petite Darse et du Rhône. Au lieu de s'arrêter là, elle continua sa route, traversa le défilé d'*Agaune,* aujourd'hui Saint-Maurice, et campa à quelque distance de l'armée. C'était un manquement aux ordres. Maximien leur dépêcha un général qui tâcha de les ramener à la discipline et leur fit connaître leur destination dans la guerre des Bagaudes.

Les mutins refusèrent d'assister au sacrifice que Maximien avait ordonné en l'honneur du dieu *Zèle* (*Zeli Idolo*) pour l'heureux succès de son expédition. Ils déclarèrent qu'ils juraient fidélité à l'empereur, mais ne voulaient pas en prendre à témoin les impures divinités de l'Olympe ; qu'au surplus ils ne combattraient point les Bagaudes. « Nous sommes chrétiens, dirent-ils, et nous n'égorgerons pas nos frères. »

Craignant que ces chrétiens fissent cause commune avec les Bagaudes, Maximien les fit impitoyablement massacrer par les autres légions.

Il commença, suivant l'usage, par faire décimer la légion rebelle. Mais, comme cette première exécution n'ébranlait pas le courage des survivants, il la fit recommencer plusieurs fois.

Beaucoup se laissèrent massacrer passivement ; quelques-uns se frayèrent un passage, les armes à la main, et allèrent sans doute rejoindre leurs frères chrétiens. Maurice et ses deux amis furent retrouvés parmi les morts.

Suivant la tradition, la légion thébaine, comme on vient de le voir, fut massacrée pour n'avoir pas voulu combattre les Bagaudes chrétiens. Ce n'est donc pas sans raison, comme le fait remarquer l'abbé Pascal, que, sur les rives de la Marne, à côté du lieu dit le Château des Bagaudes, s'est élevé depuis cette époque un oratoire placé sous l'invocation de Saint-Maurice (1). L'origine de ce sanctuaire se rattache sans nul doute à cet événement et au souvenir de la répression chrétienne ou bagaude.

Après cet acte d'énergie et de cruauté, Maximien se porta au secours de la cité d'Autun, menacée, comme nous l'avons dit, par les insurgés. Il les força à lever le siège, les battit à Cussy (2), près d'Auxerre, et les rejeta dans la vallée de la Seine. De là ils rejoignirent leur camp de Saint-Maur où ils pouvaient tenir

---

(1) *Villa Bourières.* — Il s'agit ici de l'église paroissiale de la commune de Saint-Maurice (Seine).

(2) Aujourd'hui encore s'élève en ce lieu une colonne commémorative avec des bas-reliefs curieux. — Voy. *Hist. de France* de Henri Martin.

tête à l'armée romaine. La deuxième phase de cette terrible répression allait bientôt avoir lieu, là même.

Retranchés dans la presqu'île qu'ils avaient mise en état de défense, ravitaillés par la Marne, ils pouvaient soutenir le choc des légions romaines et attendre les renforts et les secours que les bandes dispersées dans la Gaule pouvaient leur envoyer.

L'histoire ne nous a point transmis de détails sur les combats héroïques qui durent se livrer dans la péninsule et surtout autour de la forteresse, dernier refuge des Bagaudes. Seul, l'auteur de la *Vie de saint Babolein* nous en a conservé la tradition qui avait encore cours de son temps. « La place ne céda, dit-il, qu'après un long blocus, quand les assiégés furent à demi morts de fatigue et de faim. Il n'y eut point de quartier pour ce dernier repaire de la Bagaudie. Tout ce qui s'y trouva périt par le fer et le feu. Les pierres mêmes éprouvèrent la colère du vainqueur, car Maximien fit raser le Château jusqu'au-dessous du sol, et déraciner les blocs de pierre sur lesquels il était fondé, ne laissant subsister que le canal, creusé de main d'homme, et la muraille garnie de tours qui fermait l'entrée de la presqu'île. Ainsi l'édifice impérial que la main de César avait lancé orgueilleusement vers le ciel, la main d'un autre César le fit descendre et le ravala plus bas que terre. »

Le Père Ignace Samson écrivait en 1640 que Maximien « y fit un cruel carnage, mettant tout au fil de l'épée et rasa ledit Château en telle sorte qu'il n'y demeura que les profonds fossés à demi remplis des ruines des tours et des murailles : ce qui fut cause que n'y ayant plus rien de remarquable en cet endroit, sinon les fossés, ce lieu retint toujours le nom *des Fossés* (1) ». Il ajoute qu'on accédait à la forteresse par un pont, et, de fait, les textes anciens ont souvent appelé *isle* la presqu'île de Saint-Maur.

Cet événement se place en l'an 286.

Nous ferons remarquer que le siège dut être long, car les Bagaudes étaient braves et organisés en véritable armée et n'avaient pas manqué d'accumuler dans leur camp les approvisionnements nécessaires.

Mais où pouvait bien se trouver la muraille garnie de tours dont fait mention le récit qui précède ? La rue des Tournelles, située dans le vieux Saint-Maur, non loin de l'endroit présumé où se trouvait le fossé, rappelle sans doute ces tours dont la

---

(1) *Vie de saint Maur*, par le P. Ignace Samson, p. 295.

muraille était flanquée. Il n'en reste plus le moindre vestige. Nous voyons au *Terrier de la baronnie de Saint-Maur*, rédigé en 1682 (1), que l'entrée du bourg, par la route de Charenton, s'appelait la *porte de Presles*, que la rue Pinet s'appelait *ruelle du Pont de Porte*, ou *des Portes*, et le pont de cette rue *pont de Porte* ou *des Portes*. Ces dénominations rappellent certainement les portes de cette muraille que nous plaçons justement sur la trace des limites actuelles de notre commune. Le procès-verbal de délimitation de la commune, établi en 1811, signale également des vestiges d'une vieille porte près du petit pont dont il est question ici.

Un historien de Saint-Maur, Piérart, a cru trouver dans une dénomination d'un lieu dit de Joinville, appelé *Presles*, le souvenir des combats qui se livrèrent aux abords de la forteresse. Sur le versant méridional du promontoire de Joinville se trouve, en effet, un endroit ainsi désigné dont un chemin conserve le nom. Il fait remarquer, avec raison, que beaucoup de lieux appelés *Presles* dans nos provinces tirent leur nom des combats qui s'y sont livrés, de *prœlium* (combat).

L'opinion du savant abbé Lebeuf est différente. Il suppose, dans son *Histoire du diocèse de Paris*, à l'article Charenton, que cette dénomination dérive de *pratellis* (prairie) ; mais la partie basse de ce lieu qui longe la Marne jusqu'aux limites de Saint-Maur est portée au cadastre de Saint-Maurice sous le nom de *Prés de Presles*. En second lieu, ce qui donne quelque vraisemblance à la première opinion, c'est que le triangle formé par la rue du Canal, le canal et la rue de Créteil, est désigné au cadastre sous le nom de *le Presle*. Un peu plus haut, sur l'emplacement du souterrain du canal, se trouve le lieu dit les *Hautes-Fosses*. Ces noms évoquent bien l'idée de la bataille qui dut se livrer en ce lieu.

Une autre considération vient à l'appui de cette hypothèse. Sur de vieilles cartes (2), se voit un ermitage appelé Notre-Dame de Presles situé justement au lieu dit *le Presle*, à l'intersection des rues du Canal et du Viaduc. L'abbé Lebeuf dit de cet oratoire que, ce qu'il en a vu de plus ancien, c'est qu'en 1459 il s'y trouvait une confrérie et qu'il fut permis à un prêtre de la desservir dimanches et fêtes en même temps que l'église de La Varenne, dont nous aurons à nous occuper plus loin. On voit

---

(1) Archives de Saint-Maur.
(2) *Plan de la baronnie de Saint-Maur*, 1701, carte de Delagrive, 1740.

également dans Lebeuf, à l'article Nogent, que les habitants du village avaient coutume, à jour fixe, d'aller en pèlerinage à Saint-Babolein (Abbaye de Saint-Maur) et à Notre-Dame-de-Presles.

Cet oratoire peut bien avoir été élevé en cet endroit pour honorer la mémoire des chrétiens qui y trouvèrent la mort sous les coups de Maximien, vers l'an 286. Mais nous devons dire qu'à notre connaissance il n'a point été exhumé de squelettes ou d'armes de l'époque sur ces lieux.

Au milieu de l'incertitude où nous plonge l'absence de documents écrits relativement aux Bagaudes, des découvertes d'ossements, d'armes ou d'objets de l'époque auraient donné l'autorité nécessaire à la légende qui place dans la boucle de la Marne le lieu où ils trouvèrent la mort en si grand nombre. Nous n'avons point connaissance de pareilles découvertes se rapportant, sans conteste, à cet événement. Peut-être les tombes ont-elles été fouillées antérieurement, soit par les colons de l'Abbaye, soit par ceux des Condé qui les auront dispersées en mettant les terres en exploitation (1).

Il nous reste à esquisser le caractère religieux et social de cette insurrection, à donner les causes qui l'ont déterminée et les jugements que les auteurs du temps ont porté sur elle.

La Bagaudie ne fut point tout entière écrasée à Saint-Maur-des-Fossés, tant elle était devenue générale, car on voit encore des bandes de Bagaudes sous Valentinien III en 435, 436 et 437, et même en 451 au moment où les invasions barbares venaient ajouter aux malheurs publics.

Nous trouvons dans le récit de *Catilius Severus,* chevalier romain, visitant la Gaule au commencement du IVe siècle, des détails précis sur ce point. L'auteur dit en parlant de Montmartre où se trouvaient de nombreuses carrières : « Il fallait éviter les Francks qui s'étaient établis dans les villages d'alentour après en avoir massacré les habitants. On risque aussi de rencontrer les débris des Bagaudes, qui, depuis leur désastre (de Saint-Maur), errent dans tout le pays à la recherche de quelque proie. »

Ce brigandage, qui, malgré la violence, la barbarie des

---

(1) Il existe, dans la propriété qui fait l'angle de la rue de Créteil et de la rue du Canal, une levée de terre qui passe pour un tumulus. Le propriétaire a l'intention de la faire fouiller prochainement. Elle se trouve bien à l'endroit où l'effort de la défense a pu logiquement se porter. Cet endroit est désigné au cadastre par ces mots : *le Presles.*

mœurs de l'époque, était si éloigné des idées chrétiennes, et les caractères païens que nous avons signalés sur les médailles d'Amandus, tendent à prouver que les Bagaudes n'étaient point tous chrétiens. C'est également l'opinion de Genébrier déjà cité.

Salvien, prêtre qui écrivait de Marseille en 451, justifie ainsi cette révolte des Bagaudes qu'il présente comme des paysans persécutés, opprimés, chrétiens pour la plupart : « Je parle des Bagaudes qui, spoliés, vexés, égorgés par d'iniques et cruels administrateurs et après avoir perdu le rang de Romains, ont fini par en perdre aussi le nom. Et nous appelons hommes perdus ceux que nous avons poussés au crime ! Par quoi ont été faits les Bagaudes, si ce n'est par nos injustices, par la mauvaise conduite des administrateurs, par les poursuites et les rapines de ceux qui ont tourné les revenus publics en gain pour eux, et qui, semblables à des bêtes féroces, ont, non gouverné, mais dévoré ceux qu'on leur livrait (1). »

On jugera, par cet extrait, de la condition des pauvres paysans gaulois et on comprendra alors que la révolte fut bien une tentative d'affranchissement contre des maîtres odieux dont le joug était devenu insupportable.

Si nous nous sommes étendu longuement sur ce sujet, c'est que ce chapitre d'histoire de France appartient en particulier à notre histoire locale ; et que nous avons la conviction que notre sol nous livrera un jour le secret historique de ce grand drame, secret qu'il recèle depuis tant de siècles.

Mais ce sol tout imprégné du sang des malheureux Bagaudes allait être encore arrosé du sang de nombreux martyrs chrétiens.

Les Huns.
Les saints de Créteil.

Un flot de barbares, les Huns, sous la conduite d'Attila, avaient envahi l'Est de la Gaule. On sait quelle terreur inspirait ce cruel Asiatique que l'Église avait surnommé le *Fléau de Dieu* et qui « était laid comme le péché, lascif comme la bête », d'après *Priscus*.

Dans une remarquable étude, M. Anatole de Barthélemy a essayé de les suivre pas à pas et de reconstituer leur campagne (2). Il les fait passer par Worms, Mayence, Trèves,

---

(1) Salvien, *De Gubernatione Dei.*
(2) *Campagne d'Attila en* 451, par Anatole de Barthélemy.

Troyes, Auxerre, Sens, Pithiviers, Orléans, mais nullement par Paris.

Ils s'emparèrent d'Orléans le 14 juin de la même année, mais les troupes de secours, selon Sidoine Appollinaire, ne leur laissèrent pas le temps de piller la ville, qui fut forcée, dit-il, mais non saccagée. Attila, vaincu dans une première rencontre sous les murs de la ville, commença une rapide retraite vers le Rhin. Il atteignit Troyes, poursuivi par l'armée des alliés Aëtius, Mérovée, Gondicaire, et il dut accepter une bataille décisive qui fut pour lui une écrasante défaite.

Cependant, malgré l'absence de documents concernant Paris, l'histoire raconte que la ville fut fort effrayée à l'approche des barbares. Les habitants qui voulaient quitter leur ville reprirent confiance à la voix d'une bergère de Nanterre, Geneviève, et se mirent à fortifier leurs murailles avec les pierres de leurs monuments démolis en toute hâte.

Une bande de Huns dut évidemment faire une incursion vers Paris.

On lit en effet dans le *Martyrologe* d'Usuard (1) qu'une foule de chrétiens trouvèrent la mort sur les rives de la Marne, dans la péninsule des Fossés où ils avaient cherché un refuge. Ils y furent mis à mort le 24 juin 451 sur les deux bords. Un seul périt sur la rive droite, ce fut Félix ; d'autres en plus grand nombre furent massacrés sur la rive gauche, et, parmi eux, deux chefs, *Agoard* et *Aglibert*, dont l'église a fait deux saints. Ces martyrs sont vénérés dans l'église de Créteil où se trouvent leurs tombeaux.

A ce sujet, voici ce que l'on peut lire aux archives de Créteil : « Le mardi 21 avril 1807, six heures du soir, les châsses de saint Ugoard (pour Agoard) et de saint Aglibert ont été scellées après avoir enfermé les authentiques et le procès-verbal de la cérémonie dans la châsse de saint Ugoard. Signé, Jeandieu, maire (2). »

Cette légende, recueillie par l'abbé Lebeuf, a été dénaturée par Piérart, historien de Saint-Maur, qui voit dans les deux saints de Créteil les chefs bagaudes qui trouvent la mort vers 286. Il convient de l'examiner un instant à la lumière des précisions historiques dont nous l'avons fait précéder.

---

(1) Moine de l'abbaye de Saint-Denis, qui écrivit son *Martyrologe* vers 859 et l'offrit à Charles le Chauve.

(2) Voy. *Bull. de la Société de l'Histoire de Paris et de l'Ile-de-France*, année 1891, p. 28.

La tradition a toujours placé invariablement la délivrance d'Orléans au 14 juin 451. Les Huns, obligés, sans doute, de suivre des routes différentes à cause de l'encombrement que devait produire une telle multitude de guerriers avec leurs familles et leurs chariots, purent très bien être à Saint-Maur le 24, soit 10 jours après. Ce fut, sans doute, cette bande qui vint effrayer si fort les Parisiens et qui, pressée de fuir, ne se présenta même pas sous les murs de la ville. On doit remarquer, également, que la voie de la Champagne, la route de Troyes, passe par Provins et Créteil et que cette armée avait dû gagner Paris par la voie romaine du Midi, qui est la route d'Orléans actuelle.

D'autres considérations viennent également consolider l'autorité de la légende. Une dénomination semble perpétuer le souvenir de ces événements. Sur le territoire de Bonneuil et de Créteil se trouve une grande île formée par la Marne et son affluent le Morbras (1). Cette île s'appelle l'île Barbière. Ne peut-on pas voir là une preuve du passage de ces barbares ?

On verra plus loin qu'un concours, ou pèlerinage, avait lieu tous les ans à Saint-Maur et à Créteil, justement à cette même date du 24 juin, le jour de la Saint-Jean. L'abbé Lebeuf n'en a pas retrouvé l'origine. Ne peut-on pas y voir la coutume qui s'est établie, dès cette époque, de venir vénérer les lieux arrosés du sang des martyrs ?

Les pèlerins se rendaient, dans la même journée, à Saint-Maur et à Créteil, sans doute pour commémorer le même événement qui s'était produit sur les deux rives de la Marne. Plus tard, Créteil cessa d'être fréquenté, mais seulement lorsque les reliques de saint Maur eurent été transportées à l'Abbaye, en 868, et que la réputation des miracles qui leur étaient attribués fit oublier le but primitif du pieux pèlerinage.

---

(1) Ce mot désigne un ancien lit de la Marne, ou bras mort, dont le ru a pris le nom. Ce ru était appelé autrefois de Brétigny.

Chapitre IV

L'Abbaye

|Introduction.| La Gaule romaine avait sombré sous le flot des barbares qui vinrent s'y établir. Paris, les rives de la Seine et de la Marne, allaient changer de maîtres. Après la bataille de Tolbiac, dans le cours de l'année 497, l'évêque de Paris, Éraclius, et sainte Geneviève que nous retrouvons sous le voile religieux, se concertent pour ouvrir à Clovis les portes de la ville.

Les terres de l'*ager publicus* furent distribuées aux guerriers, mais une grande partie forma le domaine royal ou fisc. La presqu'île de la Marne fut de ce nombre.

Il n'est pas dans notre plan de suivre les fils de Clovis et leurs successeurs dans leurs partages ou leurs guerres ; mais nous devons mentionner ici certains faits servant d'introduction à l'histoire de la fondation de l'Abbaye.

Pour la première fois, nous avons un guide sûr, un auteur contemporain de cette période de notre histoire locale, saint Grégoire de Tours (1).

Les rois de la première race résidaient habituellement dans une de leurs « villæ », fermes plutôt que châteaux, métairies au

---

(1) Voy. *Géographie de la Gaule au VIe siècle*, par Longnon.

milieu de vastes exploitations agricoles. Ils vivaient là tant qu'ils n'avaient pas épuisé les provisions qu'on y avait accumulées pour eux et leur suite. Ainsi, dans la Gaule franque, la vie rurale l'emporte sur la vie urbaine ; on vit plantureusement sans aucun souci du luxe. Nous voyons Clotaire à Verberie, Compiègne, Nogent-sur-Marne, etc., Lothaire à Bonneuil, etc.

Chilpéric se trouvait à Nogent-sur-Marne (*Novigentum*) lorsqu'il reçut la visite de Grégoire de Tours et les présents de Tibère II à qui il avait envoyé des ambassadeurs. Il avait épousé une servante du palais, Frédégonde, dont l'histoire a retracé les crimes. C'est à Noisy-le-Grand (*Nucetum*) qu'elle fait assassiner son beau-fils Clovis et jeter son corps dans la Marne pour le priver d'une sépulture honorable ; c'est à Chelles (*Calla*) qu'elle fait assassiner son mari qui, au retour de la chasse, avait surpris son commerce adultérin avec le maire du palais, Landry. Grégoire de Tours nous apprend que Madulf, évêque de Senlis, qui se trouvait présent, fit laver le corps et le ramena à Paris par la Marne et la Seine à l'abbaye de Saint-Vincent, plus tard Saint-Germain-des-Prés, où il fut inhumé en 581.

Si nous signalons, avec ce funèbre convoi, une très forte inondation de la Marne survenue en 583, nous connaîtrons tout ce que cet historien peut nous apprendre sur notre région.

Il faut maintenant arriver à l'an 638, époque de la fondation de l'Abbaye pour reprendre le cours de notre histoire locale.

Après les princesses criminelles qui ont laissé dans l'histoire la trace de leurs forfaits, Brunehaut, Frédégonde, voici les princesses pieuses qui rivalisent de zèle pour fonder ou doter des abbayes dans lesquelles elles viennent parfois chercher la paix et l'oubli de leurs maux, aux temps de veuvage ou de disgrâce. Sainte Radegonde, fille des rois de Thuringe, cette captive élevée au trône par Clotaire Ier, fonde à Poitiers la monastère de Sainte-Croix ; la femme de Clovis II, Bathilde, relève celui de Chelles ; sa mère Nanthilde ou Nantechilde contribue, par son influence, à la fondation de celui de Saint-Maur.

En parlant de cette Abbaye, nous donnerons sans y rien changer les récits légendaires ou merveilleux qui nous ont été transmis par le pieux hagiographe, auteur de la *Vie de saint Babolein*.

Ces légendes naïves sont un trésor pour l'historien. Elles ont été consultées avec fruit par les premiers narrateurs de notre histoire dont quelques-uns y ont trouvé d'excellents détails sur les mœurs de l'époque. Elles sont un fonds sacré sur lequel ont vécu les populations chrétiennes de ces temps de foi ardente, simple, unanime, la clef de ce passé lointain, et font comprendre les mouvements populaires vers les grandes expéditions, les sanctuaires réputés. D'autre part, ce merveilleux explique les productions artistiques de cette époque qui constituent la richesse, la gloire incomparable des églises et basiliques de France.

Augustin Thierry l'a dit avant nous d'une manière plus éloquente : « Il ne faut pas que la crainte de paraître ajouter foi aux miracles du moyen âge fasse négliger des détails de mœurs, sans lesquels l'histoire est vague et presque inintelligible (1). »

Au commencement du règne de Clovis II, il y avait à Paris un très digne ecclésiastique nommé Blidegisile, qui était archidiacre de la grande église de Notre-Dame et très bien vu en la cour du roi.

Fondation de l'Abbaye. Blidegisile et saint Babolein.

Celui-ci n'était encore qu'un enfant, mais une femme pieuse, sa mère, la reine Nanthilde, gouvernait le royaume en qualité de régente. Elle eut dessein de fonder un monastère à la sollicitation de Blidegisile. Celui-ci communiqua également son projet à l'évêque de Paris, qui était alors un très illustre prélat, appelé Audebert, et qui lui promit de le seconder de son autorité.

Mais deux difficultés se présentèrent d'abord à l'effet de cette entreprise, qui semblaient en rendre l'exécution impossible. L'une était de trouver un lieu propice où la demeure des religieux fût tellement en assurance que leur solitude ne fût point troublée, ni leur silence interrompu par les trop fréquentes visites des personnes séculières. L'autre était de rencontrer un homme qui fût assez expérimenté en la vie religieuse pour lui confier le nouveau couvent.

Pour la première, l'archidiacre Blidegisile jeta les yeux sur une place qui est à deux lieues de Paris, où la rivière de Marne fait un grand circuit qui semble former une île sur la terre ferme et où autrefois Jules César, venant à la conquête des Gaules, après avoir pris la ville de Melun (*Melodunum*), fit construire un fort château, environné de très profonds fossés, afin

---

(1) *Lettre VI sur l'Histoire de France*, par Augustin Thierry.

de tenir ainsi les Parisiens et d'empêcher les vivres de Champagne et de Brie que la rivière leur apportait.

Mais une difficulté nouvelle se présentait ; ce lieu était un fief royal qu'il n'était pas aisé d'obtenir ; toutefois, comme le même Blidegisile avait l'honneur d'approcher les personnes du roi et de la reine mère Nanthilde, et que, de plus, il était en très haute estime auprès d'Archambaud, cousin du roi Dagobert, parrain de Clovis II, et qui alors gouvernait l'État en qualité de maire du palais, tout cela facilita l'octroi de la requête du pieux archidiacre.

Restait à trouver le directeur spirituel et temporel du monastère.

Un jour que le très vigilant évêque, Audebert, visitait, le matin, son église Notre-Dame, il y rencontra, à l'improviste, un religieux baigné de larmes qui priait. C'était un moine étranger du nom de *Babolenus,* Babolein. Il s'informa curieusement de son nom, des motifs de sa peine et l'emmena en son palais. Il le décida ensuite à accepter la conduite des religieux qu'il avait l'intention, avec son archidiacre, de grouper au couvent qu'ils allaient fonder.

<small>Vie de saint Babolein. Premières donations.</small>

Il faut dire ici quelques mots de ce religieux étranger élevé au rang de premier supérieur de ce couvent, érigé sous l'invocation de la vierge Marie et des apôtres saint Pierre et saint Paul.

Depuis, l'Abbaye, ou plutôt le petit couvent, ne sera plus désigné que sous l'appellation de couvent de Saint-Pierre-du-Fossé, ou des Fossés, appellation qu'il gardera jusqu'au XIIe siècle.

Babolein fut d'abord moine de Luxeuil, puis suivit son maître saint Colomban au delà des Alpes, dans les Apennins, au monastère de Bobio. A la mort de son supérieur il fut désigné pour le remplacer et, suivant l'expression de son biographe, « comme une lumière qui est élevée sur le chandelier, il commença à éclairer tous les habitants de cette sainte maison » (1).

Il se démit de sa charge par humilité et s'en alla se mettre sous l'obéissance de Remacle — dont l'église a fait un saint — en l'abbaye de Stavelot, dans les Ardennes, diocèse de Liége.

---

(1) *Vie de saint Babolein,* par le père Simon Martin, religieux de l'ordre des Minimes, 1650.

Après la mort de saint Remacle, Babolein lui succéda au gouvernement des deux abbayes de Stavelot et de Malmédy. Mais, impuissant et découragé devant les discordes qui s'étaient élevées entre ses frères, il résolut de reprendre sa vie errante et s'en vint à Paris, en pèlerin. C'est là qu'il fut remarqué, comme nous l'avons dit, par l'évêque Audebert.

Pour assurer l'existence des religieux, le roi Clovis II avait

S. BABOLENVS
D'après une estampe de 1650.

fait à Blidegisile une donation importante. On voit par l'acte de fondation, qui est daté de l'an 638, que cette donation comprenait les lieux appelés vulgairement *Castrum Bagaudarum,* ou Château des Bagaudes, contenant 12 boniers (1) de terre, la Varenne ou Garenne et toute la presqu'île avec un

---

(1) GUÉRARD, dans ses *Prolégomènes du Polyptique d'Irminon,* pense que le bonier valait environ 128 ares. — LAROUSSE écrit bonnier et va jusqu'à 140 ares.

moulin, les terres, les eaux et tous les droits seigneuriaux afférents.

En voici la traduction :

« Acte de donation (638). — Clovis roi de France, homme illustre au duc *Archeual* (?) ou à tous présents et futurs fidèles, ce que nous accordons à tous prêtres et religieux ecclésiastiques pour l'établissement du service de Dieu, le même nous l'accordons aussi pour l'établissement de notre royaume et le salut de notre âme. Davantage, nous faisons savoir à tous les fidèles de l'un ou de l'autre sexe tant présents que futurs qu'un certain homme diacre généreux, et en Jésus-Christ très vénérable, et notre bien-aimé nommé *Blidegisile*, s'est présenté devant notre grandeur et nous a requis humblement pour l'édification de l'église de Dieu et de saint Pierre et saint Paul, princes des apôtres et pour la congrégation des moines de Saint-Benoît ; une certaine terre qui consiste dans un bourg du diocèse de Paris, à savoir un château qu'on appelle des Fossés et que vulgairement on appelle le champ des Bagaudes, sis auprès de la rivière de Marne, qui a depuis son entrée jusque au fleuve de la Marne douze boniers avec toute la terre qu'on appelle la Varenne qui est autour du château que la Marne et les fossés de l'eau environnent, ce que nous lui accordons à sa sainte et religieuse demande, duquel nous lui accordons librement ce que dessus en vue de l'amour et du saint désir qu'il a pour Dieu ; c'est pourquoi nous voulons et ordonnons par notre présente autorité que la susdite terre provenant de notre domaine lui soit accordée pour le seul et unique ouvrage de Dieu à condition que le susdit très honnête homme et bien aimé de nous Blidegisile diacre jouira du château avec la susdite Varenne comme est dit ci-dessus et des fossés du château depuis le commencement de l'eau jusque à l'eau que toute la terre enferme entièrement, ce qui dépend présentement de notre fisc, les îles et les moulins, les ports et les passages de ladite rivière avec tous les lieux adjacents, le tout pour l'entier édifice comme il est dit ci-dessus du saint lieu et que là même il fasse bâtir une cellule pour la demeure des moines de Saint-Benoît et comme cela dépend de notre fisc, nous accordons audit Blidegisile et à ses successeurs aussi ledit lieu avec toutes les choses ci-dessus et tout ce reste qui lui appartient. Enfin nous ordonnons de notre autorité royale que nul juge public, ni évêque, ni quelque personne que ce soit ayant puissance de judicature dans le lieu et sur ladite terre que ladite terre environne de l'eau des fossés et enferme, n'entreprennent d'entendre les causes, de transiger, ni d'exercer les gabelles, mais que ces serviteurs de Dieu ne seront point inquiétés pour quelque occasion que ce soit à condition qu'ils serviront toujours Dieu pour notre femme, la famille royale et pour tout le royaume. Et afin que tout ce que nous accordons soit plus stable et plus ferme, nous l'avons signé de notre main, le premier de notre règne. »

Le 9 mai 640, le monastère était déjà construit, et Blidegisile, y ayant nommé Babolenus, transmet aux religieux tous les biens et droits qu'il tenait du roi. Mais nous devons mentionner ici que l'acte de donation porte des traces d'additions qui le rendent suspect. L'original a disparu ; il n'existe qu'une copie invraisemblable, car on y trouve que le roi Clovis II, âgé de 5 ans, faisait la donation « à condition qu'ils serviront toujours Dieu pour notre femme, la famille royale et pour tout le royaume ». Cette dernière partie a pu y être introduite par un copiste trop zélé ; dans ce cas la charte tout entière ne serait point frappée de suspicion.

Ces deux chartes, celle de Clovis II et celle de Blidegisile, ont été publiées en entier par Gérard Dubois, oratorien, en 1690.

Le roi ajouta, à ces biens, en 650, un autre domaine du fisc, appelé *Brictonacum*, ou Brétigny, assis le long de la rivière de Marne, sur la rive gauche. Ce fief se composait de prairies et de terres fertiles situées au bas de Sucy jusqu'à Bonneuil. Un chemin, appelé de Brétigny, qui va de Joinville à Champigny, parallèlement à la Marne, en conserve la dénomination, et un canal asséché maintenant, qui réunissait le Morbras à la Marne, est marqué, sur d'anciennes cartes, ru de Brétigny. Le fief comprenait également un moulin. On trouve dans le Cartulaire de l'Abbaye l'obligation pour les habitants de Sucy et des environs de moudre leur grain au moulin de Brétigny. Ce moulin n'est autre que celui qui est devenu de nos jours le Moulin-Bateau sur le territoire de Bonneuil-sur-Marne.

Ces précisions suffisent pour indiquer l'importance de ce fief. Le roi expédia les lettres patentes en présence d'Annobert, archevêque de Sens, métropolitain de Paris, d'Audebert, évêque de Paris, de Maurice, évêque de Beauvais, de plusieurs autres prélats et abbés.

Et, depuis, le même Audebert confirma cette donation et exempta, à l'avenir, ce nouveau couvent de la sujétion épiscopale, ce que le roi Clovis II approuva ainsi que quatre archevêques, Gauderic de Lyon, Annobert de Sens, Walfrade de

Bourges, Donat de Besançon et sept autres évêques, le 15 mai de l'an 650.

Si l'immensité des terres qui furent alors accordées aux monastères étonne à présent, il faut considérer que, vu l'état inculte de ces terres, c'était moins enrichir les moines que les charger du travail pénible et insalubre du défrichement, assèchement des marais, mise en culture.

Mais revenons à Saint-Pierre-du-Fossé. « On vit bientôt en cette place du Château des Bagaudes une colonie toute céleste de ses nouveaux habitants qui étaient vraiment les fruits de la riche semence du sang des martyrs que l'impie Maximien y avait répandu lorsqu'il le vint raser et faire main basse sur tous les chrétiens qu'il y rencontra (1). »

Leur supérieur, saint Babolein, menait une vie de prières et de pénitence. On raconte qu'il avait coutume, chaque nuit, après les matines, de prendre deux religieux et de s'en aller sur la rivière de Marne, où, s'arrêtant sur trois grosses pierres qui y étaient, comme à dessein, ils passaient là le reste de la nuit à chanter des hymnes et des psaumes.

Les trois pierres de saint Babolein se voyaient encore en 1639, dit le père I.-J. de Maria, en un endroit de la Marne qui s'appelait le port Saint-Babolein auprès du moulin de l'Abbaye, dans un bras qui séparait l'île Saint-Babolein de la terre ferme (2). C'est là que les pèlerins allaient boire de l'eau pour se guérir de la fièvre.

On a dit que Clovis II avait confié à Babolein le gouvernement de l'abbaye de Saint-Vincent (Saint-Germain-des-Prés) pendant une absence de l'abbé. Il est possible que cet intérim ait eu lieu, mais ce religieux n'est pas compté comme le 9º abbé de Saint-Germain-des-Prés, suivant une erreur qui a été reproduite par le père I.-J. de Maria et par Piérart à sa suite. Dom Bouillart (3) en donne deux preuves indiscutables : les anciens catalogues de l'abbaye ne font pas mention de l'abbé Babolein, et une charte de 720 ne laisse aucun doute à ce sujet. Ces auteurs ont confondu Babon et Babolein.

On cite plusieurs miracles dus à l'intercession de saint Babolein. Nous mentionnerons celui qu'il accomplit sur les

---

(1) *Vie de saint Babolein,* déjà citée.
(2) Ce bras de Marne passait dans la propriété de M. le sénateur Maujan. Il a été comblé plus tard.
(3) Dom Bouillart, *Histoire de l'Abbaye royale de Saint-Germain-des-Prés,* p. 16.

terres de Boissy-Saint-Léger que Clovis II avait léguées par testament à l'Abbaye des Fossés. Un jour, visitant les ouvriers qu'il avait envoyés à sa vigne de Boissy, il les trouva extrêmement affligés de la soif à cause de la disette d'eau en ce lieu. Ils étaient contraints d'aller la puiser bien loin en la rivière de Marne, ce qui les fatiguait et les détournait de leur ouvrage. L'abbé, pris de compassion, pria, et une source apparut formant une fontaine. Cette source était connue à Boissy sous le nom de Saint-Babolëin. Elle se trouvait, du temps de l'abbé Lebeuf, dans une propriété privée.

Le Polypticon (1) de Saint-Maur nous apprend, dit encore l'abbé Lebeuf, ce qu'était Boissy au viiie siècle. Voici la description du revenu que les moines en retiraient : « Le monastère a à Boissy 24 maisons et demi (2) de paysans charroians, 10 de manouvriers et 13 hospices ou logements. En tout il y a 78 hommes. Chaque maison de charroians paie à l'Abbaye une année 5 sols et l'année suivante une brebis et un agneau et 2 muids de vin, 3 poulets et des œufs, plus une charretée de baguettes pour clore les vignes. A l'égard des maisons de manouvriers, chacune paie par an au monastère 2 muids de vin, une brebis et un agneau, 2 poulets avec des œufs. Ce village est une terre à cens pour laquelle on paie à la Saint-Denis 9 sols, 8 deniers. »

A Champigny, l'Abbaye possédait onze maisons ; ceux qui avaient des animaux de trait devaient trois corvées, des balais, des sacs pour porter le blé et d'autres corvées pour faner le foin.

Autres donations.
Blidegisile ne se désintéressa pas du couvent qu'il avait fondé ; il s'efforça de lui procurer des biens et des privilèges et l'enrichit de nombreuses reliques qu'il obtint du pape, Martin Ier, pendant un voyage à Rome.

Clovis II étant mort en 664, son fils Clotaire lui succéda. Grâce à l'influence de sa très pieuse mère, la reine Bathilde, le nouveau roi accorda au couvent des Fossés le village de *Savegium* (3), aujourd'hui, Belleville.

---

(1) Ou « pouillé », ou terrier : recueil de biens et droits d'un seigneur.
(2) Droits partagés avec un autre seigneur.
(3) La rue de Savies en rappelle le nom. L'agglomération se trouvait vers l'intersection des rues des Pyrénées et de Belleville où se voient encore d'épaisses murailles, vestiges de l'antique *Savia*. Les religieux ne conservèrent pas longtemps cette nouvelle donation.

Il prit en même temps sous sa sauvegarde le petit monastère, son abbé, ses religieux, ses vassaux. Enfin il expédia, en présence de sa mère et du comte Guérin, maire du palais, une lettre par laquelle il confirmait les donations et privilèges de ce monastère, le 27 avril 664.

On place la mort de saint Babolein vers la fin du VIIe siècle, sous le règne de Thierry Ier. L'abbé Migne, dans son *Dictionnaire d'hagiographie*, indique comme date 671 environ. S'étant joint à saint Fursy de Lagny, et secondé par l'évêque de Paris, saint Landry, Babolein avait contribué à la fondation de plusieurs hôpitaux et églises des environs de Paris.

Le plus ancien acte que l'on connaisse, après ceux de l'époque de la fondation, est un diplôme de Chilpéric II qui porte la date du 24 avril 717 et dont l'authenticité n'a pas été contestée. Par cet acte, l'abbé Waldomar obtint du roi confirmation des biens et privilèges octroyés à l'Abbaye et du droit important reconnu aux religieux d'élire eux-mêmes leur abbé. Chilpéric termine en disant que son cousin, le feu roi Dagobert, et d'autres princes avant lui, sont les donateurs des prérogatives et des biens accordés à l'Abbaye.

<small>Fossatus. Première réforme. Bégon et l'abbé Benoît.</small>

Cent ans après sa fondation, dit l'abbé Lebeuf, le monastère n'était encore qu'une *celle* (1), c'est-à-dire un petit couvent, car une charte de Pépin, datée de 768, en parlant de la portion que ce monastère possédait en la forêt d'Ivelines, près de Rambouillet, le désigne ainsi : *cella quæ dicitur Fossatus*.

Le catalogue des monastères qui ne doivent au roi que des prières seulement le désigne également sous le nom de *Fossatus*, le Fossé. Ce catalogue a été dressé en 817 sous Louis le Débonnaire.

Ce mot de *Fossatus* est la première dénomination de ce lieu. Plus tard il a été appelé les Fossés ou *des Fossés* à cause d'autres fossés qui, dans les moments de trouble, y furent creusés pour la défense de l'Abbaye. Nous le verrons garder ce surnom, jusqu'à nos jours, à travers les changements que la dévotion des fidèles apporta à son nom : monastère *du Fossé*

---

(1) Celle, de *cella,* petit couvent, dont le diminutif est cellule. Beaucoup de villages tirent leur nom d'un petit couvent ou *celle* : La Celle-Saint-Cloud, La Celle-les-Bordes (Seine-et-Oise), La Celle-sur-Morin (Seine-et-Marne), etc.

ou *des Fossés, Saint-Pierre-des-Fossés*, et enfin *Saint-Maur-des-Fossés*.

On suivit au couvent de Saint-Pierre *du Fossé* la règle de saint Colomban, apportée par son disciple, Babolein, jusqu'au xᵉ siècle, mais Charlemagne, pour plus d'uniformité, avait déjà imposé partout l'observance de celle de saint Benoît. Cet empereur entreprit de réformer l'Église, et on verra par les détails qui suivent que la vie religieuse de ce temps avait grandement besoin de réforme. « Il fait dégrader les prêtres qui s'enivrent au cabaret, ont chez eux plusieurs femmes, trafiquent des saintes huiles. Il interdit aux religieux, une fois leurs vœux prononcés, de jamais sortir de leurs couvents. Il défend aux abbés d'infliger à leurs moines des châtiments cruels, de leur crever les yeux ou de leur couper les membres, d'aller à la chasse ou à la guerre, etc. (1) » Ces traits de la vie religieuse ou monastique nous initient aux mœurs grossières et cruelles de ce temps. Nous verrons bientôt le monastère *du Fossé* tomber dans tous ces excès et nécessiter une réforme radicale.

Deux cents ans après la fondation de ce monastère, il n'y avait plus que du relâchement et de l'indiscipline. On n'y prenait même pas soin d'entretenir les bâtiments qui tombaient en ruine. Le comte de Paris, Begon, en entreprit la restauration temporelle et spirituelle. En 816, étant allé trouver l'empereur Louis le Débonnaire, en compagnie de l'abbé Benoît, il obtint des lettres qui mettaient sous sa protection l'abbé, les moines et les biens du couvent et reconnaissaient aux religieux le droit d'élire leur abbé. Dans ces lettres royales, le monastère est toujours désigné sous le nom de *Fossatus*. Il est dit situé *in Pago Parisiaco in loco qui dicitur Fossatus*. Ce comte enrichit l'Abbaye d'une maison, d'un port, de vignes et de terres à Petit-Bry.

Il fit rebâtir l'église du monastère plus au midi et exhumer le corps de saint Babolein qui y avait été enterré pour le transporter dans la nouvelle construction. C'est le deuxième édifice qu'on vit de l'église principale du monastère et qui fut renouvelé moins de cent ans après sa dédicace, qui eut lieu le 7 décembre 839.

La réforme dut porter ses fruits, car la réputation du monastère détermina le comte *Rorig*, ou *Rorigon*, et sa femme *Bilechilde*, qui venaient de relever les ruines du couvent de

---

(1) *Histoire de la civilisation française*, Rambaud, I, 99.

Glanfeuil-sur-Loire, en Anjou (1), à le soumettre à la règle pratiquée à *Saint-Pierre du Fossé* et à l'autorité de l'abbé Ingelbert. Ce monastère avait été fondé par un disciple de saint Benoît, *saint Maur,* dont les reliques furent transportées plus tard à l'Abbaye *des Fossés,* comme nous le verrons bientôt.

Parmi les actes de donation de cette époque, on voit deux chartes datées de Bonneuil-sur-Marne (*Bonoïlo villa*). Par la première, de l'an 842, l'empereur Lothaire, déclarant être venu à l'Abbaye, *nos Monasterio Fossatis venientes,* a cru devoir y laisser le souvenir des ses bienfaits. Il veut que le monastère rentre en possession de plusieurs biens qu'il s'était laissé enlever, entre autres sept *hostises* ou familles d'*hostes* (paysans) à Noisy-le-Sec. Par la deuxième également datée de Bonneuil, du mois d'octobre 842, l'empereur donne au monastère le fief de Villereil, sur le territoire du Perray (Seine-et-Marne). Par la suite, on voit que l'abbé de Saint-Maur posséda dans ce village le manoir, une seigneurie considérable et diverses maisons avec soixante feux en dépendant.

> Lothaire à Bonneuil-sur-Marne.

Comme nous l'avons déjà dit, les premiers rois mérovingiens avaient une « villa » à Bonneuil (*Bonoïlum* ou *Bonogilum*)(2). Située sur la route de Bourgogne, passant par le pont de Charenton, elle occupait une position importante. C'est sans doute à cette situation qu'elle dut d'être choisie par Clotaire II, en 616, pour y convoquer les principaux du royaume de Bourgogne. On croit généralement que Mesly serait le *Massolacum* dont parle le chroniqueur Frédégaire et l'auteur anonyme des *Gestes de Dagobert,* un moine de l'abbaye de Saint-Denis. C'est là que Clotaire II aurait tenu en 613 une assemblée des grands du royaume et que Dagobert aurait été proclamé roi en 637.

Nous voyons également que, pour délivrer Louis le Débonnaire des mains de son fils Lothaire qui le retenait prisonnier, les comtes Warin et Bernard approchèrent de *Bonoïlum* avec

---

(1) Aujourd'hui Saint-Maur-sur-Loire, non loin de Saumur.

(2) La science étymologique est encore trop vague, trop confuse pour que nous puissions donner ici, comme le fait si légèrement Piérart, l'étymologie des noms anciens. Nous ferons remarquer simplement que les meilleurs auteurs admettent que les suffixes *acum* et *ilum* signifient domaine, terre de..... Ainsi *Bonoïlum* pourrait être : terre de *Bonus*.

les troupes qu'ils amenaient de Bourgogne en attendant la réunion de toutes leurs forces.

Ce voisinage royal dut être profitable à l'Abbaye *du Fossé* où nos premiers rois devaient venir souvent faire leurs dévotions aux reliques dont elle était enrichie. Ces relations étaient facilitées par le gué que nous avons signalé et peut-être par un pont de bois, comme on a tout lieu de le croire. Nous verrons qu'il en existait un par la suite, comme le mentionne un titre du Cartulaire qui porte la date de 1226.

Il est également probable que ce pont et un chemin mettaient en communication les deux *villæ* royales de Bonneuil et de Nogent.

Nous arrivons à une époque troublée où l'Abbaye va connaître la ruine et la dévastation, où ses moines vont être obligés de fuir avec leurs saintes reliques pour éviter la profanation et la mort. Nous parlons des incursions des Normands.

Chapitre V

Les Normands

Les Normands, ou hommes du Nord, étaient originaires de la Scandinavie. C'étaient des marins audacieux, des pillards intraitables qui brûlaient tout sur leur passage, pendaient les habitants et ne conservaient la vie sauve qu'à ceux qui pouvaient se racheter par une forte rançon.

Incendie de l'Abbaye.
Fuite des religieux.

Les Parisiens s'apprêtaient à célébrer la fête de Pâques, en l'an 845, lorsqu'ils virent, pour la première fois, les navires allongés des Normands, à la carène plate, à la proue aiguë, aux voiles blanches, s'approcher de leur ville. Les hardis pirates étaient conduits par *Ragnar* ou *Ragenaire* et montaient cent vingt vaisseaux.

La ville et les abbayes hors les murs eurent à souffrir à plusieurs reprises le pillage et l'incendie ; mais longtemps les piles des ponts de la Cité, barrées de fortes chaînes, empêchèrent leurs grandes barques de passer. En 861, étant parvenus à les rompre, ils remontent la Seine et la Marne, les uns vers Melun, les autres vers Saint-Maur.

Conduits par le fils du grand Veland, une troupe de Danois s'empara du monastère *des Fossés*, s'y installa pendant un an et l'incendia en l'évacuant. C'est à ce moment, sans doute, que durent disparaître dans les flammes les originaux de quelques chartes et peut-être aussi les précieux manuscrits dont les religieux avaient pu enrichir leur bibliothèque (1).

Un architecte et archéologue distingué, Louis Leguay, faisant des fouilles sur l'emplacement de l'Abbaye, crut retrouver, en 1860, des traces de cet incendie allumé par les barbares scandinaves Il exhuma des fragments de verre mérovingien, des sculptures carolingiennes, le tout au même niveau et au-dessous d'une couche de charbon qui indiquait nettement les traces d'un grand foyer (2).

A l'approche des barbares, les religieux et les habitants abandonnaient leurs demeures, et les villes, disent les chroniqueurs du temps, n'étaient plus qu'un désert. Les religieux emportaient avec eux les reliques et les vases précieux pour les mettre en sûreté. Ceux de Sainte-Geneviève se retirèrent à Draveil avec le corps de leur sainte patronne ; ceux de Saint-Germain-des-Prés à Combs-la-Ville avec le corps du saint évêque Germain ; ceux de Saint-Maur cherchèrent un asile dans un prieuré des environs de Reims, à Fleury, que Charles le Chauve avait donné à cette Abbaye.

Pendant une seconde invasion normande, les religieux de Saint-Germain-des-Prés, les plus exposés parce qu'ils se trouvaient sur la Seine, aux portes de Paris, se retirèrent à Nogent-sur-Marne ; puis, à la suite d'un traité, les barbares ayant évacué les environs, ils ramenèrent le corps de leur saint patron par la Marne et la Seine jusqu'à un petit port qui se trouvait à l'embouchure de la Bièvre (gare d'Austerlitz) d'où il fut conduit processionnellement à l'abbaye de Saint-Germain-des-Prés, le 19 juillet 863 (3).

En 890, les Normands, qui viennent de piller Meaux, descendent la Marne sur leurs bateaux chargés de dépouilles (4).

Ces incursions se renouvelèrent sur beaucoup de fleuves et de rivières jusqu'en 912. A cette date le traité de Saint-Clair-sur-Epte accorda à Rollon la fille du roi, Gisèle, et la province la plus florissante du royaume qui devint dès lors la Normandie.

---

(1) Lettres de Charles le Chauve portant amortissement des biens et possessions de l'Abbaye de Saint-Maur-des-Fossés, lesquelles lettres font mention que les titres de ladite Abbaye avaient péri par le feu lors des guerres des Normands. Arch. nat., S 1164.

(2) Voy. *Bulletin de la Société de l'Histoire de Paris et de l'Ile-de-France*, année 1877, p. 27.

(3) *L'Enfance de Paris*, par MARCEL POÈTE, p. 125.

(4) *Histoire de Paris*, DULAURE.

C'est pendant une de ces incursions sur la Loire que l'abbé Odo et les religieux du couvent de Glanfeuil durent fuir précipitamment avec le corps de leur saint patron.

Translation des reliques de saint Maur aux Fossés.

Ils se retirèrent en Bourgogne, sur le territoire d'un comte appelé Odon ou Andon, où ils demeurèrent trois ans et demi.

Ils emportaient trois châsses ; l'une contenait le corps de saint Maur, la deuxième le chef du saint, et la troisième était une petite châsse en ivoire que « M. saint Benoît » avait envoyée à l'abbé (1). Nous retrouverons plus tard cette châsse pour la décrire et signaler qu'elle est dans les collections artistiques du musée du Louvre, section des ivoires.

On sait que le couvent de Glanfeuil était une dépendance de celui des *Fossés*. Charles le Chauve ayant appris que les religieux erraient par le royaume, avec la précieuse relique de leur fondateur, leur ordonna de la déposer au monastère dont ils dépendaient. La translation eut lieu le 12 mars 868, en grande pompe.

Le clergé de Paris, avec l'évêque en tête, alla recevoir le corps de saint Maur au pont de Charenton. « D'où ayant les porteurs cheminé environ une demi lieue furent contraints de se reposer en une place élevée, au milieu du champ, où a été plantée depuis une croix qu'on appelle encore aujourd'hui, en mémoire de ce, la croix de Saint-Maur (2). »

L'évêque de Paris, Énée, qui reçut le corps, le porta lui-même, sur ses épaules, de la porte du monastère au grand autel (3). Il fut ensuite déposé dans un coffre de fer le 13 novembre de la même année. Cette date est certaine, remarque l'abbé Lebeuf, étant marquée deux fois dans la *Vie de saint Maur*, de l'abbé Odon, témoin oculaire. L'empereur Charles le Chauve, revenant de Bourgogne en février 869, vint se prosterner devant la sainte relique et, quelques jours après, le 5 du

---

(1) *Vie de saint Maur*, réimprimée par les religieux de son ordre, 1603.

(2) *Vie de saint Maur*, par Jacques Dubois, aumônier du prince de Condé, 1621. L'auteur fut chanoine de Saint-Maur-des-Fossés pendant 20 ans. Cette croix figure à la carte de l'abbé Delagrive (1740), sur la commune de Saint-Maurice (Seine).

(3) Un tableau qu'on voit dans l'église Saint-Nicolas représente l'évêque Énée portant le corps de saint Maur dans le monastère des Fossés, sous le gouvernement de l'abbé Godefroy, nommé pour la première fois par un diplôme de l'an 864. Il est du peintre Auguste Gendron, élève de P. Delaroche, daté du milieu du siècle dernier et a été donné par la famille de l'artiste.

même mois, il envoya de Saint-Denis deux pièces d'étoffe rouge précieuse dont on se servit depuis pour couvrir la châsse les jours de procession ou de solennité.

En souvenir de la translation du corps de saint Maur à l'Abbaye de Saint-Pierre, le même évêque donna aux moines une prébende perpétuelle sur les biens de l'évêché et institua une procession du clergé de Notre-Dame à l'Abbaye qu'il fixa au mercredi après le dimanche de la Passion. Il prescrivit en même temps que l'on irait et reviendrait à jeun, sans rien exiger des religieux, ce qui fut regardé comme un grand privilège pour ceux-ci.

Ce jeûne, dont le mérite s'augmentait de la fatigue d'un long chemin, donne une idée des sacrifices corporels demandés par l'Église aux fidèles de ces temps de foi que nous pouvons appeler héroïques.

Plus tard, l'évêque de Paris statua qu'un de ses clercs seulement serait délégué aux fêtes de Saint-Pierre-des-Fossés. Cette délégation se pratiquait encore en 1145, comme on le voit par un titre de l'abbaye de Saint-Victor, au sujet de la redevance que l'on payait au vicaire qui y assistait.

Cette procession ne doit pas être confondue avec le célèbre concours ou pèlerinage qui attirait auprès des reliques de saint Maur les malades et les fidèles d'une partie de la France. Ce concours avait lieu le 24 juin, à la Saint-Jean, et donnait lieu à une cérémonie grandiose et bizarre que nous décrirons par la suite.

Mais les malheurs de l'Abbaye, à peine relevée des ruines de l'incendie de 861, n'étaient pas encore terminés. Les Normands étant revenus en 878 dans les environs de Paris, les religieux jugèrent prudent de s'éloigner avec leurs précieuses reliques.

Ils se séparèrent ; les uns allèrent près de Reims en un lieu appelé Fleury, qu'ils tenaient de la libéralité de Charles le Chauve, les autres, avec le corps du saint, se retirèrent à Lyon auprès de l'archevêque Aurélien. Ce prélat leur donna un asile dans la nouvelle abbaye qu'il venait de fonder à Sessieu, dans le Bugey. Ils allèrent ensuite rejoindre leurs frères à Fleury et revinrent à l'Abbaye quand tout danger fut passé, vers 920 ou 921 (1).

Sessieu a depuis lors passé pour posséder, lui aussi, le corps

---

(1) TALANDIER, *Abrégé historique de la vie et des translations des reliques de saint Maur*, 1750.

de saint Maur, et nous verrons plus tard que cette prétention était partagée également par d'autres églises (1).

L'Abbaye fut donc dévastée une seconde fois. Quand les moines reparurent, le monastère venait d'être reconstruit par l'abbé Rumald ou Rainald, aidé des libéralités, des bons offices du comte Haganon, parent d'Adélaïde, mère du roi Charles le Simple, et d'Abbon, évêque de Soissons ; mais on ne trouve pas, dit l'abbé Lebeuf, qu'il y eut alors une nouvelle dédicace de l'église. Si elle avait eu lieu, cette église eût été la troisième bâtie aux *Fossés*. La charte du roi Charles qui mentionne cette reconstruction des bâtiments monastiques est datée de Compiègne vers l'an 920, et emploie, pour la première fois, les termes de monastère des Fossés, *monasterium Fossatense*.

Les premiers titres où l'on trouve monastère de Saint-Maur, *monasterium sancti Mauri* ou église de Saint-Maur, *ecclesia sancti Mauri*, ne sont que du xiiie siècle. Ce fut la dévotion des fidèles, attirés par les miracles attribués à saint Maur, qui imposa à l'Abbaye sa dénomination définitive.

Vers 925, les religieux ayant eu de nouvelles raisons de craindre pour leur sécurité, demandèrent un lieu d'asile dans Paris. L'abbé Adhelnée obtint alors de Teudon, vicomte de Paris, une place avec un petit oratoire du titre de Saint-Pierre. L'abbé Lebeuf déclare qu'il n'a pu découvrir où il était situé ; il semble avoir ignoré la charte de Teudon datée du 23 août 925 et qui a été publiée par Gérard Dubois et analysée par Félibien (2).

Cette charte prouve qu'une église de Saint-Pierre-aux-Bœufs existait dans la Cité dès le ixe siècle, qu'elle appartint dès le xe à l'Abbaye des Fossés, c'est-à-dire 200 ans avant que le prieuré de Saint-Éloi dont elle dépendait ne fût réuni à l'Abbaye. L'évêque de Paris, Maurice de Sully, la place en tête de celles qui dépendaient de Saint-Éloi dans un acte de 1145. Ainsi l'Abbaye des Fossés possédait à Paris un lieu de refuge avec un oratoire (3).

Elle y possédait même au ixe siècle trente-quatre pièces de

---

(1) Voy. *Dictionnaire critique des reliques et images miraculeuses*, par Collin du Plancy.

(2) Dubois, *Historia ecclesiæ Parisiensis*, I, 525 ; Félibien, *Histoire de Paris*, I, 116.— Voy. aussi *la Prévôté de Paris et de l'Ile-de-France*, par Davity, édition de l'abbé Valentin Dufour.

(3) Sur l'emplacement de la Préfecture de police où se trouvait alors un dédale de petites rues très étroites.

terre, champs ou jardins, sur la rive droite de la Seine, vers les églises Saint-Merri et Saint-Paul, comme le prouve une charte publiée par Bordier (1).

C'est ici le lieu de parler du saint homme qui a donné son nom à l'Abbaye et à la ville dont nous retraçons l'histoire. Maur ou Mor (*Mori*) était né à Rome en 510.

Biographie de saint Maur.

Son père, qui était un sénateur romain nommé *Equice*, le plaça en 522 sous la conduite de saint Benoît qui venait de fonder son premier monastère dans le pays désertique de Sublac. Il suivit son maître au Mont-Cassin et, à la mort de ce célèbre religieux, en 543, il vint fonder le monastère de Glanfeuil-sur-Loire, en Anjou, près de Saumur, aujourd'hui Saint-Maur-sur-Loire (2).

Le roi Théodebert lui accorda les ressources nécessaires. Vers la fin de sa vie, il se démit de sa charge en faveur de son disciple Bertulfe, pour ne plus s'occuper que de son salut. Il mourut le 15 janvier 584. Son corps fut inhumé dans l'église du monastère, près de l'autel. Au ixe siècle, un bras en fut extrait pour être donné au couvent du Mont-Cassin. Nous avons vu plus haut à la suite de quelles calamités le corps de ce saint fut transféré à l'Abbaye de Saint-Pierre-des-Fossés, en l'an 868. Nous verrons plus tard comment fut détruite la précieuse relique.

Jusqu'alors, dans les monastères de Ligugé, de Noirmoutiers, de Lérins, les moines n'avaient été que des laïques vivant dans une association volontaire; saint Maur apporte une règle plus sévère. Il renforce les vœux et prescrit le travail des mains, bonne précaution pour tirer de l'oisiveté des moines dont la conduite répréhensible mérita les instructions de Charlemagne que nous avons citées plus haut. Il apporte en même temps le poids et la mesure qui détermineront les rations de vivres et de vins. Malgré cette règle sévère, nous allons voir l'indiscipline et la corruption pénétrer dans le couvent de Saint-Pierre-des-Fossés et y nécessiter une réforme profonde.

---

(1) H.-L. BORDIER, *les Églises et Monastères de Paris*, documents des ixe, xiiie et xive siècles.

(2) *Dictionnaire d'hagiographie* de l'abbé MIGNE. — L'étymologie du mot Mor ou Maur, par Piérart, qui donne à ce nom une origine celtique, est absolument fausse, le mot étant d'origine latine. Voy. PIÉRART, *Histoire de Saint-Maur-des-Fossés*, p. 77, note.

S MAVR.
D'après une estampe de 1640.

Chapitre VI

Réforme et Apogée

Bouchard le Vénérable et saint Mayeul.

La *Vie de Bouchard* (1), comte de Corbeil, réformateur et bienfaiteur de Saint-Pierre-des-Fossés, est un document précieux pour notre histoire locale. Elle est l'œuvre d'un simple moine de l'Abbaye, nommé Eudes (*Odon*), qu'il ne faut pas confondre avec l'abbé du même nom qui nous a laissé le récit de la translation du corps de Saint-Maur.

C'est un ouvrage estimé des savants dont plusieurs le considèrent comme sûr et en ont utilisé parfois quelques passages.

A la lecture du texte, il est permis de supposer que le pieux historiographe était originaire de Saint-Maur, ou y avait été amené de très bonne heure. Il écrivait vers 1058, cinquante ans environ après la mort du célèbre comte, et il déclare avoir assisté, dans son enfance, aux obsèques grandioses qui

---

(1) *Vita Burcardi comitis*, édition Bourel de La Roncière.

lui furent faites. Il signale également ce fait important que le comte avait été enseveli avec une croix d'absolution sur la poitrine. Nous verrons bientôt que ce précieux détail a permis de faire retrouver le corps.

Ce Bouchard — on disait autrefois *Burcard* ou *Burchard* — était un ami d'enfance de Hugues Capet qui l'avait élevé au rang de comte de Corbeil, de Vendôme, de Melun et de Paris. Comme son maître, il consolida son pouvoir en s'appuyant sur le clergé qui avait alors une grande influence sur le peuple et sur les choses temporelles du royaume.

Le roi le nomma *avoué* de Saint-Pierre-des-Fossés, et ce fut à ses libéralités et à son zèle que la célèbre Abbaye dut une grande partie de ses richesses et le bienfait d'une réforme devenue nécessaire par les dérèglements des religieux.

On appelait avoués, ou *advoués*, de puissants seigneurs chargés de défendre les droits et les intérêts d'une église, d'un monastère. Comme les abbés et les évêques étaient grands propriétaires, ils étaient tenus de remplir les mêmes obligations militaires que les laïques et de fournir un nombre proportionné de guerriers; mais, comme les armes étaient interdites aux clercs, ils durent confier à quelque laïque la défense de leurs droits et le commandement de leurs hommes. Ce fut aux *avoués*, ou protecteurs.

Les historiens ont surnommé ce Bouchard, *le Vénérable*, d'un passage de sa biographie où il est appelé vénérable comte, *venerabilis comitis*, et pour le distinguer des autres seigneurs du même nom, les Bouchard de Montmorency, par exemple.

Sous le règne de Hugues Capet, l'esprit religieux avait dégénéré au monastère des Fossés; la discipline s'était relâchée, les bâtiments et les biens étaient négligés.

Nouvelle réforme.
Mort de Bouchard.
L'abbé Teuton.

« L'Abbaye des Fossés, autrefois noblement enrichie par les anciens rois, était tombée en grand désordre et dépourvue de toutes choses nécessaires à la vie; et la cause en était, partie absence de justice, ou plutôt de protection, partie négligence de ceux qui en avaient eu le gouvernement (1). »

Elle était en ce temps-là régie par l'abbé Maynard, homme noble, de très illustre race, apparenté à Ansoald le Parisien.

---

(1) Guizot, *Collection des mémoires relatifs à l'Histoire de France*, traduction de la *Vie de Bouchard*.

Il ne se conformait pas à la règle de saint Benoît, mais, entièrement adonné au monde, négligeait le bien des âmes et des corps. Son plaisir était la chasse des animaux sauvages, soit aux chiens, soit à l'oiseau, et, lorsqu'il sortait, il quittait ses vêtements de moine, se parait de beaux habits, de riches fourrures. Ses désordres étaient si graves que « quand on parlait de lui dans les honnestes compagnies, ses amis souhaitaient en plein jour un voile de ténèbres pour couvrir la vergogne de leurs visages (1) ».

L'auteur de la *Vie de Bouchard* remarque que ces mœurs s'étaient généralisées dans les monastères et qu'aux *Fossés* les moines suivaient l'exemple de leur indigne abbé.

L'un d'eux, nommé Adic (*Adicus*), plus vertueux que les autres, vint se plaindre de cet état de choses à Bouchard, l'*avoué* de l'Abbaye.

Le comte résolut de mettre la réforme en ce lieu. Il alla trouver le célèbre abbé de Cluny, Mayeul (2) et lui demanda de prendre la direction de l'Abbaye de Saint-Pierre-des-Fossés. A son retour, il présenta aux religieux le nouvel abbé et leur exposa que désormais, sous la conduite de ce saint homme, ils suivraient la règle de la célèbre Abbaye ; mais les moines préférèrent quitter le monastère à l'exception d'Adic, plus vertueux que les autres. Maynard fut envoyé en disgrâce au monastère de Glanfeuil-sur-Loire où il effaça, par une vie plus exemplaire, le souvenir de sa conduite et de son administration coupables.

Sous la règle de saint Benoît, apportée de Cluny, les religieux de l'Abbaye augmentèrent en nombre et saint Mayeul dut demander au roi de vouloir bien ajouter quelque libéralité aux revenus qui les faisaient vivre. Hugues Capet, par acte du 20 juin 989, donna à l'Abbaye la terre de Maisons (3) (*Mansiones*) avec les prés, moulins, pacages, les eaux et leurs cours et les serfs et deux chapelles qui se trouvaient sur ce domaine. L'une était l'église principale, l'autre appelée chapelle de Saint-Germain devait être enclose dans l'habitation seigneuriale. Cette donation importante était faite à charge, par les religieux, de prier pour le roi, la reine et Robert leur fils.

Après quoi saint Mayeul, ayant confié la direction du mo-

---

(1) *Vie de saint Maur*, par le père Ignace Jesus de Maria, p. 360.
(2) Mayeul ou Maïeul (*Majolus*), abbé de Cluny, naquit à Avignon d'une famille noble et riche. Après le ravage de sa patrie par les Sarrazins, il se rendit à Lyon où il étudia, puis à Mâcon et à Cluny, où il fit profession. C'était un des hommes les plus savants de son siècle.
(3) Maisons-Alfort (Seine).

nastère à Teuton, un des religieux qu'il avait amenés avec lui de Cluny, s'en retourna dans son abbaye.

Les religieux de Cluny, qui escomptaient que l'Abbaye des *Fossés* deviendrait un de leurs prieurés, furent grandement déçus lorsque, à la mort de Hugues Capet, son fils Robert, à la sollicitation du comte Bouchard, nomma Teuton abbé des Fossés.

Cet abbé se fit remarquer par sa piété et son zèle à relever les ruines laissées par son prédécesseur. Une extrême vétusté avait ruiné les murs du monastère ; il fit abattre entièrement tout l'édifice et en reconstruisit un autre plus convenable et plus vaste. De l'église, réédifiée en 998, on voyait encore au XVIIIe siècle le portail avec les piliers de la nef. Selon l'abbé Lebeuf, qui les a vus, ces vestiges étaient bien de l'architecture employée à l'époque du roi Robert. Comme les précédentes, cette église fut dédiée à la sainte Vierge et aux apôtres Pierre et Paul, sans aucune mention de saint Maur dont on choisit le jour anniversaire de la translation, le 13 novembre, pour faire la dédicace en 1009. Les anciens martyrologes de l'Abbaye marquent, en effet, à ce jour, *Adventus sancti Mauri et Dedicatio Ecclesiæ Fossatensis*.

Après cette restauration, le comte Bouchard fit à l'Abbaye des donations importantes. Il lui céda le village de Neuilly-sur-Marne avec la moyenne justice, l'église, l'autel et ses autres dépendances et des biens situés à Lisses, Courceaux et Sceaux en Gâtinais (1).

Quelques-uns de ses vassaux imitèrent sa générosité et sa piété. Josselin ou Goscelin, vicomte de Melun, se dépouilla d'une église qu'il tenait en fief à Noisy-le-Sec, c'est-à-dire du droit de percevoir les dîmes sur les territoires appartenant à cette communauté. Plus tard, même, il déposa le baudrier de chevalier pour prendre l'humble habit des moines du monastère des *Fossés*.

Au déclin de sa vie, Bouchard, atteint d'une maladie de langueur, résolut de faire une fin pieuse. Il se retira à l'Abbaye des *Fossés* où son beau-fils Thibaut était abbé ; il apporta avec lui son or, son argent, des vases de prix, des manteaux, des fourrures, des candélabres (2), son épée d'or avec ceinture de même métal.

---

(1) Lisses et Courceaux, villages de Seine-et-Oise. — Sceaux en Gâtinais, Loiret.

(2) Du temps de l'abbé Teuton, on voyait à l'Abbaye un célèbre chandelier à sept branches, d'une belle hauteur, orné de pierreries. Cet objet précieux existait encore en 1640. On ignore ce qu'il est devenu. Peut-être faut-il voir là un des candélabres de Bouchard. —Voy. *Vie de saint Maur*, par le père Samson, en religion Ignace Jésus de Maria (1640). Piérart trompé par ces deux noms en fait deux auteurs différents (p. 78, note).

Mais son mal ne tarda pas à l'emporter ; il mourut après avoir édifié les religieux par son humilité et sa piété, le 27 février de l'an 1007, pleuré sincèrement de tous ceux qui perdaient en lui un bienfaiteur généreux et un défenseur puissant.

Il fut enseveli dans l'une des salles de prières du monastère avec une croix d'absolution sur la poitrine portant les deux lettres grecques α et ω. Les religieux s'empressèrent d'orner son tombeau de vers latins que son historiographe nous a transmis et dont voici la traduction :

— Grand fut cet homme tant qu'il fut revêtu de son corps.

— Il eut nom Bouchard et fut connu dans tous les pays de la terre.

— Partout illustre par ses mérites, modeste dans ses actions et dans ses paroles.

— Il était généreux envers les pauvres et bienfaisant envers les veuves.

— Et voilà qu'en son tombeau repose son corps.

— Mars l'a vu trépasser le quatrième jour avant ses calendes.

Sa femme, la pieuse comtesse Élisabeth, ne tarda pas à le suivre au tombeau ; elle fut ensevelie à ses côtés. Cinquante ans après, leurs sépultures étaient détruites à la suite d'événements qui ne nous sont pas connus.

On avait élevé dans l'église un mausolée pour y transporter les deux corps, qui se voyait encore au xvie siècle, mais qui ne dut point servir puisque, en 1750, lors de la suppression totale de l'Abbaye, le curé Clérambault, chargé du déplacement des corps inhumés dans l'église du monastère, reconnut que le tombeau était vide.

Mais en 1860 une heureuse circonstance fit retrouver les deux corps. Un architecte, M. Louis Leguay, dont nous avons déjà parlé, exécutant des fouilles dans les ruines de l'antique Abbaye, découvrit une crypte du xie siècle contenant deux corps, un d'homme et un de femme. La croix d'absolution avec laquelle Bouchard avait été enseveli permit d'identifier ces restes ; malheureusement un ouvrier, chargé des fouilles, rejeta cette croix de plomb doré avec d'autres débris sans importance. Les deux crânes avaient été sciés, circonstance particulière qui ajoutait une preuve de plus à l'authenticité de ces dépouilles ; on sait qu'aux xie et xiie siècles l'usage était d'enlever le cerveau pour l'embaumer à part (1).

(1) Voy. *Bulletin de la Société d'histoire et d'archéologie de l'Ile-de-France*, année 1877, p. 36.

Nous avons dit que l'abbé Teuton avait fait reconstruire l'Abbaye et l'église plus magnifiquement. On peut penser que cette église dut être fort belle si l'on songe que les religieux amenés par saint Mayeul étaient les meilleurs de ses compagnons (*perfectioribus cœnobii, Cluniacensis, fratibus*) et que dans l'ordre de Cluny on cultivait avec soin les œuvres de l'esprit, et, en particulier, l'architecture, science réputée sacrée. Comme les Clunissiens faisaient profession de piété et de science, l'Abbaye de Saint-Maur ne tarda pas à briller d'un vif éclat. L'abbé Lebeuf indique qu'il s'y trouvait une école monastique célèbre qui attirait des élèves jusque de la Bretagne. Lavisse en fait mention dans son *Histoire de France,* et nous possédons une poésie latine d'un écolâtre ou d'un religieux, nommé Teulfe, qui décrit en vers plaisants treize clercs de l'Abbaye, lui compris.

Reconstruction de l'Abbaye et de l'église.

Dans le *scriptorium* du monastère, des religieux érudits écrivaient les chroniques de leur temps ou copiaient les œuvres, rares alors, de l'antiquité. Les bénédictins de Saint-Maur composèrent la belle bibliothèque qui avait été précieusement conservée là pendant des siècles et qui fut dispersée vers 1716 par les chanoines successeurs des religieux. Quelques-uns de ces précieux documents ont été des sources de notre histoire, et le Cartulaire de l'Abbaye, en particulier, a permis à des historiens érudits, comme l'abbé Lebeuf, de retrouver les faits les plus saillants de notre histoire locale et de celle de quelques paroisses de la Généralité de Paris.

Quant à l'abbé Teuton, fatigué du gouvernement de l'Abbaye, il se retira près de Reims au prieuré de Fleury donné par Charles le Chauve aux religieux des *Fossés* et où le corps de leur saint patron avait été mis en sûreté pendant les incursions normandes. Mais, quelque temps après, regrettant son acte, il eut dessein de revenir. Étant arrivé à Nogent, il envoya prévenir ses frères de son intention, mais ceux-ci lui répondirent que, pendant son absence, ils avaient dû se donner un autre abbé, et qu'ils ne le recevraient que comme simple religieux ; sur quoi Teuton s'en retourna dans son ancien monastère de Cluny. Le successeur de Teuton dont il est question ici est Thibaud, le beau-fils du comte Bouchard, dont nous avons parlé.

Les relations de Saint-Maur et de la ville de Corbeil sont donc

TOMBEAU de pierre du costé de l'Epistre dans une chapelle à droite au costé du chœur de l'Eglise de Saint-Maur-des-Fossez. — Bouchard, comte de Corbeil, dit de Creiz. Armes, un dragon ailé. (Voy. p. 63.)

des plus anciennes, et plusieurs moines ont dû sortir de cette dernière ville. Bouchard, avec l'autorisation de son fils Rainaud, évêque de Paris, avait écrit en mourant : « Si quelque chanoine ou clerc de Corbeil veut embrasser l'état monastique que ce soit aux *Fossés*. Nous voulons que les laïques qui souhaiteraient fréquenter une autre église que celle de leur paroisse ne soient admis que dans l'abbaye des Fossés. »

Donations.

Avec l'autorisation royale, il accorda la faculté de faire à l'Abbaye toutes sortes de donations en l'honneur de Notre-Dame, des saints apôtres Pierre et Paul et du saint confesseur Maur, *ami du Christ ; Sancti quoque Mauri dilecti confessoris Christi*, dit l'acte. C'est le premier diplôme où saint Maur apparaît comme un des patrons du monastère, mais ce n'est que plus tard que l'Abbaye en prendra le nom.

Nous devons mentionner ici qu'en l'an 1037 le roi Henri Ier permit aux moines de Saint-Maur de prendre du bois pour leur cuisine dans la forêt de Vincennes. En 847, l'Abbaye avait acquis une partie de cette forêt par un échange, comme on le voit par un diplôme de Charles le Chauve qui se trouve au Cartulaire. L'abbé Hincmar ou Hamar, trouvant incommode de passer l'eau pour aller à Boissy, fit échange avec l'évêque de Paris *Erkenrad* d'une partie de bois de même contenance sis à Vincennes.

Nous sommes à l'époque de notre histoire où une fausse interprétation des *Écritures* donna cours à la prédiction de la fin du monde. La terreur produite par l'annonce d'un tel événement déterminait les fidèles à creuser leur tombe et à se défaire de leurs biens en faveur des églises et des abbayes pour se ménager la clémence du ciel dans la catastrophe redoutée. A ce moment durent affluer les oblations au monastère des Fossés.

Légende de Notre-Dame des Miracles.

Tous ces biens et les diverses prérogatives qui la distinguaient, la procession annuelle du clergé de Notre-Dame, le grand pèlerinage populaire, augmentèrent rapidement l'importance et la réputation de l'Abbaye qui était devenue une des principales des environs de Paris.

Elle attira la dévotion des fidèles par les prodiges attribués aux reliques de saint Maur et à une statue miraculeuse de la Vierge dont le culte et la fête se sont perpétués jusqu'à nos jours. Le pèlerinage jadis si réputé à *Notre-Dame des Miracles* a lieu encore tous les ans au mois de juillet.

Voici la légende de la Vierge miraculeuse de Saint-Maur :

En 1060, sous le règne de Philippe Ier, un comte de Corbeil, nommé Guillaume, dont la vie n'avait pas été jusque-là des plus exemplaires, fit vœu, pendant une maladie grave, de se faire religieux s'il recouvrait la santé. Son vœu fut exaucé et, dans la suite, il se dépouilla de ses biens en faveur des pauvres et des églises et se retira à Saint-Pierre-des-Fossés. Voulant un jour faire tailler de saintes images plus belles que les anciennes, il appela un sculpteur nommé Rumolde qui, ayant à peine ébauché son œuvre et, l'ayant quittée un moment, la trouva achevée miraculeusement à son retour.

Cette image vénérée avait une chapelle particulière située près de l'église du monastère et dont les vestiges subsistent encore.

L'abbé Lebeuf dit que la régularité se maintint à l'Abbaye des Fossés durant tout le xie siècle ; aussi l'évêque Galon songea-

Prieuré de Saint-Éloi.

t-il à lui confier le monastère de Saint-Éloi pour y établir un prieuré de douze moines, en « place des religieuses qui en furent ôtées ».

Ce monastère était situé à Paris dans l'île de la Cité. Il avait été fondé par saint Éloi, sous l'invocation de saint Martial, et le saint fondateur y avait établi des femmes qui, plus tard, se livrèrent à des désordres graves, ce qui obligea Philippe Ier à les disperser. La charte de ce roi, datée de 1107, déclare « qu'elles se livraient sans pudeur aux excès de la fornication, méprisaient tous les conseils, toutes les corrections, persistaient publiquement dans leurs désordres et profanaient le temple du seigneur par leur libertinage accoutumé » (1).

Cette nouvelle donation comprenait des bâtiments avec un vaste enclos et des terrains situés vers l'emplacement actuel de la rue Saint-Paul et de la Bastille dans lesquels se trouvait le cimetière des religieuses, avec un petit oratoire dédié à saint Paul, recouvert en lames de plomb. Le chemin qui passait devant ce sanctuaire en reçut sa dénomination ; c'est depuis lors la rue Saint-Paul.

Quelques années après, l'abbé de Saint-Maur fut, pour des motifs qui ne nous sont pas connus, dépossédé de ce prieuré par l'évêque de Paris, qui en jouit jusqu'en 1134, époque à laquelle il

---

(1) *Histoire de Paris*, FÉLIBIEN, t. III, p. 55.

fut contraint de le restituer. On voit dans la bulle de confirmation d'Innocent II, datée de 1136, que ce prieuré avait, à cette époque, fait retour à l'Abbaye de Saint-Maur. Elle le conserva jusque vers 1530, date à laquelle ce prieuré fut réuni à l'évêché de Paris avec l'Abbaye dont il dépendait (1).

Sous François Ier, les religieux s'avisèrent de tirer un parti très lucratif de leur enclos de la Cité en le morcelant et en y construisant des maisons après y avoir ouvert de nouvelles rues. Mais revenons à l'ordre chronologique.

On voit par plusieurs diplômes de Louis le Gros, mentionnés au Cartulaire, de quelle considération jouissait alors l'Abbaye des Fossés et quelles libéralités insignes ce roi se plut à lui accorder.

Biens et prérogatives.

En l'année 1110, et pour le salut de l'âme de son père Philippe, ce roi remet aux religieux des *Fossés* la dîme de trois sous qu'il percevait annuellement sur le transit du pont Olin, aujourd'hui pont de Joinville.

Un autre diplôme de Louis VI, dit le Gros, est relatif à une concession de quelque revenu à Courceau, près de Melun, ajoutant qu'aucun des hôtes de l'église des Fossés ne pourrait être jugé que par la cour de l'abbé et en sa présence (2).

On peut lire dans les *Actes du Parlement de Paris* un arrêt de la Chambre des requêtes confirmant, en reconnaissance de ce droit, une sentence du prévôt de Paris, renvoyant au prévôt de Corbeil la connaissance d'une contestation entre les religieux de Saint-Maur-des-Fossés et Geoffroy *Cocatriz*, bourgeois de Paris, au sujet de la saisie, par les gens de ce dernier, d'un cheval chargé de farine appartenant à Pierre « de Lisses », non loin de Corbeil, justiciable de l'abbé de Saint-Maur (14 mai 1316) (3).

Mais la charte la plus importante et la plus singulière est celle de 1118 relative à des exemptions et confirmations que nous allons exposer. Le roi ordonne que tous les vassaux de l'Abbaye, soit serfs, soit libres, aient pleine liberté de tester et de porter les armes ; il confirme également à l'abbé le droit de faire vider les

---

(1) Voy. LEBEUF, I, 300. — De ce prieuré dépendaient quelques églises : Sainte-Croix, Saint-Pierre-des-Arcis, Saint-Pierre-aux-Bœufs, Saint-Martial, toutes en la Cité, et, vers la Bastille, Saint-Bon et Saint-Paul, dont deux rues indiquent les emplacements.
(2) Ex. autogr., *in* Tab. Fossat.
(3) *Actes du Parlement*, publiés par BOUTARIC, II, 142.

procès de ses sujets par le duel judiciaire, même entre ses serfs et des personnes franches, ce qui, en ce temps, était regardé comme une prérogative remarquable.

Cette coutume barbare du duel judiciaire ne doit point nous étonner si nous nous reportons à ces temps où la force brutale primait encore les sentiments plus élevés d'humanité et l'idée de justice. Des hommes qui faisaient profession d'une vie religieuse plus parfaite que le commun des fidèles n'étaient pas choqués par la barbarie de tels procédés. Qui mieux est, c'était tellement dans les mœurs du temps, que Geoffroy de Vendôme parle d'un combat singulier qui, de son temps, se donna entre un moine et un chanoine (1).

Au XIIIᵉ siècle, nous voyons l'abbé de Saint-Maur exerçant son droit de justice sur la terre de *Maisons*, condamner un homme qui avait volé des brassières et des chemises à avoir l'oreille coupée.

D'autres délinquants furent ainsi *justiciés par l'oreille*, suivant l'expression du temps. Un homme de Valenton vole une poule ; il est conduit à Saint-Maur où il a l'oreille coupée. Un homme qui avait volé du bois à Boissy et un autre qui avait volé du vin eurent le même sort (2).

Ces condamnations n'étaient pas laissées à l'arbitraire du haut justicier. Elles étaient réglées par la coutume et les ordonnances royales. Au premier larcin, le voleur perdait une oreille, un pied au second, la vie au troisième. C'est ainsi que l'abbé de Saint-Maur, dans sa sentence, n'avait fait qu'appliquer la peine prévue.

Nous citerons quelques autres *cas de justice* que nous trouvons également au Cartulaire. En 1277, un nommé Pélerin avait volé une brebis à Maisons ; il est jugé à Saint-Maur et pendu. Maciot Tupin, de Torcy, fut pris en dépouillant une femme et pendu. Des femmes sont également exécutées à Saint-Maur ; elles n'étaient point pendues, mais enfouies vives sous les *fourches,* supplice qui dépassait en horreur et en cruauté celui qu'une *sainte pudeur* faisait réserver aux hommes.

---

(1) Félibien, *Histoire de Paris*, I, 143.

(2) Une dénomination singulière, que nous avons relevée au *Terrier* de Saint-Maur, indique, selon nous, l'endroit où avaient lieu ces sortes de mutilations. Au folio 70 se trouve, en effet, un lieu dit *Couppeoreilles* situé dans le triangle formé par les rues de la Liberté, de Paris et de Créteil. A la pointe de ce triangle se trouvait une croix à l'ombre de laquelle devait avoir lieu l'exécution. Au plan cadastral de Joinville (1812), cette dénomination a une forme encore plus expressive, *le Couppeoreilles.*

Ces quelques traits font revivre un passé bien dur aux pauvres gens, à ceux qui auraient dû trouver, auprès des religieux surtout, des modèles de vertus et des maîtres qui fussent en même temps des frères, suivant la pure doctrine du Christ. Mais le progrès des idées et des choses marche lentement, et la pauvre humanité avait encore des étapes douloureuses à franchir avant l'époque de son affranchissement et de ses droits.

Par suite des facilités qui furent accordées aux testateurs, en faveur de l'Abbaye des Fossés, les donations augmentèrent rapidement sa fortune et elle se trouva alors à son apogée. On voit par la bulle de confirmation de ses biens et de ses privilèges, donnée à l'abbé Ascelin Ier par le pape Innocent II, le 20 février 1136, qu'à cette époque, l'Abbaye possédait de nombreux biens et bénéfices dans les diocèses de Sens, Paris, Chartres et Meaux, dont nous allons donner les principaux.

Bulle de confirmation d'Innocent II (1136).

ÉVÊCHÉ DE SENS

1° Le prieuré de Sceaux en Gâtinais et paroisse, donation de Bouchard, comte de Corbeil (1).
2° Le prieuré de la Chapelle-la-Reine et la paroisse (2).
3° L'église d'Achères (3) et la cure de Choëli, près de Saint-Mathurin (4).
4° L'église de Cély (5).
5° L'église Saint-Hilaire, à Mézières (6).
6° Le prieuré de Saint-Vrain (7).

ÉVÊCHÉ DE PARIS

1° Le prieuré de Saint-Clément et la paroisse, au bourg de Châtres-sous-Montlhéry, aujourd'hui Arpajon.

---

(1) Canton de Ferrières, arrond. de Montargis (Loiret).
(2) Canton de l'arrond. de Fontainebleau (Seine-et-Marne).
(3) Commune du canton de La Chapelle-la-Reine (Seine-et-Marne).
(4) C'est Saint-Mathurin-de-Larchant, aujourd'hui Larchant (Seine-et-Marne).
(5) Commune de l'arrond. de Melun.
(6) Mézières-sous-Bellegarde, arrond. de Montargis (Loiret).
(7) Commune du canton de Corbeil (Seine-et-Oise).

2° L'église d'Évry (1).
3° Le prieuré de Saint-Jean-Baptiste, à Corbeil.
4° Le prieuré de Saint-Denis, à Tournan, et la paroisse avec les chapelles.
5° L'église d'Ozoir-la-Ferrière.
6° L'église de Ferrolles-en-Brie.
7° L'église de Brucières (2).
8° L'église Saint-Hilaire de La Varenne, avec la chapelle Saint-Nicolas, devenue l'église paroissiale.
9° L'église de Boissy-Saint-Léger.
10° L'église de Neuilly-sur-Marne.
11° L'église de Noisy-le-Sec.
12° L'église et la ferme de Maisons (*Domibus*).

ÉVÊCHÉ DE CHARTRES

1° Le prieuré de Saint-Arnould et la paroisse (3).
2° Le prieuré de Montiers (4).
3° L'église de Longvilliers (5).
4° L'église de Saint-Maurice (6).

ÉVÊCHÉ DE MEAUX

1° La cour de Saint-Protais.
2° Les terres de Torcy et Montéry, près de Lagny.
3° Les fiefs d'Oing, Multien (7) et Ouastre.

Nous ajouterons à cette liste les églises de Saintry, près de Corbeil, de Neufmoutiers (Seine-et-Marne), la chapelle Saint-

---

(1) C'est Évry-Petit-Bourg, près de Corbeil, sans aucun doute, car le pouillé de 1525, du diocèse de Paris, porte : *Evriaco super Secanam*, Évry-sur-Seine.

(2) C'est La Brosse (autrefois *Brocia*), près de Croissy (Seine-et-Marne). Cette église appartenait bien à l'Abbaye de Saint-Maur, comme l'indique le pouillé de 1205 du diocèse de Paris. Elle est également nommée, comme appartenant à l'Abbaye, dans une charte de Maurice de Sully, évêque de Paris, datée de septembre 1195.

(3) Commune du canton de Houdan (Seine-et-Oise).

(4) Village situé en la forêt d'Yvelines, près de Rochefort-en-Yvelines (Seine-et-Oise).

(5) Commune de l'arrond. de Rambouillet (Seine-et-Oise).

(6) Commune du canton de Dourdan (Seine-et-Oise) et non Saint-Maurice (Seine), près de Charenton, comme l'écrit par erreur Piérart. Cette église n'était pas du diocèse de Chartres.

(7) Multien (*Mulcianus pagus*), petit pays de la Brie entre Crespy et Crécy, villes principales Meaux et May (Seine-et-Marne), Rouvres et Acy (Oise).

André de La Houssaye, la chapelle de la léproserie de Bondy, possessions figurant au pouillé de 1525 ; le prieuré de Saint-Éloi avec ses dépendances ; Chèvreville, près de Senlis ; Coupvray (Seine-et-Marne), etc.

A cette époque, l'Abbaye de Saint-Maur avait donc des possessions territoriales éloignées et importantes. Elle possédait en même temps toute la presqu'île qu'elle faisait cultiver par ses serfs ou ses colons. Les cultivateurs de l'abbé résidaient au hameau de La Varenne qui possédait une église. Autour de l'Abbaye se forma une petite agglomération à laquelle on assigna pour paroisse la petite chapelle Saint-Nicolas, devenue l'église du vieux Saint-Maur. Cette érection date du règne de saint Louis. Nous en reparlerons au chapitre des églises et paroisses.

La réputation du monastère et sa fortune ne faisaient que se développer, lorsqu'un fait arriva à propos pour frapper l'imagination populaire, et augmenter encore le crédit des reliques du saint et la dévotion des fidèles.

Miracle de la pluie.
Louis le Jeune.
Associations de prières.

En 1137, une longue sécheresse désolait le pays. « Il advint une si grande nécessité en France faute de pluie que les bêtes mouraient de faim aux champs faute d'herbe (1). »

L'évêque de Paris, Étienne, de concert avec l'abbé Ascelin, eut l'idée de porter processionnellement hors du monastère le corps de saint Maur, « jusqu'au lieu où est une croix entre le village de Saint-Maur et Charenton Saint-Maurice vis-à-vis d'une butte de pierres que font les pèlerins, sur le chemin de Paris, proche les murailles du bois de Vincennes, allant au dit Saint-Maur. Et de là rapportèrent la châsse et la vinrent poser sur l'autel de la chapelle Saint-Nicolas, qui est à présent la paroisse du village et la pluie tomba avant la fin de l'office si bien que pour s'en retourner de la chapelle à l'abbaye ils furent fort mouillés (2). » Ce nouveau miracle contribua à attirer vers l'Abbaye la foule des croyants.

En 1160, le roi Louis le Jeune, étant venu y faire ses dévotions, assista à la signature d'un contrat qui fut passé

(1) *Vie de saint Maur*, réimprimée par les religieux de son ordre en 1603. Le mot France est ici employé pour Ile-de-France.
(2) *Vie de saint Maur*, 1603, déjà citée. Le chemin de Paris suivait alors le chemin de Presles à Saint-Maurice et le plateau de Gravelle.

dans l'église même du monastère en présence de Guy de Chevreuse et d'Agnès, comtesse de Meulan. L'église de Ferrolles était bien possession de l'Abbaye depuis 1090, mais, dit Lebeuf, si l'abbé y exerçait son droit de nomination, il n'eut la seigneurie du village qu'au xiie siècle. Robert d'Attily y avait encore à cette époque un droit de *tensement* (défense et protection) qui était de dix-huit setiers de froment. C'est ce droit qui fut racheté pour la somme de cinquante livres par contrat passé en présence du roi Louis VII.

Quelques chartes qui paraissent n'avoir, tout d'abord, qu'une médiocre importance, nous initient, par des détails singuliers, à la vie religieuse ou sociale du moyen âge. On voit, par exemple, l'abbé Thibaud IV, en 1171, accorder aux religieuses de Malnoue (1) le revenu de la prébende annuelle de chaque religieux décédé dans l'année à Saint-Maur, à charge de dire des prières pour le défunt, laquelle prébende consistait en six setiers de froment, quatre muids de vin, trois minots de fèves et dix sols parisis.

Il faut voir là une de ces *associations de prières* qui s'établissaient entre les monastères, confraternité religieuse pour s'assurer une aide matérielle et spirituelle mutuelle.

La publication de fragments d'un obituaire de l'Abbaye de Saint-Maur a fait connaître ces pactes pieux conclus parfois avec des abbayes très éloignées : notamment avec celle de Saint-Séverin de Château-Landon, diocèse de Sens ; celles de Saint-Médard et de Saint-Crépin, de Soissons ; celle de Saint-Germain-de-Flay, diocèse de Beauvais ; celle d'Hiverneau, près de Lésigny en Brie ; celle de Stavelot, diocèse de Liége, qui avait été administrée par saint Babolein.

L'acte d'association était généralement ainsi conçu : les deux abbés et leurs religieux se promettent réciproquement une amitié et une assistance mutuelles tant en santé qu'en maladie, avec un certain nombre de prières qu'ils s'obligent de faire après la mort de chaque religieux (2).

Nous ferons remarquer, en passant, que l'Abbaye de Saint-Maur possédait cent arpents de terre à Mont-Étif (Monthéty) et qu'à la requête des religieux d'Hiverneau, Louis XII établit, en 1512 la foire célèbre qui se tient encore le 9 septembre.

---

(1) Village de Seine-et-Marne, communauté dépendant de l'abbaye d'Argenteuil fondée par la célèbre Héloïse.
(2) Voy. *Histoire de Saint-Germain-des-Prés,* dom BOUILLARD (1725).

Du XIIe au XIVe siècle, la condition des classes populaires subit de profondes modifications. Les seigneurs laïques ou ecclésiastiques renoncent à exiger d'autorité beaucoup de services ; ils préfèrent se les assurer par des contrats librement acceptés par les serfs. C'est l'époque de l'affranchissement.

Époque de l'affranchissement des serfs.

Le travailleur agricole passe ainsi de l'état de serf à la situation de *franc*. Les exigences des seigneurs avaient pour limite le sentiment de leur propre intérêt. Ils avaient remarqué qu'un homme libre travaillait mieux qu'un serf et ils comprirent que des redevances limitées leur rapporteraient plus que des redevances arbitraires. D'autres émancipèrent leurs paysans par besoin d'argent, pour s'en aller à la croisade, par exemple. En 1270, Jean d'Ivry, sur le point d'aller aux croisades, donne en pure aumône à l'Abbaye de Saint-Maur trois arrière-fiefs situés à Maisons.

Nous voyons au Cartulaire que l'abbé Jean Ier affranchit en 1251 son bourg de Saint-Maur et les paroisses de La Varenne et de Chennevières pour deux mille livres.

En 1277, l'Abbaye accorde également la manumission aux hôtes qu'elle possède au village de Créteil. L'Abbaye avait à Mesly une grange et un pressoir.

Ce que l'on sait de plus ancien touchant les habitants de Maisons, est que, l'an 1211, ils transigèrent avec l'abbé de Saint-Maur sur les pacages de leurs bestiaux ; qu'en 1227 l'abbé Radulfe (Raoul) les quitta pour quatre sols par an par chaque feu en forme de taille. L'abbé les exempta en général de porter leurs grains au moulin banal de Charentonneau (1).

Il affranchit également en 1282 les serfs qu'il avait à Valenton ; ceux de Boissy donnèrent quelques bois pour leur manumission.

Le sort des serfs, à cette époque, était pitoyable. Taillables, corvéables, échangeables, vendables, c'est à peine s'ils parvenaient à tromper la rapacité des maîtres pour se constituer un petit pécule. « Jamais un seigneur, dit Félibien, ne donnait la liberté à ces gens-là, ni ne leur faisait la moindre grâce sans la leur faire acheter ; les exemples de ceux qui l'ont fait pour motif de charité sont bien rares. » L'abbé de Saint-Maur, comme on le voit, ne négligeait pas de se créer des ressources en vendant la liberté à ses serfs.

---

(1) Lebeuf, II, 6.

Il savait également contraindre tous ceux qui lui faisaient échec. En 1219, il requiert l'excommunication contre les hommes de Jean des Barres à l'occasion d'un pré qu'Élisabeth, son épouse, avait légué à l'Abbaye en la seigneurie de Presles, près de Tournan. Dans ces siècles de dépendance religieuse, l'excommunication était une arme terrible qui venait à bout de toutes les résistances.

Les vassaux et les hommes de l'Abbaye devaient, outre l'hommage et les redevances, le service militaire. Le Cartulaire nous a transmis un fait militaire de l'époque fort curieux : il s'agit de la revue de la garde féodale de Saint-Maur-des-Fossés, passée en 1274.

Revue de la garde féodale de l'Abbaye.

En septembre de cette année, l'abbé de Saint-Maur fit une proclamation portant que tous les hommes de son Abbaye, passibles du service militaire, eussent à s'armer dans le délai de quarante jours, pour la défense du bourg de Saint-Maur. Des malintentionnés, *malignantes seu delinquentes,* menaçaient la localité, ou plutôt lui donnaient de l'ombrage ; car les termes de la convocation sont une preuve qu'il s'agissait moins de repousser un péril imminent que de se prémunir contre quelque tentative possible. Comme le roi Philippe, fils de saint Louis, s'était marié quelques semaines auparavant avec Marie de Brabant et que les noces se faisaient à Vincennes, l'affluence du monde occasionnée par une si grande cérémonie était sans doute ce qui faisait craindre pour la sécurité publique dans la contrée.

C'est à l'extrémité de la presqu'île de Saint-Maur, aux carrières de la Varenne, qu'eut lieu le rendez-vous militaire des hommes de l'Abbaye. Ils comparurent devant l'abbé, assisté de sa maison et en présence de quantité de curieux venus des alentours. Il y avait plusieurs pelotons équipés diversement, selon la fortune de chacun. Il y avait douze hommes riches à 70 livres de biens qui avaient pour armure, soit un haubert, soit un haubergeon, tous portant sur leur tête un chapeau de fer et à la ceinture une épée avec un couteau. Cinquante-trois autres, riches à 30 livres et au-dessus, n'avaient pas d'armure défensive en fer, mais seulement des cottes gamboisées ou des gambisons, c'est-à-dire des tuniques ou simplement des gilets rembourrés et piqués. Ils portaient aussi le chapeau de fer, avec l'épée et le couteau. Ceux de 10 à 30 livres, en beaucoup plus grand nombre que les précédents, n'avaient que leur habit de tous les jours avec une calotte ou un chapeau de fer, une épée sans fourreau et un couteau. Enfin les hommes de moins de 10 livres n'avaient qu'un arc, des flèches et un couteau.

Cette revue eut lieu le dimanche avant la fête de saint Michel archange, c'est-à-dire le 28 septembre. Il faut voir dans cette troupe importante, non seulement les hommes du bourg de Saint-Maur et de La Varenne, mais ceux des villages dépendant en tout ou en partie de l'Abbaye, comme Boissy, Ferrières, Ferrolles, Champigny, Chennevières, Nogent, Neuilly-Plaisance, Noiseau, Maisons, etc.

Les seigneurs se libéraient parfois du service militaire et des hommes à fournir en payant une redevance. En 1272, l'abbé de Saint-Maur versa, à titre d'*auxilium pro exercitu*, une somme de 270 livres qu'il leva par voie de taille sur les villages de ses domaines. En 1284, le roi lui demanda pour l'expédition d'Aragon 297 livres en compensation des 90 sergents, de la charrette et du cheval que le monastère devait. Tout le monde pouvait choisir entre le *servicium* ou la *financia*.

La fortune du monastère devint considérable au XIIe et au XIIIe siècle, les titres de propriété ou autres étaient si nombreux qu'il y eut de quoi en composer un volume. C'est à cette époque que Guillaume, religieux de Saint-Maur, rédigea le *Cartulaire* de l'Abbaye.

Le Cartulaire.

Cette œuvre considérable et précieuse date de 1284. Elle a été la source la plus importante de notre histoire locale, et l'abbé Lebeuf, en particulier, y a puisé les éléments principaux de son *Histoire des paroisses du diocèse de Paris*.

Si quelques chartes dont les originaux ont disparu y ont été insérées de mémoire, si quelques-unes présentent des caractères suspects d'interpolation, d'altération, l'œuvre mérite la faveur des savants par l'authenticité générale qui s'en dégage et par les détails parfois curieux qu'elle contient sur les mœurs du temps.

Il nous est impossible de donner ici toute la substance de ce volumineux Cartulaire ; ce ne serait, le plus souvent, qu'une fastidieuse énumération. Il mentionne très fidèlement tous les cas de justice afin de prouver par l'enquête, en cas de contestation, les droits de l'Abbaye : déshérence, aubaine, confiscation des biens des criminels en fuite, mutilations et nombreuses pendaisons. On y trouve également tous les contrats, les actes d'affranchissement ou d'échange « des hommes ou des femmes de corps » (serfs), ainsi que les coutumes.

Cette époque est une des plus fécondes et des plus glorieuses de l'Abbaye de Saint-Maur, administrée alors par un abbé instruit et grand seigneur, Pierre de Chevry. Sous son gouvernement, qui dura de 1256 à 1285, fut rédigé le fameux Cartulaire qui nécessita quatre années de travail, de 1280 à 1284.

L'abbé Pierre de Chevry.

Le pape se plut à distinguer et récompenser les éclatants mérites de cet abbé en lui conférant le droit de porter les habits pontificaux. C'est donc Pierre de Chevry qui fut le premier abbé mitré de Saint-Maur.

Ce pape était Simon de Brion, devenu Martin IV. Il était originaire des environs de Tours et il avait visité en novembre 1278 l'Abbaye de Saint-Maur, n'étant encore que légat. Lorsqu'il fut élevé au souverain pontificat il expédia trois bulles à l'abbé. La première lui accordait les habits pontificaux, la deuxième lui donnait l'autorisation de célébrer les saints offices dans tous les oratoires situés dans les maisons ou métairies de l'Abbaye, Nogent, Boissy, Ferrières, Neuilly ; la troisième lui permettait de porter les gants et les sandales comme les évêques (1).

L'activité féconde de cet abbé nous est révélée par le Cartulaire. Il fit bâtir dans sa propriété abbatiale de Boissy-Saint-Léger le manoir du Piple, ainsi appelé, sans doute, des peupliers (*populus*) qui se trouvaient en ce lieu. Ce manoir dut être souvent habité par les moines puisqu'ils avaient obtenu l'autorisation d'y célébrer la messe. Il y avait dans cette propriété vingt-deux arpents de vigne et deux pressoirs, les bois de Notre-Dame et des terres de culture.

Nous voyons encore au Cartulaire que le même abbé fait échange, en 1277, de biens possédés par l'Abbaye dans l'île Barbière, contre d'autres biens sis à Ozoir-la-Ferrière, cédés par Guillaume de Bonneuil, homme d'armes.

Nous y voyons également que le curé de Salers (Seine-et-Marne) possédait une vigne dans le fief de Brétigny, que le curé de Conflans, près de Charenton, nommé Alermus, fit don à l'Abbaye, en 1256, d'une carrière qu'il possédait dans sa paroisse.

---

(1) *Gallia Christiana*, VII.

Mais plusieurs pièces du Cartulaire ne sont pas que de simples actes juridiques, donations, échanges, ventes. Elles nous donnent parfois des indications précieuses sur les droits féodaux, l'administration de la justice, etc. C'est ainsi qu'il nous est permis d'assister au jugement et à l'exécution capitale d'un faux monnayeur.

<small>Condamnation d'un faux monnayeur.</small>

En 1275, pour juger un faux monnayeur de Marseille-le-Petit, près de Beauvais, qui avait été arrêté à Saint-Maur, l'abbé, haut justicier sur ses terres, réunit un tribunal composé de neuf chevaliers et quatorze écuyers. Les chevaliers furent les suivants qui figuraient, sans doute, au nombre des vassaux de l'abbé : *Guido de Campis* (1), *Guillelmus de Combellis* (2), *Rogerus de Atiliaco* (3), *Petrus Bouque* (4), *Guillelmus de Champigniaco* (5), *Johannes de Chevriaco* (6), *Adam d'Epies* (7), *Théobaldus de Dumo* (8), *Drocho de Sailleville* (9).

Les écuyers, qu'il appelle en latin *armigeri*, furent *Johannes Augeri* (10), *Johannes Conversus* (11), *Gaufridus de S. Laurentio* (12), *Girardus de Trecis* (13), *Burgensis Pariso, Guillelmus de Bonolio* (14), *Johannes de Limolio* (15), *Evrardus et Thomas de Capriaco* (16), *Johannes de Malavicina, Philippus de Dumo* (17), *Johannes de Villa Evrard* (18), *Simon de Bri* (19), *Theobaldus de Chimino* (20), *Johannes de Chimino* (21).

L'accusé, convaincu de son crime, fut condamné comme d'usage à périr par l'eau bouillante. C'était le supplice réservé,

---

(1) Guy de Champs.
(2) Guillaume de Combault.
(3) Roger d'Attily.
(4) Pierre Bouque (dit le Bouc) d'Arpajon.
(5) Guillaume de Champigny.
(6) Jean de Chevry.
(7) Adam d'Épiais-les-Louvres (Seine-et-Oise).
(8) Thibaut de Dumo (hameau près de Montigny-Lencoup, Seine-et-Oise).
(9) Dreux de Sailleville.
(10) Jean Auger.
(11) Jean Convers.
(12) Geoffroy de Saint-Laurent.
(13) Girard de Trécis (?).
(14) Guillaume de Bonneuil.
(15) Jean de Limeil.
(16) Evrard et Thomas de Chevry.
(17) Philippe de Dumo.
(18) Jean de Ville-Evrard.
(19) Simon de Bri (Petit-Bry).
(20) Thibaud de Chemin (Seine-et-Marne).
(21) Jean de Chemin.

en ce temps, à ces criminels, car le faux monnayage était alors considéré et puni comme un crime (1).

L'abbé de Saint-Maur, étant haut justicier, pouvait juger tous les crimes capitaux : meurtres, viols, incendies, faux monnayage. Il avait donc le droit de glaive, *jus gladii*, et pouvait appliquer toutes les terribles pénalités de l'époque : la mutilation, la flagellation, le carcan, la marque par le fer rouge, le bannissement et la mort par la hart, le glaive ou le feu. Il avait son pilori, ses fourches patibulaires dont le nombre des piliers indiquait toujours la dignité du juge. Les piliers de justice de l'abbé de Saint-Maur se trouvaient à La Varenne où une rue en perpétue le souvenir (2).

Il y a également au Cartulaire une autre sentence fort curieuse par son texte que l'auteur a laissé en français et que nous reproduisons ici ; c'est le jugement du « meire de Melly soupçonné de l'occision de Pierre Dufour et de Colin et Jean, ses frères » :

Condamnation du maire de Mesly.

« En l'an de grâce 1278, le lundi auquel fut la décollation de saint Jehan-Baptiste, en pleine Assise fut esgardé (examiné) et jugé par le Conseil de Monseigneur l'abbé Pierre (de Chevry); c'est à sçavoir, Messire Pierre Bouqe, Guy de Chans (Champs), Deny de Sailleville, Jehan de Coccigny (Cocigny), Gile de Brion, Guillaume de la Granche (Grange), Evrart de Chevry, Gace de Lungni (Lognes, Seine-et-Oise), Pierre Rigaut, Jehan de Chevi, Guillaume de Ponteillaus (Pontaut), Estienne Cranche, Gui de Chesnoi, Guillaume Tristan, Guillaume de Pénill (Penil, Seine-et-Marne), chevaliers; Geoffroy de Saint Lorent,

---

(1) La sentence dut être exécutée à Saint-Maur et il est permis de penser que ce fut sur la petite place située au chevet de l'église. Là se trouvait, autrefois, le pilori de l'abbé à côté d'un orme qui se voyait encore en 1701. Le sol fut plus tard nivelé et fouillé et on y trouva des ossements qui pourraient bien être ceux des suppliciés qu'il n'était pas permis de transporter en terre sainte à quelques pas de là, dans le cimetière attenant à l'église. Voici un compte publié par Sauval (*Histoire et recherche des antiquités de la Ville de Paris*, III, 274) qui donnera une idée de ce genre de supplice: « A Etienne Lebré maître de la haute justice du roi 12 sols pour 3 maçons et leurs aides qui firent le trépied pour asseoir la chaudière où furent boullus trois faux monnayeurs, 4 sols parisis pour 4 sacs de plâtre à faire ledit trépied, 20 sols pour un cent et demi de cotterets, et un demi cent de bourrées pour faire bouillir l'eau de la chaudière. »

(2) Ils figurent sur la carte de l'abbé Delagrive vers le croisement de la rue du Bac et de la rue Francis-Garnier où se trouvait également une croix.

Laurens le Saunier et Jehan Augier (1), Borjois de Paris, Jehan de Moncy et Simon de Bri (Petit-Bry), escuyers, Renaut de Veri et Guillaume prévost des Fossés ; que porce que l'on ne trevoit pas par l'enqueste faite du fet de trois homes, qui furent occis entre Christoille (Créteil) et Melli (Mesly) que li Meires de Melli qui estoit détenus en prison dès la Chandeleur jusqu'au jour dui por la soupçon dudit fet en est mort de Lernie, ne quil fust corpable de mort mais porce il oi le cri et vit la mellée commencer et n'en fut plus ; il fu esgardé (examiné) et jugié par le Conseil des Chevaliers et Borjois dessusdits qu'il ira outre mer et movra dedans les Octieves de la Saint Remi et demorra un an au dela de la mer, et qu'il n'approchera la ville de Fossey sus la hart de vingt lieues en toz sent puisquil sera meus ; et quand il aura demoré un an au delà de la mer, il s'en revendra se il veut et aportera tesmoignage que il aura aempli son an outre la mer, c'est à savoir en lettres scellées du scel du Patriarche ou de l'Ospital ou scel autentique. Et toutes ces choses jura ledit Meires en plaine Assise presens lesdits Chevaliers et grant multitude d'autres gens et fist le voyage. Mes porce qu'il ne revint pas si soffisamment come il lui fut enjoint, il fut envoié de rechef en pélerinage à saint Thomas de Cantorbire. »

D'autres, coupables de la même négligence dans cette affaire, furent condamnés à aller en pèlerinage à Saint-Jacques de Compostelle, en Espagne.

L'abbé de Saint-Maur avait, comme nous l'avons vu, un hôtel et des biens à Paris, près de la porte Saint-Antoine. Des difficultés étant survenues entre l'abbé et les représentants de l'autorité royale, Philippe le Hardi, par lettres datées d'août 1280, limite les droits de justice et de voirie des religieux de Saint-Maur-des-Fossés au dedans et au dehors des anciens murs de Paris, droits qu'ils tenaient de leur prieuré de Saint-Éloi, lesquels murs, en cet endroit, coupaient l'emplacement du futur hôtel Saint-Paul (2). Ces rues ou fractions de rues se trouvaient dans le IVe et IIIe arrondissements actuels. Jusqu'au XVIIIe siècle, les chanoines jouirent des mêmes droits sur onze rues. Il y avait ainsi à Paris une foule de petites

<small>Droits de justice de l'abbé à Paris.
Léproserie de Saint-Maur.</small>

---

(1) Sans doute Jean Augier qui fut prévôt de Paris en 1268.
(2) DELAMARE, *Traité de la police*, IV, 729.

justices seigneuriales ou ecclésiastiques qui furent supprimées par Louis XIV.

Près du bourg de Saint-Maur, à l'entrée du bois de Vincennes, l'Abbaye avait fondé une léproserie. Cette maison se trouvait sous la dépendance immédiate des religieux qui y exerçaient le droit de haute justice, le droit d'aubaine et celui d'épave. En 1265, Alphonse de Poitiers lui donne une rente de 20 sous et saint Louis lui accorde une rente de 6 setiers de blé et de 20 sous sur les fonds de l'aumônerie royale.

Nos recherches particulières nous permettent d'en fixer l'emplacement à peu près entre la mairie et le carrefour de la rue de Paris et de la rue de Créteil, à Joinville. Au *Terrier* de Saint-Maur figurent deux lieux dits qui corroborent nos assertions. En effet, à l'endroit indiqué se trouvait le lieu dit la *Maladrerie* et, un peu plus haut, le lieu dit les *Cliquettes*, traversé par un chemin qui se détachait du chemin de Presles, à l'entrée du bois de Vincennes. Or on sait que les lépreux devaient agiter des cliquettes pour signaler leur passage afin d'éviter la contagion à leurs concitoyens. C'est évidemment là l'origine de cette appellation dont une rue de Joinville conserve encore le souvenir.

Signalons également ici un événement singulier qui dut frapper d'étonnement ou de crainte les esprits mystiques et crédules de ce temps. Un chroniqueur rapporte que, le 29 avril 1303, eut lieu à Saint-Maur une bataille entre plusieurs centaines de corbeaux. Le combat fut si acharné que le sang tombait comme la pluie et que le sol fut jonché de cadavres. Ce champ de bataille, en souvenir de cet événement, s'appelle aujourd'hui encore rue des Corbeaux et se trouve à Joinville à l'entrée du bois de Vincennes.

L'Abbaye des Fossés devient Abbaye de Saint-Maur. Visites royales.

Ce fut dans ce siècle que la dévotion du peuple pour les reliques de saint Maur vint au point qu'on n'appela plus l'Abbaye des Fossés que du nom de ce saint. On allait en pèlerinage demander à saint Maur toutes sortes de grâces, et le nom vénéré de ce saint devint celui du monastère qui renfermait ses reliques. De tout temps, le langage populaire a su faire prédominer ses préférences.

La réputation de l'Abbaye dépassa même les limites de la région, puisqu'un empereur d'Allemagne, comme nous allons le voir, vint lui demander la guérison de la goutte. Alphonse, comte de Poitiers et de Toulouse, lui fit un legs de

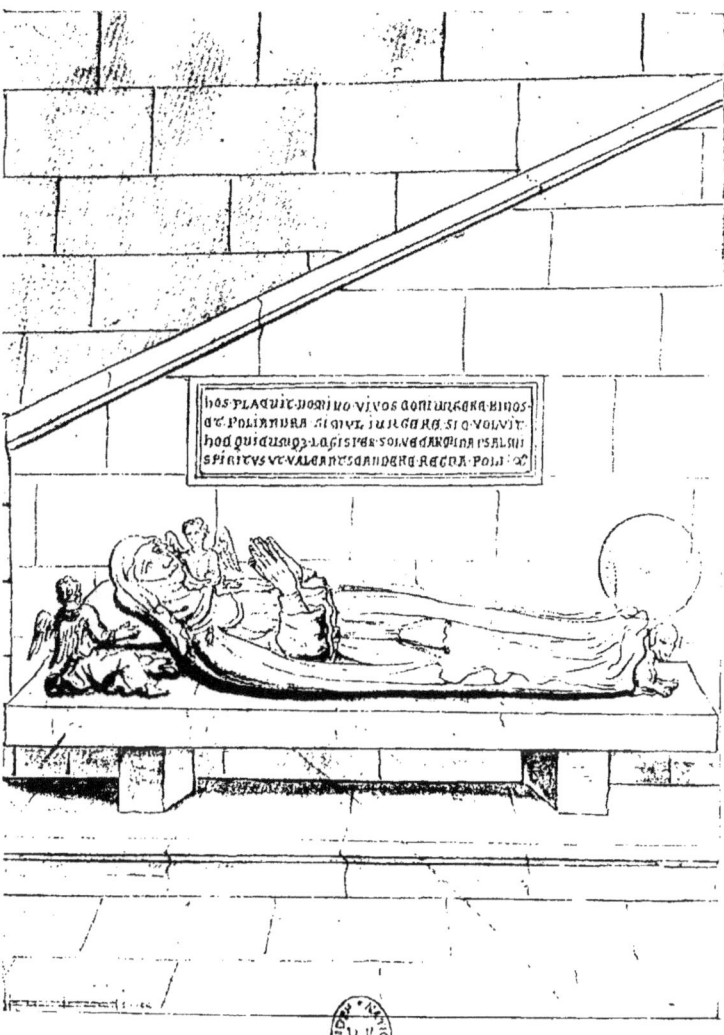

TOMBEAU de pierre du costé de l'Évangile dans une chapelle à droite du chœur de l'Eglise de Saint-Maur-des-Fossez. — Élisabeth, comtesse de Corbeil, femme de Bouchard. (Voy. p. 63.)

trente sols pour l'entretien d'une lampe devant la châsse du saint.

Les visites princières ou royales aux célèbres reliques ont été fort nombreuses. Les rois habitant les châteaux de Vincennes ou de Beauté, qui en étaient si rapprochés, y sont venus souvent faire leurs dévotions.

Nous avons déjà cité quelques-unes de ces visites dont la date nous a été transmise par des chartes. Nous en donnerons ici quelques autres qui nous sont également connues par des actes royaux qui n'ont pu trouver place dans notre ouvrage.

Le roi Henri Ier y vint souvent faire sa prière, comme en témoigne une charte de 1058.

En 1223, le jeudi avant la Mi-Carême, Philippe-Auguste y prit le droit de gîte, alors évalué à cent livres. C'était un privilège qui donnait au roi le droit d'exiger la nourriture et le logement nécessaires à sa personne et à sa suite.

Louis VIII se trouvait à Saint-Maur le 21 mars 1224, suivant un itinéraire publié par Petit-Dutaillis (1).

Saint Louis y fit plusieurs séjours, notamment en août 1229 et en 1254, et l'abbé paya alors pour son gîte la somme de cent vingt livres.

Nous venons d'exposer une longue période d'accroissement et de prospérité qui porta la réputation et la fortune de l'Abbaye à leur apogée. Mais une période de malheurs va s'ouvrir pour la France entière au début de la guerre de Cent Ans et pendant les guerres civiles qui, jusqu'à l'avènement de Henri IV, vont porter la désolation et la misère dans les villes et les campagnes. L'Abbaye de Saint-Maur, située dans la région parisienne, aura particulièrement à souffrir pendant la révolte de Marcel, l'occupation anglaise, les guerres des Bourguignons et des Armagnacs, la lutte de Louis XI et du duc de Bourgogne, la Ligue, etc.

Ainsi notre chapitre suivant va être presque exclusivement consacré aux malheurs qui fondirent sur l'Abbaye pendant les événements qui troublèrent Paris et le royaume durant cette longue période.

---

(1) *Étude sur le règne et la vie de Louis VIII.*

Chapitre VII

Guerres Civiles
Guerre de Cent Ans

On connaît les tristes débuts de la guerre de Cent Ans. Jean le Bon est fait prisonnier, et Étienne Marcel, le prévôt des marchands, tente dans Paris un mouvement révolutionnaire contre l'absolutisme royal. Le régent, le dauphin Charles, s'enfuit de la capitale et lève des troupes contre la ville révoltée.

Désolation du monastère de Saint-Maur.

Les troupes du dauphin firent pressentir quel serait le sort des Parisiens. En s'avançant vers la capitale, elles dévastèrent la campagne jusqu'à huit ou dix lieues afin de priver les Parisiens de subsistances. Le 29 juin 1358, ces troupes logeaient à Saint-Maur et dans les villages des environs du bois de Vincennes. Elles n'épargnèrent pas même les lieux où elles étaient cantonnées. Les religieux bénédictins de Saint-Maur-les-Fossés souffrirent de grands dommages ; leurs granges et manoirs furent brûlés et tout ce qui était dedans fut pris ou gâté (1).

---

(1) Denifle, *la Guerre de Cent Ans et la désolation des monastères et hôpitaux en France*, p. 164, et *Chronique de Jean le Bel*, II, 263.

Pour suivre l'ordre chronologique, nous mentionnerons ici le séjour que fit à Saint-Maur le duc de Bourgogne, Philippe le Hardi, le plus jeune des fils de Jean le Bon. Le duc, venant de Tournan, arriva le 14 juillet 1365 et soupa le soir avec la reine. C'est ce qui ressort de la publication de ses comptes et de son itinéraire ; c'est par erreur que Dom Plancher et Lebeuf placent son séjour en l'an 1363 (1).

La duchesse, sa femme, y tomba malade en 1382, et nous devons signaler que, le 11 mai 1385, elle se trouvait à Conflans avec Monseigneur le duc de Nevers et Madame de Nevers et y reçut « l'abbé de Saint-Maur, plusieurs de ses moynes et autres estrangiers » parmi lesquels le roi d'Arménie. Le 22 janvier 1397, le duc Philippe et Antoine de Bourgogne, son fils, vont « disner à Saint-Mor, souper et gister à Conflans » où le duc avait un château.

Pèlerinage de l'empereur d'Allemagne Charles IV. A la fin de l'année 1377, Charles IV, empereur d'Allemagne, oncle de Charles V, vint en France pour voir son neveu et accomplir le vœu de faire un pèlerinage à Saint-Maur afin d'obtenir la guérison de la goutte qui le tourmentait fort.

On lui fit à Paris une réception grandiose où les fêtes et les divertissements se succédèrent. Mais, avant son départ, l'empereur voulut accomplir la seconde partie de son programme.

« Le mardi suivant, 12 janvier 1378, l'empereur voulut faire son pèlerinage à Saint-Maur. Il partit dès le matin du bois de Vincennes (château) dans sa litière et fut reçu en procession d'après l'ordre du roi. L'abbé chanta la messe ; l'empereur offrit cent francs et abandonna au couvent les vivres dont l'abbé lui avait fait don. Il dina et dormit en ce lieu que le roi avait fait pourvoir de toutes les commodités et embellir des plus riches ornements. On le mit ensuite dans sa litière et on le transporta à Beauté-sur-Marne qu'il admira beaucoup et il fut tellement soulagé de sa goutte qu'il put visiter lui-même tout l'hôtel (2). »

Dans ce pèlerinage, l'empereur ne voulut pas être accompagné

---

(1) *Histoire de Bourgogne*, par Dom Plancher, t. III, p. 15. — Piérart commet une lourde erreur en disant que cette reine était Isabeau de Bavière.

(2) Christine de Pisan, *le Livre des bonnes mœurs et faits du roi Charles V*, dédié au duc de Bourgogne, Philippe le Hardi.

des frères du roi et « aussi n'y alla pas le roy, pour ce qu'il avoit à besoigner ». Ce fut l'abbé Jean de Chartres qui officia.

Avant son départ, le vendredi suivant, 15 janvier, l'empereur retourna à Saint-Maur où le roi le vint voir et remercier des présents que ses fils en avaient reçu. L'empereur était accompagné de son fils Wenceslas, roi des Romains, jeune homme de 26 ans à qui le roi fit donner une épée dont le pommeau était enrichi de diamants.

Dans son *Histoire des ducs de Bourgogne de la maison de Valois*, de Barante nous a transmis de cet événement une relation à peu près semblable (1).

Disons en passant que le château de Beauté dont il ne reste aucun vestige était situé à Nogent dans une magnifique position dominant la Marne. Non loin de la gare du chemin de fer de Vincennes, une plaque avec inscription est apposée sur le mur de la propriété où il se trouvait. C'était un « moult notable manoir ». Le fils de l'empereur disait que « oncques en sa vie il n'avoit vu plus delectable place ».

On a vu que le soulagement obtenu par l'empereur fut tel qu'il lui permit, sans le secours de personne, de visiter tout le château ; or l'empereur était tellement perclus qu'il se faisait habituellement porter en litière d'une pièce à l'autre.

Il faut croire, cependant, que l'amélioration ne fut pas de longue durée, puisque, de retour dans ses États, le pauvre malade écrivait à son neveu que sa goutte le tourmentait encore beaucoup et il le priait de lui envoyer quelque relique du saint pour continuer la cure.

Le roi manda à l'Abbaye Philippe de Mézières, chancelier du roi de Chypre, qui reçut de l'abbé un fragment de côte du saint ; la relique, enfermée dans une petite châsse en or, fut envoyée à l'empereur (2). Le fait est attesté par des lettres royales, datées de Creil au mois d'août 1378, lettres fort intéressantes qui flétrissent l'imposture du commerce des fausses reliques.

De tout temps la crédulité du peuple a été exploitée sous des formes diverses par des hommes sans scrupules. Le crédit de saint Maur était alors si répandu que des imposteurs s'enri-

---

(1) Une copie de son récit se trouve aux archives de Saint-Maur où M. le baron de Marinville, ancien maire, qui l'a écrite de sa main, l'a déposée et signée le 25 novembre 1841. — Voy. l'œuvre de BARANTE, I, 70.
(2) Cette relique était encore vénérée à Prague, en 1750, d'après TALANDIER, *Abrégé de la vie et des translations des reliques de saint Maur*.

chissaient à promener dans le royaume une fausse châsse du saint. Le roi dénonce et flétrit ces pratiques impies, punissables, et certifie, en outre, que le corps vénéré n'a pas quitté le monastère et que toutes les parties, à la réserve de la côte envoyée à son oncle, sont bien dans la châsse, qui a été ouverte en présence de son envoyé, lequel a pu voir, également, les bulles d'authenticité chargées de leur plomb intact.

La réserve de la côte paraît incomplète, et l'on ne s'explique pas que le roi ne fasse pas mention du bras qui avait été donné à l'église du monastère du Mont-Cassin, au ixe siècle.

Le moyen âge a connu un véritable fétichisme pour les reliques des saints auxquelles on attribuait les plus merveilleuses vertus.

Celles de saint Maur guérissaient de la goutte par leur contact, de l'épilepsie par leur aspect. Quand des églises s'élevaient, quand les cathédrales et les monastères rivalisaient pour attirer les fidèles, il fallait à tout prix posséder quelque relique qui stimulât la dévotion et la libéralité des foules. Quand la supercherie n'était pas possible, on allait jusqu'au vol pour se procurer des reliques ; les théologiens du temps qualifiaient cet acte de « vol pieux », quand on n'allait pas jusqu'à tuer les hommes considérés comme des saints pour ne point laisser échapper leurs dépouilles (1).

Il existait alors une foule de reliques fausses. Plusieurs villes prétendaient posséder le corps de saint Maur ; jusqu'au xviiie siècle, notre grand saint eut un corps à Saint-Maur, un à Sessieu, diocèse de Lyon, un à Gênes, un à Messine et des fragments en divers lieux (2).

Le commerce des reliques était donc des plus florissants et les églises ou les abbayes tiraient grand profit de leur exposition publique.

Procès à trois épiciers.

L'abbé de Saint-Maur exploitait encore la dévotion des pèlerins et des malades en leur vendant des chandelles et des images religieuses.

Quelques épiciers du lieu, ayant voulu prendre part à ce lucratif commerce, les religieux prétendirent les en

---

(1) Le moine qui rasait saint Gutlac fut tenté de lui couper la gorge afin d'être sûr que sa précieuse dépouille ne serait point perdue pour le couvent. — RAMBAUD, *Histoire de la civilisation française*, I, 314.

(2) COLLIN DU PLANCY, *Dictionnaire critique des reliques et images miraculeuses*.

empêcher. Pour justifier leur défense, ceux-ci invoquaient l'exemple des seigneurs de Charenton et de Saint-Mandé qui jouissaient d'un privilège semblable sur leurs terres. Les habitants de Saint-Maur, de leur côté, soutenaient que la coutume dont voulaient profiter les moines était nouvelle et n'avait été établie que peu de temps auparavant par l'abbé Richard, qui avait trouvé ce moyen commode d'augmenter ses ressources.

Un procès s'engagea en 1371 ; le Parlement de Paris débouta les religieux de leurs prétentions, par arrêt du 30 avril 1407, et de l'empêchement qu'ils avaient voulu faire à trois habitants de la localité de vendre chez eux des chandelles et des images de plomb, pour les pèlerins, sans leur permission (1).

Nous avons vu que des terrains dépendant du prieuré de Saint-Éloi, donné en l'an 1107 à l'Abbaye de Saint-Maur, occupaient, vers l'emplacement actuel de la rue Saint-Paul, un vaste espace qui descendait jusqu'au fleuve, et s'étendaient vers Charenton et vers Charonne sous le nom de Culture Saint-Éloi.

Hôtel de l'abbé à Paris.

L'abbé Raoul avait acheté en 1210, avec la permission de Philippe-Auguste, une grange située sur l'emplacement de la rue des Lions-Saint-Paul et des terrains vagues sur lesquels il fit construire un logis. Comme les prélats et les grands abbés, celui de Saint-Maur posséda donc son hôtel à Paris. Mais Charles V, alors dauphin, l'acheta le 3 septembre 1362 pour agrandir l'hôtel Saint-Paul où, devenu roi, il habita, de même que Charles VI et Isabeau de Bavière (2).

Les successeurs de l'abbé Raoul se transportèrent à la maison dite du *Four-des-Barres,* appelée plus tard l'hôtel de Charny, de Saint-Mor ou de la Barre. Cet hôtel se trouvait derrière l'église Saint-Gervais, au coin de la rue des Barres et de la rue de la *Mortellerie,* aujourd'hui rue de l'Hôtel-de-Ville.

Dans ce même quartier, l'Abbaye posséda plus tard presque toutes les maisons de la rue actuelle des Jardins-Saint-Paul et c'est dans l'une d'elles, comme nous le verrons, que vint mourir Rabelais, chanoine de Saint-Maur.

(1) *Petit Livre du Châtelet,* p. 515.
(2) Jaillot, *Recherches sur la Ville de Paris,* III, p. 4 et 12.

On attribue à Saint-Maur l'honneur d'avoir été en quelque sorte le berceau du théâtre français et l'on se fonde pour cela sur une ordonnance du prévôt de Paris en date du 8 juin 1398. Il est certain que ce document est l'un des plus anciens que l'on connaisse sur les premières manifestations de notre art dramatique ; par le mois dont il est daté, il est permis de penser que la prohibition intervenait à l'occasion du pèlerinage annuel qui tombait le 24 juin, mais la forme même dans laquelle il est rédigé prouve que des Mystères avaient lieu antérieurement, avec la permission du roi, et l'on est amené à penser que ces représentations se faisaient partout où se réunissaient des foules, à la foire de Saint-Laurent, à celle du Landit, etc. (1).

Les Mystères.

C'est cependant à Saint-Maur que nous voyons se constituer la première association de comédiens, les *Confrères de la Passion*.

Ces laïcs, qui se substituaient à l'Église dans la représentation des Mystères et qui y mêlaient des jeux profanes, étaient des artisans. Leur confrérie exerçait sa profession au village de Saint-Maur, mais, soit que les curés de Paris se plaignissent de cette concurrence, soit que les représentations occasionnassent quelque désordre, le prévôt de Paris, Jean de Folleville, fit défense par ordonnance du 3 juin 1398 « à tous les habitants de Paris, à ceux de Saint-Maur et des autres villes de représenter aucuns jeux de personnages sans le congé du roy, sous peine d'encourir son indignation et de forfaire envers lui (2) ».

Mais il apparaît qu'il ne fut pas tenu grand compte de l'interdiction, car nous la voyons se renouveler quelques années après. Au nom du roi, Jean le Tellier, sergent à cheval au Châtelet, se transporta à Saint-Maur et fit crier par le sergent de ladite ville que « nulz ne feussent si ausez ou hardiz de faire aucuns esbattements ne aucuns jeux de personages par manière de farces, de vies de sains, ne autrement sens le congié du dit seigneur ou de nous ».

Mais le roi Charles VI avait été pris comme arbitre et une opposition avait été portée jusqu'à lui. Voulant prononcer en connaissance de cause, il assista, dit-on, à une représentation et fut si satisfait qu'il accorda à la troupe des lettres patentes,

---

(1) BOURNON, *Monographie de Saint-Maur-des-Fossés*.
(2) DELAMARE, *Traité de la police*, I, 437.

l'autorisation de se transporter à Paris et les privilèges de corporation, le 4 décembre 1402.

Nous ne saurions dire où se trouvait le théâtre des Confrères de la Passion, mais nous signalerons la persistance de la tradition qui le place rue du Four, dans une maison où l'on voit des murs épais et solides qui peuvent bien avoir supporté les tréteaux de ces précurseurs de notre art dramatique. Cette maison est couramment appelée encore la Comédie.

Nous ne quitterons pas cette époque sans signaler l'affection particulière que le roi Charles VI portait à notre région. Il résidait souvent en son château de Conflans et de là se rendait à Créteil, au château du Buisson où il avait installé Odette de Champdivers, sa douce maîtresse, celle que l'on avait coutume d'appeler la petite reine et qu'Isabeau de Bavière introduisait dans le lit conjugal pour calmer la fureur du pauvre insensé.

Charles VI. Sauvegardes royales.

Il dut faire de nombreux séjours à Saint-Maur. Nous le voyons par lettres du 2 juillet 1406 exempter les habitants de ce bourg du droit de gîte, si ruineux pour les paysans, à la charge d'amener six charretées de paille de seigle à Paris ou à deux lieues aux environs pour le service du roi, de la reine et du dauphin.

L'Abbaye bénéficia d'autres faveurs royales. Des lettres de sauvegarde lui furent données en janvier 1365, janvier 1404, septembre 1442, mars 1492 et juin 1499. On appelait ainsi des lettres que le roi accordait à quelqu'un pour l'exempter de loger des gens de guerre, ou pour le prendre sous sa sauvegarde. L'Abbaye était donc comblée de biens et de privilèges à l'arrivée des Anglais, des Armagnacs et des Bourguignons qui vont en troubler ou compromettre l'existence par l'occupation et le pillage.

Cette période est une des plus tristes de notre histoire. Deux factions, les Armagnacs et les Bourguignons, se disputent le pouvoir sous un roi fou. Une reine étrangère, mauvaise épouse, mauvaise mère, l'infâme Isabeau, au milieu d'une cour licencieuse « dont elle prit les vices plus vite qu'elle n'en apprit la langue », va jusqu'à signer le honteux traité de Troyes qui donne le royaume de France à son gendre Henri V, roi d'Angleterre, et déshérite son fils Charles, « soi-disant dauphin du Viennois ».

Heureusement, dans cette adversité, la vierge de Domrémy vient redonner courage à tous, faire partager sa confiance au dauphin qui, au souvenir de la dépravation de sa mère, en était à douter de sa légitimité, et enfin « bouter les Anglais hors de France », ces étrangers qui étaient restés seize ans maîtres de Paris et des environs.

Nous allons passer en revue les événements qui eurent pour théâtre Saint-Maur durant cette triste période.

En l'an 1412, le roi Charles VI se rendit à Bourges pour assiéger le duc de Berry, son oncle révolté, qu'il força à traiter.

Procession des habitants de Saint-Maur à Paris.

Processions à Saint-Maur.

Dès que le peuple de Paris sut que le roi se mettait en campagne, il courut aux églises et organisa de nombreuses processions pour demander la victoire des armes royales. Les habitants des paroisses voisines prirent part à ces cérémonies.

Nous lisons dans le *Journal d'un Bourgeois de Paris* (1) la relation de la procession organisée par les habitants de Saint-Maur : « Le lundi XIIIe jour de juing vindrent ceulx de Sainct-Mor-des-Fossez accompaignez de XVIII banières, des reliques très grant foison, vingt croix, tous piez nudz, à Notre-Dame de Paris chantèrent la grant messe. »

Outre les processions d'usage, on en faisait alors à l'occasion de tous les événements extraordinaires où l'on portait force reliques et châsses. Pour demander la pluie, pour conjurer le fléau d'une épidémie, etc., les fidèles de ce temps ne savaient que s'adresser au ciel. Dans ces sortes de processions, les figurants marchaient nu-pieds. Plus tard, dans le temps troublé de la Ligue, ces cérémonies allèrent jusqu'à l'indécence (2).

Les femmes de Paris et du voisinage faisaient de fréquents pèlerinages à Saint-Maur et dans les sanctuaires réputés ; mais ces promenades n'avaient pas toujours pour motif la dévotion. Dans une pièce dialoguée, intitulée *le Monopole des Perruques*, Guillaume Coquillard, poète du XIVe siècle, raille finement les pauvres maris de ces coquettes qui s'en vont à quelque rendez-vous galant, un jour de pèlerinage :

« Du travail le front me dégoutte », dit le mari ;

---

(1) Édition Tuetey, 23.
(2) Dulaure, *Des Divinités génératrices*.

« Je viens de Sainct-Mor-des-Fossez
« Pour être allégée de la goutte », lui répond sa fine compagne, plus infidèle que dévote.

Un traité conclu le 16 septembre 1418 fut délibéré à Saint-Maur. Au milieu des calamités de ce temps de l'invasion étrangère, de la misère du pauvre peuple, le cri général était la paix. Jean VI, duc de Bretagne, fut chargé de la négocier entre le dauphin Charles et le duc de Bourgogne. Il se rencontra avec Jean sans Peur au pont de Charenton ; mais les négociations n'aboutirent pas et se poursuivirent à Saint-Maur. On lit en effet dans les comptes de Jean sans Peur que le duc « et Monsieur de Novailles avec partie de leur estat, disnent aux dépens du roy à Saint-Maur-lez-Fossez et gistent à Paris, le vendredi 16 septembre 1418 ». Le pacte fut conclu au château de Vincennes en présence de la reine Isabeau, du duc de Bretagne et du duc de Bourgogne.

Traité de Saint-Maur 16 septembre 1418.

Le peuple eut beaucoup à souffrir des guerres civiles entre Armagnacs et Bourguignons. Tantôt l'une, tantôt l'autre des deux factions se jetait sur les campagnes, autour de Paris, pillant, tuant et incendiant. Les denrées de consommation montèrent à des prix exorbitants, et, pour comble de malheur, des épidémies terribles se déclarèrent parmi cette population exténuée ou mal nourrie. C'est ce qu'on voit par une lettre de rémission accordée par Henri VI d'Angleterre, maître de Paris, à Marguerite, veuve de Philippe de Paris, clerc des comptes du roi Charles VI, qui, pour fuir la contagion, s'était retirée à Saint-Maur-des-Fossés où elle demeura jusqu'à ce que « ladicte mortalité seurvint en ladicte ville de Sainct-Mor (1). »

Peste de 1418. L'évêque de Paris se retire à Saint-Maur. Confiscation d'un hôtel à La Varenne.

Le mercredi 28 septembre 1418, par suite de la « grant mortalité » qui régnait dans Paris et en plusieurs parties du royaume, le Parlement dut suspendre ses plaidoiries. Les décès étaient si nombreux qu'on dut faire de grandes fosses communes au cimetière des Innocents, où l'on jetait jusqu'à six cents cadavres à la fois. C'était une « peste épidémique d'apostèmes (abcès) ». Le fléau frappait particulièrement les jeunes gens

---

(1) LONGNON, *Paris pendant la domination anglaise*, p. 180.

des deux sexes. « Il n'y avait de chance de salut que quand on pouvait faire l'incision de ces boutons (1). »

Le 3 novembre de ladite année, l'évêque de Paris, Gérard de Montaigu, « pour doubte de l'épidémie ayant cours à Paris, se retire à Saint-Maur ». Beaucoup de notables parisiens, fidèles à la cause du dauphin, sortirent de Paris avec des prétextes divers. Il dut en être ainsi dans le cas de l'évêque, car on trouve, au registre des confiscations prononcées par le roi d'Angleterre, qu'il est traité de rebelle et que ses héritiers perdent leurs droits à sa succession. Cet évêque se retira à Malesherbes quand l'épidémie eut gagné Saint-Maur. C'est ainsi que nous voyons, par deux témoignages, que notre bourg ne fut pas épargné pendant la durée du fléau.

Il est également fait mention, aux registres des confiscations ordonnées par Henri VI, en l'an 1423, d'un hôtel sis en la paroisse de la Varenne, appartenant à Pierre Boulart (2), rebelle, et donné à maître *Grégoire de Ferrebouc*, l'un des traîtres qui firent entrer dans Paris les gens du duc de Bourgogne, et que, depuis, ce même roi donna à Guillaume le Muet, changeur du Trésor, et à divers autres, pour leur vie.

Incendie du fort de Champigny par les Armagnacs 5 avril 1420.

L'abbé de Saint-Maur, à l'exemple de tous les abbés du diocèse de Paris, n'avait pas songé le moins du monde à protester contre l'occupation étrangère. Nous le verrons même jurer fidélité au roi d'Angleterre. Les Armagnacs ne lui pardonnèrent pas cette trahison. Ils vinrent plusieurs fois piller l'Abbaye, comme nous allons le voir. Pour donner une idée de la cruauté exercée sur les pauvres gens par les Armagnacs, voici comment un chroniqueur raconte la prise de Champigny :

« Le vendredi sainct, 5 avril 1420, vindrent les Arminalz comme deables dechaisnez et coururent autour de Paris tuant, robant et pillant. Et icellui jour boutèrent le feu au fort de Champigny-sur-Marne et ardirent femmes et enfants, hommes, bœufs, vaches, brebiz et autre bétail, advoine blé et autre grain et quand aucun des hommes sailloient pour la destresse du feu,

---

(1) *Chroniques de Charles VI.*
(2) Lebeuf, *Histoire des paroisses de la Généralité de Paris*, II. — Pierre Boulart pourrait bien être le père de Jean Boulart qui fut prévôt de Paris en 1514.

ilz mettoient leurs lances à l'androit et ains qu'ilz fussent à terre, ilz étaient percez de III ou IV lances ou de leurs hâches ; celle très cruelle felonnie firent là et ailleurs ce dit jour, et l'endemain, vigille de Pâques firent autant ou pis à un chastel nommé Croissy (Croissy-Beaubourg) (Seine-et-Marne) (1). »

L'Abbaye n'échappa pas à leur fureur. Ils s'en emparèrent, comme nous l'apprend le même chroniqueur : « Le 25 avril 1430 l'endemain de Sainct Marc firent tant les Arminalx par leur force ou par leur traïson qu'ilz gaignérent l'abbaye de Sainct-Mor-des-Fossez. »

Prise de l'Abbaye par les Armagnacs 25 avril 1430
Les Anglais les en chassent.

Ils en furent chassés par les troupes anglaises le 2 juin 1430, comme nous l'apprend également le chroniqueur à qui nous empruntons le récit de tous les événements de cette époque.

Le mercredi, 24 mai 1430, fut prise devant Compiègne « dame Jehanne, la pucelle aux Arminalz », comme on l'appelait communément, par Jean de Luxembourg, aidé par mille Anglais de passage qui se rendaient à Paris. Le dimanche suivant, ces mêmes Anglais vinrent assiéger l'Abbaye de Saint-Maur occupée par cent Armagnacs. Les défenseurs, comprenant l'inutilité d'une plus longue résistance, se rendirent pour avoir la vie sauve. On leur permit de sortir sans rien emporter *que ung baston en leur poing*.

La dévastation de l'Abbaye, commencée par les Armagnacs qui s'y étaient retranchés, fut achevée par leurs successeurs, les Anglais. « Aussitôt que les Arminalz furent departiz, les Anglois, bon gré ou mal gré de leurs cappitaines pillérent toute l'abbaye de Sainct-Mor-des-Fossez et la ville si au net, qu'ilz n'y laissèrent pas les cullières au pot qu'ils n'apportassent, et ceulx de devant à leur entrée avoient bien pillé et les darrains encore rien n'y laissèrent : quelle pitié ! (2) »

Comme on l'a vu, la résistance des Armagnacs ne fut pas longue, sans doute pour ne pas s'exposer à être pris à discrétion et pendus haut et court. Cependant, l'Abbaye avait été mise en état de défense et pourvue d'artillerie, comme le prouve une charte de février 1366 par laquelle le roi Charles V l'affranchit du droit de gîte et de procuration, « en raison des

---

(1) *Journal d'un Bourgeois de Paris.*
(2) *Journal d'un Bourgeois de Paris.*

dépenses d'artillerie et autres faites par les religieux pour le fort de ladite Abbaye » (1) pendant les guerres contre les Anglais et les Navarrais, durant la captivité du roi Jean.

La gravure portant comme légende : « Épitaphes tirez des Églises de Paris et de ses environs » montre une partie des fortifications ; mais nous ferons remarquer que cette vue a été prise vers 1750, peu de temps avant la démolition des bâtiments monastiques, que les fossés dont l'Abbaye était entourée avaient été comblés et que le système de défense avait été modifié par l'établissement de la terrasse sur laquelle le Château fut érigé au xvi° siècle. L'entrée de l'Abbaye est aujourd'hui l'impasse du Jeu-de-l'Arc.

Le roi d'Angleterre, Henri V, mourut au château de Vincennes le 31 août 1422, à l'âge de trente-trois ans, laissant un fils encore au berceau, qui fut Henri VI. On a prétendu que son corps avait été inhumé à Saint-Maur. C'est une erreur qui a été reproduite par Piérart (2). Ses entrailles seules y furent déposées, comme on le voit par ce passage d'une chronique :

Inhumation des entrailles du roi Henri V à Saint Maur.

« Et furent enterrées ses entrailles en l'Eglise et monastère de Sainct-Mor des Fossez et son corps mirent en un sarchus de ploncq (3). » Le corps fut exposé à Saint-Denis et porté en Angleterre, par Rouen.

Les coups de main des Armagnacs étaient fréquents autour de Paris. Le 16 août 1430, ils réussirent à enlever, à la porte Saint-Antoine, quelques prisonniers, des bœufs, des vaches, des brebis et autre bétail qu'ils dirigèrent à travers le bois de Vincennes, vers la Brie. Le capitaine anglais qui commandait le Château se mit à leur poursuite et les vit traverser la Marne en un gué à Saint-Maur. Dans leur précipitation, quelques poursuivants manquèrent le gué et se noyèrent ; le capitaine fut du nombre, mais les autres purent recouvrer les prisonniers et les bestiaux.

Coups de main des Armagnacs. Le gué de La Varenne.

Nous voyons, par ce récit, confirmation de ce que nous

---

(1) Arch. nat., L 541.
(2) *Histoire de Saint-Maur*, 92.
(3) *Chronique de Jean le Fèvre*, II, 64.

avons avancé, touchant les gués de la Marne. Tout porte à croire que ce gué était situé un peu au-dessus du viaduc du chemin de fer de Vincennes. Il conduisait bien dans la Brie ; c'est là que les moines de Saint-Maur devaient passer l'eau pour aller à leurs terres de Boissy ou Sucy. On voit, sur de vieilles cartes, un chemin qui aboutit à ce point, ce qui indique certainement un ancien gué habituellement employé pour le passage de la rivière.

Cependant, à l'époque, non loin de là, se trouvait un pont. On peut supposer qu'il était, à ce moment-là, coupé ou gardé. Ce pont, dont l'existence nous est révélée par le Cartulaire, devait se trouver vers le lieu dit le Moulin Bateau (1). On lit, dans un acte daté de 1226, que Guillaume Marmerel, chevalier de Bonneuil, en accorde le libre passage à tous ceux qui sont « couchants et levants aux Fossés », mais se réserve les oies qui lui sont dues pour le charroi. Il leur cédait également le droit de pâturage sur ses terres. On voit par là que le pont était suffisamment large et solide pour supporter le passage des charrettes. Aucun vestige de pile en maçonnerie n'ayant été signalé dans les parages, il est permis de supposer qu'il était en bois.

Durant les troubles qui désolèrent les campagnes, l'abbé et les religieux de Saint-Maur s'étaient retirés à Paris où ils avaient, comme nous l'avons vu, un hôtel, des maisons et un prieuré.

Serment de l'abbé de Saint-Maur.

Misère publique aggravée par l'abbé.

Les partisans de Charles VII s'agitaient même dans la capitale où régnait un enfant de quinze ans, Henri VI. La vie était très chère, et les soldats anglais, voyant qu'on ne les payait plus, quittaient la ville et rançonnaient les environs.

Des intelligences se nouaient entre les partisans du roi de

---

(1) Ainsi appelé parce que le moulin mérovingien, dit de Brétigny, incendié en 1786, fut remplacé par un moulin sur bateau. Ce moulin flottant existe encore ; il est devenu l'établissement connu sous le nom de restaurant du Martin-Pêcheur, situé près du pont du chemin de fer de Sucy. En 1877, il fut amené à la berge, puis échoué pendant une crue à l'emplacement qu'il occupe. Les gros montants et les poutres de chêne constituèrent la charpente de la maison, avec étage, et le reste fut maçonné en carreaux de plâtre. On voit encore à l'intérieur de l'établissement les lucarnes du moulin obstruées et la charpente de chêne qui en constituait l'armature solide. Il avait 5 mètres de large sur 17 de long. Précisons en disant que le plus ancien moulin de Brétigny était situé sur le Morbras.

Bourges dont la cause faisait à Paris même des progrès alarmants. Les trois évêques qui soutenaient l'usurpateur étranger, dont l'évêque de Paris, firent faire « en celui karesme à tous ceulx de Paris le serment sous peine de dampnation de l'âme, sans espargnier prebstre ne religieux, qu'ilz seroient bons et loyaux au roi Henri d'Angleterre ». Ce serment fut prêté le 15 mars 1436, en séance solennelle du Parlement, par plusieurs notables personnes, parmi lesquelles l'abbé de Saint-Maur.

Il ne faut point s'étonner de cette félonie ; la situation de l'abbé était sans issue et également compromise avec ou sans le serment. Dans le premier cas, les Armagnacs se vengeaient sur les biens de l'Abbaye ; dans le second, c'étaient la confiscation et l'exil.

On va voir, par la suite, que le dauphin lui-même, devenu roi de France, ne se souvint plus du serment de l'abbé de Saint-Maur, puisqu'il le nomma général des aides. Cet abbé, qui s'appelait Jean le Maunier ou de Mauny, devint exécrable au peuple dont il aggrava la misère. En janvier et février 1440, un grand nombre de porcs furent perdus par défaut de sel. On attribuait cette pénurie à l'abbé de Saint-Maur qui, pour maintenir le sel à un prix élevé, ne le faisait rentrer que par « chevallées » (charge d'un cheval) (1).

Les guerres qui venaient de dévaster les environs de Paris avaient sans doute ruiné l'Abbaye de Saint-Maur, car nous voyons les religieux songer à tirer profit de leurs reliques en les portant de ville en ville. Ils obtinrent du roi de France et d'Angleterre, Henri VI, des lettres datées du 30 octobre 1434, par lesquelles il leur permettait de porter la châsse de leur saint patron dans les pays soumis à son obéissance, ordonnant, toutefois, que la conduite en serait commise à trois religieux de bonnes mœurs. Cette précaution n'était pas inutile en ce temps de relâchement du clergé qui précéda de peu la Réforme et en fut une des causes.

Aventure à trois religieux qui exhibaient les reliques de saint Maur.

Les trois moines, s'étant mis en route, arrivèrent jusqu'à Rennes où une mésaventure les attendait. L'évêque Guillaume s'opposa à l'exhibition des reliques avant d'avoir la preuve certaine de leur authenticité. Les moines furent dans un grand

---

(1) *Journal d'un Bourgeois de Paris.*

embarras, car ils ne possédaient pas de preuves suffisantes, et l'évêque, en attendant, leur offrit de mettre les reliques en sûreté, soit à Rennes, soit à Vitré. L'abbé Lebeuf, qui note l'incident, ne dit pas comment il finit ; mais les reliques firent retour à Saint-Maur, car on voit qu'en 1573 quelques parcelles en furent extraites pour être données au cardinal de Bourbon, dont la Ligue faillit faire un roi.

Saint-Maur qui avait souffert, comme nous l'avons vu, des épidémies et des dévastations de la guerre, fut encore éprouvé par une inondation terrible dont un chroniqueur nous a transmis le souvenir. En 1460, dit-il, il y eut grande inondation de la Seine et de la Marne, tellement que, en une nuit, « ladite rivière de Marne creut et devint si grande à Sainct-Mor-des-Fossez, comme de la hauteur d'un homme et fit plusieurs grands dommages en divers lieux (1) ».

Inondation de 1460.

Nous avons vu se renouveler, en une nuit également, le 24 janvier 1910, une inondation semblable, et peut-être plus terrible encore, qui n'a point fait heureusement de victimes, mais qui a occasionné de nombreux dégâts aux propriétés.

A ce sujet, nous ferons remarquer que les habitants, souvent victimes des débordements de la Marne, avaient eu grand soin de tracer leurs chemins, de construire leurs églises ou chapelles, hors des zones d'inondation. Si la chapelle de La Varenne a vu le flot impur pénétrer dans le sanctuaire, c'est que, lors de son érection, on n'a pas suivi cette règle de prudence. A l'emplacement qu'elle occupait précédemment, elle eût été indemne. Quant à l'Abbaye, son mur d'enceinte et sa situation la mettaient tout juste à l'abri du fléau.

Un second traité a été conclu à Saint-Maur. Pendant la Ligue, dite du Bien public, sous Louis XI, les princes confédérés s'avancèrent sous Paris. Le comte de Charolais, qui devint Charles le Téméraire, tenait le pont de Charenton et la Grange aux Merciers (Conflans-Bercy). Le 12 août 1465, le duc de Bretagne occupait l'Abbaye de Saint-Maur, et le duc de Berry le château de Beauté (Nogent). Monseigneur le duc de Berry, qui était logé

Second traité de Saint-Maur (1465).

---

(1) *Chronique de Jean de Roye*, année 1460-1461.

Saint-Maur, y tomba malade d'une fièvre durant trois jours, les 27, 28, 29 octobre 1465, comme nous l'apprend la *Chronique scandaleuse*.

On trouve, dans les comptes de dépense de la prévôté de Paris, de l'an 1465, un payement fait à Jean Potin, examinateur au Châtelet, à cause qu'il avait employé six charpentiers à rompre le pont de Saint-Maur pour la sûreté de la ville de Paris pendant cette guerre (1).

Louis XI, dont la situation devenait critique, se hâta de traiter avec le comte de Charolais, à Conflans, et il confirma cette paix par des clauses additionnelles, à Saint-Maur, le 29 septembre 1465.

Une pierre avec inscription avait été plantée le 13 juin 1466 à l'endroit où le comte et le roi s'étaient rencontrés, « près de la planchette par laquelle on passe le fossé pour aller de Paris à Saint-Maur (2) ».

Le chemin de Paris à Saint-Maur passait, à cette époque, en cet endroit, où il traversait la vallée de Fécamp et le petit ruisseau de Montreuil. La ruelle de la Planchette (3) en conserve encore le souvenir.

Chemin de Paris à Saint-Maur.

Passant par la porte Saint-Antoine, on suivait la route de Bourgogne (rue de Charenton), qu'on quittait vers la rue de Fécamp. Le chemin continuait à travers le Bois, en passant par le milieu du lac Daumesnil, le plateau de Gravelle, le chemin de Presles, à Saint-Maurice, coupé par le chemin de fer, dont la rue du Viaduc, à Joinville, n'est que le prolongement. En suivant cette voie, on entrait à Saint-Maur par la *porte de Presles* (rue Maurice-Berteaux).

Guillebert de Metz, que nous avons cité plus haut, corrobore nos indications dans son ouvrage, *Description de la Ville de Paris au XV⁰ siècle*, en disant que le chemin que nous venons de décrire conduit à Saint-Maur, *esquel lieu l'en fait moult de pèlerinages*. On l'appelait le *chemyn en la vallée de Fécamp*. Plus tard, une autre voie fut ouverte le long de la Marne ; c'est la route actuelle de Charenton à Saint-Maur qui fut pavée en 1725. On trouve, en effet, dans

---

(1) LEBEUF, II.
(2) *Journal de Maupoint*.
(3) Paris, XII⁰ arrondissement.

une donation du 9 novembre 1548, « une friche à Charenton sur Marne entre le chemyn vieil et le chemyn nouveau que a fait faire ledict donateur (François Desmier, seigneur et baron de Marigny), tendant du dict lieu de Charenton à Sainct-Mor (1) ».

Au terrier de la baronnie de Saint-Maur (1682), le chemin de Presles est indiqué comme « l'ancien chemin de Paris à Saint-Maur ». En 1658, la construction d'une nouvelle clôture du bois de Vincennes engloba une partie du terroir de Saint-Maur et modifia profondément les communications avec Paris. Seul, M. le Duc conserva une allée dite « de Monsieur le Duc » qui aboutissait à la nouvelle porte de Saint-Maur, située sur l'emplacement de la gare de Joinville. Les plaintes des habitants sont ainsi consignées dans une pièce conservée aux Archives nationales. « La nouvelle clôture de plusieurs terres, vignes et prés enclos, enfermés de murailles, joints au parc de Vincennes, dont il y a plus de 200 arpents dépendant de la terre et seigneurie de Saint-Maur, fait un grand préjudice à S. A. S., aux habitants dudit lieu et au public. Pour aller de Paris à Saint-Maur, il faut, à présent, passer par Charenton, à cause de ladite clôture au moyen de quoi le chemin en est plus long d'une grande lieue (2). » Cette opération fut désastreuse pour le hameau du Pont en détournant les voyageurs et les marchands qui préférèrent, depuis, passer par le pont de Charenton pour aller dans la Brie.

Les terres ainsi englobées dans le nouvel enclos forment la partie du bois de Vincennes qui appartient à la commune de Joinville, sur laquelle se trouvent les redoutes de la Faisanderie et de Gravelle, et une partie du champ de courses.

A l'entrée du bois de Vincennes, un autre chemin menait autrefois de Saint-Maur à Saint-Denis par les rues de Picpus, des Boulets, Saint-Maur, qui en a gardé le nom. C'est celui que devaient suivre les habitants pour aller se joindre aux grandes processions parisiennes qui se faisaient à Saint-Denis.

Cette digression topographique fixera mieux l'esprit du lecteur et le guidera dans la lecture des événements que nous venons de raconter.

La vie régulière avait duré à l'Abbaye de l'an 640 à l'an 1533,

---

(1) *Inventaire des insinuations du Châtelet de Paris sous les règnes de François Ier et Henri II.*
(2) Arch. nat., Q^1 1082^4, fol. 301.

date de la bulle de sécularisation. Les religieux furent remplacés par des chanoines.

Catalogue des abbés

Le catalogue des abbés qui se sont succédé au gouvernement de l'Abbaye est trop incertain pour que nous le donnions ici. Il comprend, suivant le père I.-J. de Maria, 66 abbés ; la *Gallia Christiana*, œuvre des savants bénédictins de la congrégation de Saint-Maur, n'en compte que 54. L'abbé Lebeuf dit que, d'après les titres qu'il a eus en mains, il faut y ajouter Walderan qui était abbé en 1067 — dont nous avons eu l'occasion de parler — et Guillaume du Fresnay, en 1343.

Quelques-uns de ces abbés étaient de grande famille ; c'est ainsi que nous comptons parmi eux Gaultier et Louis de Châtillon, ce dernier vers 1400.

Lebeuf dit encore qu'il y a apparence que Jean Castel, petit-fils de Christine de Pisan, fut abbé de Saint-Maur. Le doute n'est plus possible à la suite de la publication par D. Marrier, dans son *Histoire du monastère de Saint-Martin-des-Champs*, d'un petit nombre d'articles nécrologiques d'après un recueil aujourd'hui perdu. L'éditeur de l'*Obituaire de la province de Sens* (1) les reproduit. Nous lisons ainsi dans l'un, au sujet d'une procession à Saint-Martin-des-Champs : « et fit l'office M. l'abbé de Saint-Mor-des-Fossez, chroniqueur de France, religieux de céans ». Il s'agit bien de Jean Castel, petit-fils de Christine de Pisan, chroniqueur de France en 1474, lequel mourut en 1476.

Notons ici, avant d'aborder la seconde période de l'histoire de l'Abbaye, les religieux écrivains et historiens dont les noms sont parvenus jusqu'à nous.

Religieux écrivains et historiens

Le premier est *Odon* (Eudes) qui, d'abbé de Glanfeuil-sur-Loire, devint abbé des Fossés dans le temps où le corps de saint Maur y fut apporté. C'est lui qui nous a laissé, dans sa *Vie de saint Maur,* la relation de la destruction du couvent de Glanfeuil, des miracles du saint et de la translation de ses reliques. Son ouvrage a été analysé et reproduit par Duchesne et par les savants bénédictins de la congrégation de Saint-Maur (2).

Le deuxième est *Odon* (Eudes), simple moine, qu'il ne faut

---

(1) *Obituaire de la province de Sens* (diocèse de Sens et de Paris), publié par Auguste Molinier, sous la direction de A. Longnon, 1902.
(2) *Vie de saint Maur,* rééditée par les religieux de son ordre, en 1603.

TOMBE de pierre entre les chaires et le pulpitre à droite dans le chœur de l'Eglise de Saint-Maur-des-Fossez. — L'Abbé Haere ou Thaere. Armes, six losanges en bande. (Voy. p. 111.)

pas confondre avec le précédent qui fut abbé. Il est l'auteur de la *Vie de Bouchard le Vénérable* que nous avons analysée plus haut.

Un autre moine, dont le nom ne nous est pas parvenu, est l'auteur de la *Vie de saint Babolein,* écrite vers 1080. La deuxième partie de cette œuvre est plus estimée que la première, et Duchesne l'a reproduite dans son volumineux ouvrage : *Histoire des Français,* tome I (édition latine).

A ces écrivains, il faut ajouter Regnard ou Regnaud de Citry ou Chitry, prieur conventuel de Saint-Maur sous Philippe de Valois, qui recueillit et publia les miracles opérés en tous lieux par la sainte Vierge ; son œuvre date de 1328.

C'est lui qui nous a transmis la légende de la Vierge miraculeuse de Saint-Maur dans le chapitre intitulé : *De iconia B. Mariæ, V. quæ est in monasterio Fossatensis quam effigiavit virtus altissimi,* légende que nous avons donnée en son temps. On conserve encore aujourd'hui, dans l'église de cette paroisse, une statue pareille qui accuse une origine assez reculée. Reste à savoir si c'est bien là la statue de la primitive fondation (1). Nous en donnons une reproduction d'après une photographie qu'a bien voulu nous confier, très obligeamment, M. le curé de la paroisse.

Le moine Guillaume, auteur du *Cartulaire,* rédigé vers 1280, ne fut peut-être qu'un compilateur, mais, grâce à lui, nous ont été conservés les faits principaux de notre histoire locale et l'état des biens ou privilèges de l'Abbaye.

Une nouvelle période d'histoire s'ouvre pour la célèbre Abbaye avec l'introduction des chanoines prébendés ; mais ses nouveaux maîtres, tout en soutenant l'éclat de sa réputation, ne sauront en conserver ni les bâtiments, ni les richesses archéologiques. C'est la liquidation d'un passé glorieux, d'une Abbaye riche livrée à l'avidité de l'autorité épiscopale et à l'esprit mondain des chanoines.

---

(1) *Notice sur l'antique pèlerinage de N.-D. des Miracles, à Saint-Maur-des-Fossés* (1864), éditée par la paroisse.

Chapitre VIII

Les Chanoines

Comme nous venons de le dire, le monastère de Saint-Maur existe à l'état de cloître de l'ordre de Saint-Benoît jusqu'au XVIᵉ siècle.

Sécularisation. L'évêque de Paris, le célèbre Jean du Bellay, cardinal, ambassadeur à Rome, grand seigneur, trouvant que les revenus de son évêché ne suffisaient pas à ses besoins, résolut de se faire octroyer le patrimoine de l'Abbaye.

Les religieux et quelques personnes influentes firent bien quelque résistance, mais la requête de l'évêque, appuyée par le roi François Iᵉʳ, fut agréée du pape Clément VII qui prononça la sécularisation par une bulle en date du 13 juin 1533.

Le dernier des abbés de Saint-Maur fut François-Jean Binet, mort en 1524, après avoir cédé l'Abbaye à l'évêque de Paris, François du Poncher, premier abbé commendataire.

La bulle du pape fut mise à exécution, le 13 août 1536, par deux commissaires, députés à cet effet, Philippe, abbé de Sainte-Geneviève, et Nicolas Quélain, président de la Chambre des enquêtes au Parlement de Paris. Les religieux furent remplacés par des chanoines prébendés.

Les stipulations de l'acte de prise de possession donnaient à l'archidiacre de Paris, pour le rachat de son droit d'installation de l'abbé, la somme de 10 livres à chaque mutation d'évêque, et au chantre de l'église collégiale, l'équivalent d'un porc verrat, soit 5 sols, qui lui était octroyé à chaque mutation d'évêque, comme autrefois à chaque mutation d'abbé.

Les prébendiers nommés par l'évêque à cette occasion furent Catherin Deniau, chantre, Denis Camus, Jean Chandelon (1), Jean Lucas, Louis Mazalon, Philibert Friand, Jacques du Fou, Louis de Venoy, chanoines.

François Rabelais, qui dut à son ami et condisciple d'école, Jean du Bellay, d'être nommé chanoine de Saint-Maur, ne figure pas à l'installation des nouveaux promus, le 17 août 1536. Il n'avait pas encore obtenu du pape l'autorisation de reprendre la robe des bénédictins qu'il avait quittée précédemment.

Rabelais domine de son génie et de sa vaste érudition tous ses contemporains. Il sut montrer une liberté de langage qui l'aurait sans doute conduit au bûcher sans les hautes protections dont il était entouré. Son œuvre est parfois licencieuse, mais elle est profonde et pleine d'érudition sous les apparences d'un grotesque badinage. Il sut abriter la satire la plus sanglante des sottises humaines derrière les énormes bouffonneries de Gargantua et de Pantagruel.

Rabelais.

Ce grand voyageur fit pendant neuf ans de très longs séjours à Saint-Maur où il écrivit, croit-on, une partie de son *Pantagruel*. Il fait l'éloge de cette résidence dans une épître adressée à un de ses protecteurs, le cardinal de Châtillon, en ces termes : « Lieu ou pour mieulx et plus proprement parler paradis de salubrité, aménité, sérénité, commodité, délices et tous honnestes plaisirs d'agriculture et de vie rustique. » C'est là que le savant chanoine avait transporté sa bibliothèque et ses instruments de physique (2). C'est peut-être dans une tour encore existante, dernier vestige de l'Abbaye, qu'il travailla, car la tradition l'appelle encore la tour de Rabelais.

Il connut les hommes les plus illustres de son temps, écrivains,

---

(1) Il existe dans l'église de Saint-Maur une inscription funéraire se rapportant à un bienfaiteur, Jean Chandelon, et que M. F. de Guilhermy, dans son ouvrage, *Inscriptions de la France*, attribue au xve siècle. Tout porte à croire qu'il s'agit du chanoine Chandellon ou Chandelon.

(2) Ne pas oublier que Rabelais était médecin et que les médecins étaient appelés « physiciens ».

prélats, soldats, parmi lesquels les frères du Bellay, Clément Marot, Étienne Dolet, Budé, etc. On peut affirmer que les amis se sont souvent rencontrés à Saint-Maur.

Pour Guillaume Budé, le savant humaniste, le père de la philologie en France, qui fut prévôt de Paris en 1522, ceci ne fait aucun doute, attendu qu'il avait une propriété à Saint-Maur.

Budé.
Sacre de l'évêque Pierre Duchâtel.

Dans une de ses lettres, datée de 1520, nous apprenons qu'il avait déjà une maison de campagne à Marly quand il eut fantaisie d'en faire construire une du même genre dans sa vigne de Saint-Maur. Cette vigne gelait souvent et ne donnait qu'un vin médiocre ; elle resta en vente pendant longtemps, et, faute d'acquéreur, fut transformée en verger. Plus tard, Budé ayant arrondi son terrain par quelques acquisitions, se fit construire une maison de campagne, comme on le voit dans la lettre citée : *Sammauriana Villa* (1).

Quant à Rabelais, il mourut, comme nous l'avons déjà dit, dans une maison de la rue des Jardins-Saint-Paul, appartenant aux chanoines, le 9 avril 1533. Son corps inhumé tout près de là, dans un champ, à l'ombre d'un noyer, n'a jamais été retrouvé ; mais, à défaut d'un mausolée, et mieux que le plus beau des monuments funéraires, son œuvre suffit à assurer son immortalité.

Le 25 février 1545, l'évêque Jean du Bellay fit dans l'église canoniale de Saint-Maur le sacre de Pierre Duchâtel (2), évêque de Tulle, puis de Macon, qui avait encouragé le roi François Ier

---

(1) REBITTÉ, *Guillaume Budé, restaurateur des études grecques en France.* — Cette vigne devait être la propriété dénommée plus tard la *Vigne Bourbon*, ou le *Clos de la Vigne*, dont nous parlerons au chapitre du Château et qui se trouvait entre les rues du Four, des Ecoles et Mahieu (propriété Dufayet), à l'exposition la plus favorable, le midi. Nous remarquerons que, dans les armes de la famille Budé, se voyaient trois grappes de raisin. Dreux Budé, son père, était prévôt de Paris en 1452. — Piérart note qu'un descendant de Budé est mort à La Varenne, dans une propriété située, 13, quai de la Varenne, qu'il a léguée à l'Assistance publique de Paris. Ceci n'est qu'en partie exact, car ce testateur n'était qu'un ancien avoué de Nogent-le-Rotrou, du nom de Joseph-Alexandre Nicaise, qui s'était marié avec une demoiselle Louise-Adélaïde de Budé. Ce Nicaise de Budé a joué à La Varenne un rôle très actif : il a été président d'un syndicat séparatiste en 1875. Voy. *Archives de l'Assistance publique* (legs Nicaise), papiers de famille et nombreux documents concernant le quartier de La Varenne.

(2) Piérart, à la suite de Lebeuf, écrit Pierre Châtelain ; mais cet évêque est plus communément appelé Pierre Duchâtel (1480-1552).

à se faire le restaurateur des lettres et qui s'éleva contre le supplice d'Étienne Dolet, son ami probablement.

En ce temps-là, Saint-Maur brillait d'un vif éclat. Il possédait une pléiade de savants chanoines, parmi lesquels l'illustre Rabelais ; il était fréquenté par la cour qui y possédait un magnifique Château et par des personnages importants qui y avaient une maison de campagne, comme L'Hospital, Villeroi, Budé, etc.

Les chanoines succédèrent aux abbés dans tous leurs droits et dans tous leurs biens.

Exécution d'un parricide à Nogent en 1611.

En qualité de seigneurs hauts justiciers d'une partie du territoire de Nogent, ils eurent à juger un jeune homme de ce village qui avait commis un crime horrible.

Le mardi, 10 mai 1611, un nommé Jean Breton, vigneron de Nogent-sur-Marne, tua sa mère et essaya de faire disparaître les traces de son crime par le feu. Le chantre et les chanoines réunirent un tribunal et le firent juger par leur bailli qui, après examen de la cause, le condamna à « estre pendu et estranglé, son corps mort à être mis dedans un feu et les cendres d'iceluy jetées au vent ». L'auteur qui rapporte ce fait loue la modération de cette sentence et en félicite les chanoines qui auraient pu punir ce parricide par des supplices plus atroces. La sentence fut exécutée en un lieu proche de la maison du crime (1).

Les chanoines ne firent pas bonne garde autour des reliques de leur collégiale ; c'est ainsi qu'il arriva en 1628 que des voleurs

Vol des reliques de saint Maur.

Vente de la bibliothèque aux religieux de Saint-Germain-des-Prés.

s'emparèrent du reliquaire d'argent contenant le chef de saint Maur et l'emportèrent avec tout ce qui y était dedans vers Paris. On fut près d'un an sans en avoir aucune nouvelle ; mais, le 5 mai de l'année suivante, deux hommes, labourant une pièce de terre sur le territoire de Saint-Mandé, au lieu dit le *Creux du Fossé*, découvrirent, dans terre, la tête de saint Maur enveloppée d'un taffetas rouge avec trois parchemins qui permirent de l'identifier. A cette occasion, le cardinal de Gondy, archevêque

---

(1) Voy. à la bibliothèque de Saint-Maur un petit opuscule, ancien, probablement rare, intitulé : *Histoire d'un jeune homme qui a tué sa mère à Nogent-sur-Marne*, 1611.

de Paris, ordonna d'ériger une croix au lieu de la découverte et prescrivit une procession le 5 mai, anniversaire de l'invention du précieux chef. La croix, marquée sur des plans anciens, se trouvait sur le chemin de la Pissotte (Vincennes) à Fontenay (1).

Les chanoines, héritiers de bâtiments, de reliques et d'une bibliothèque qui avaient fait la gloire de l'antique Abbaye, ne surent pas maintenir ces précieux trésors artistiques. En 1716, ils livrèrent leur bibliothèque imprimée et manuscrite aux bénédictins de Saint-Germain-des-Prés pour une certaine somme d'argent et « un soleil d'or orné de pierreries pour exposer le saint sacrement (2) ».

Piganiol de La Force écrivait en 1742 : il y a présentement à Saint-Maur un chantre, huit chanoines, quatre vicaires perpétuels, un maître de musique et quatre enfants de chœur. Les canonicats valent, année commune, 1.500 livres. Le chantre a deux parts de chanoine, le vicaire une demie (3).

En même temps que les bâtiments tombaient en ruine, les traditions religieuses périclitaient. Le grand concours qui attirait à Saint-Maur une foule de pèlerins dégénérait en désordres et en profanations, à tel point qu'il fut supprimé dans le XVIIIe siècle. Il est curieux de lire dans Lebeuf comment le pèlerinage se passait au bon vieux temps.

Le concours aux reliques.

Ce concours, comme nous l'avons déjà dit, avait été institué dès la plus haute antiquité. Il avait lieu le 23 juin, veille de la Saint-Jean. Les abbés de Saint-Maur profitèrent de la solennité pour tenir ce même jour leurs assises. Les officiers de toutes les justices des terres dépendant de l'Abbaye étaient tenus d'y paraître devant le prévôt ou bailli. Tous les habitants du village se mettaient sous les armes, et, après l'audience et l'appel de tous les juges et de tous les habitants, ce cortège assemblé allait tambour battant, drapeau déployé, faire la procession dans l'église du monastère ; il sortait par-dessous le cloître (4) et allait avec solennité allumer le feu de la Saint-Jean. Ce spectacle et la messe

---

(1) Non loin de la mairie actuelle de Vincennes, sur le chemin devenu la rue de Fontenay.
(2) TASSIN, *Histoire littéraire de la Congrégation de Saint-Maur*, préface.
(3) PIGANIOL DE LA FORCE, *Description de Paris et ses environs*, années 1742-1765.
(4) Il sortait par l'impasse de l'Abbaye et entrait par l'impasse du Jeu-de-l'Arc.

qui se célébrait à 3 heures du matin, plus tard à minuit, firent que les pèlerins de Paris et des environs venaient dès le soir et couchaient comme ils pouvaient.

Par la suite, les armes à feu ayant été inventées, on s'en servit à la procession des assises et l'on en fit des décharges dans l'église même. Une foule de malades atteints de goutte, d'épilepsie ou autres maladies, venaient demander à saint Maur ou à saint Babolein la guérison de leurs maux.

La nuit de la Saint-Jean ressemblait à la nuit de Noël; l'affluence était telle qu'on n'y entendait que clameurs et qu'il y avait grande cohue. On percevait dans le bruit de cette foule les cris ou hurlements des malades que six ou huit hommes promenaient autour de la chapelle de Saint-Maur. Les malades criaient de toutes leurs forces pour être mieux entendus du saint : *Saint Maur, grand ami de Dieu, envoyez-moi santé et guérison, s'il vous plaît!* Les porteurs criaient: *Du vent! du vent!* et des personnes charitables éventaient les malades avec leurs chapeaux. D'autres criaient : *Place au malade, gare le rouge!* parce qu'on prétendait que cette couleur était contraire aux épileptiques. Quand un malade avait répété trois fois de suite sa prière on le comptait guéri et l'on criait à haute voix : *Miracle! miracle!* Enfin, c'était un vacarme si grand que l'on n'entendait point le clergé chanter et qu'il se formait trois ou quatre différents chants dans les différentes parties de l'église. Pendant cette nuit, il y avait dans la même église de petits marchands de bougies et d'images, des mendiants de toute espèce, des vendeurs de tisanes qui criaient : « A la fraîche! à la fraîche! » Tout cela augmentait le désordre. Et, après la grand'messe qui finissait vers les deux heures, les pèlerins et pèlerines les plus sages couchaient dans l'église sans se gêner sur leurs petits besoins ; les autres allaient passer la nuit dans les cabarets ou aux maisonnettes, ou bien à la danse. C'est ainsi que se passait cette prétendue dévotion.

Au dire de La Martinière, les malades y venaient en foule des extrémités de la France, et même des pays étrangers. Comme la cérémonie avait lieu en partie la nuit, c'était le prétexte à des désordres qui finirent par la faire supprimer. L'archevêque de Paris, Monseigneur de Vintimille, défendit d'abord aux chanoines d'ouvrir leur église avant quatre heures du matin. Peu à peu, dans un siècle de scepticisme et de licence, le pèlerinage fut abandonné, au point qu'en 1745 un chanoine pouvait écrire qu'il ne restait de cette extraordinaire cérémonie que l'ombre de ce qu'elle avait été et les assises qui continuaient à s'y tenir.

TOMBE de pierre à costé des marches du grand autel à gauche dans le sanctuaire de l'Église de l'Abbaye de Saint-Maur-des-Fossez. — Nacuisse ou Nancuise ou Nacaille. Armes, une bande échiquetée. (Voy. p. 111.)

Faisons remarquer ici que l'entrée de l'église et de l'Abbaye se trouvait au fond de l'impasse du Jeu-de-l'Arc, et que c'est sur cette voie que se plaçaient le plus grand nombre des petits marchands dont il vient d'être question.

Mais les abords de l'ancien monastère ont été modifiés en 1770. La tour n'était point enclose comme aujourd'hui dans une propriété. Les deux pavillons qui la flanquent à angle droit se trouvaient sur la voie publique. Celui du nord était à M⁶ Boutex, avocat à Paris, celui de l'est à M⁶ Marcelin Charlier, président au grenier à sel à Paris. Le prince de Condé leur accorda la concession du terrain enclos depuis, moyennant la rente imprescriptible d'un chapon, par acte du 15 octobre 1770 (1). C'est ce Charlier qui fit planter à cette époque les tilleuls et les sycomores qui existent encore. Ce chemin servit plus tard pour l'exploitation des terres et des carrières voisines.

Par lettres royales du mois d'avril 1740, les chapitres de Saint-Nicolas du Louvre et de Saint-Thomas du Louvre avaient été réunis sous le titre de Saint-Louis du Louvre. Nous allons voir comment et pourquoi celui de Saint-Maur fut, un peu plus tard, uni à ce dernier.

Union du chapitre de Saint-Maur à celui de Saint-Louis du Louvre.

Le nouveau chapitre de Saint-Louis avait commencé par désaffecter ses églises pour en faire rebâtir une autre. Il engagea à cet effet des dépenses considérables, et ne trouva d'autre moyen de payer ses dettes que de se faire adjuger la mense du chapitre de Saint-Maur.

Des pourparlers eurent lieu entre les deux chapitres, et des ordonnances épiscopales ainsi qu'un concordat, signés par les deux parties, aplanirent les difficultés soulevées par cette fusion.

Mais « le curé, le sindic marguillier, manants et habitants de Saint-Maur » firent appel comme d'abus des sentences épiscopales ; ils furent déboutés de leur opposition par arrêt du Parlement, en date du 27 avril 1747. C'était une perte irréparable pour le village qui, déjà, était de plus en plus délaissé par les Bourbons au profit de Chantilly.

Enfin l'union fut accordée par brevet du roi en date du 21 septembre 1748. « Réunion, disaient les chanoines de Saint-Louis, qui est d'ailleurs désirée par les membres de l'un

---

(1) Arch. nat., ZZ¹ 362.

et de l'autre chapitre, et qui est d'autant plus avantageuse, qu'attendu le petit nombre de sujets qui composent le chapitre de Saint-Maur, il est hors d'état de célébrer avec décence le service divin ; que, d'ailleurs, cette réunion fera cesser les contestations dont ce chapitre est continuellement agité, entre ses chanoines et ses vicaires perpétuels. »

Dans le concordat signé en 1748, figurent nominativement les neuf chanoines de Saint-Maur, ayant à leur tête leur chantre, Me Louis-Antoine Aubourg, chanoine et conseiller du roi, clerc en sa cour de Parlement.

Cette union semblait inévitable, l'état des bâtiments rendait le séjour dangereux, les architectes experts estimaient à une forte somme les réparations urgentes à exécuter et ils signalaient « que l'église abbatiale est malsaine et fort humide, de manière que les murailles et les pilliers paraissent de couleur verte jusqu'à la hauteur de plus de dix pieds ».

L'union fut enfin définitivement réglée par ordonnance de l'archevêque de Paris, Monseigneur Christophe de Beaumont, en date du 23 avril 1749.

« Attendu que le chapitre de Saint-Maur ne peut soutenir avec la décence qui convient le service divin, à cause du petit nombre des chanoines qui, pour la plupart, sont obligés de s'absenter pour vaquer aux affaires communes ou personnelles, ou pour suivre leur cours d'étude dans l'Université, etc.

« Tout considéré, avons supprimé et supprimons, en conséquence, l'office canonial cy devant érigé dans l'église de Saint-Maur ; permettons que cette église, ensemble tous les lieux claustraux soient détruits, démolis et employés à des usages profanes ; et que les pierres d'autel, reliques et reliquaires, à l'exception de ce qui en sera délaissé à l'église paroissale de Saint-Maur, soient transférés sans aucune cérémonie publique dans la chapelle de notre archevêché ; voulons, en outre, que par le curé de la paroisse de Saint-Maur, ou par tel autre prêtre par lui commis, les corps qui ont été enterrés dans ladite église collégiale de Saint-Maur et lieux claustraux soient exhumés, transférés et inhumés avec les prières et cérémonies de l'église accoutumées, dans l'église ou dans le cimetière de la paroisse et, qu'en présence dudit sieur curé ou de tel autre prêtre par lui commis, le terrain de ladite église ou lieux claustraux, où il y aurait eu des sépultures, soit défoncé sur toute sa superficie sur la profondeur de quatre pieds, et les terres en provenant transportées dans le cimetière de ladite paroisse, dont sera fait acte sur les registres de sépulture de cette paroisse (1). »

Les bâtiments furent donc tous démolis et les matériaux vendus au profit des chanoines de Saint-Louis du Louvre, à l'exception cependant de la chapelle de Notre-Dame des Miracles, où, à l'avenir, devait se dire tous les jours une messe par un chapelain entretenu par le curé à l'aide de quelques rentes qui lui furent alors octroyées dans ce but.

Par des plans que nous avons consultés aux Archives nationales, on voit qu'il restait encore aux chanoines des biens dans les environs de l'Abbaye, notamment une bande de terrain partant du pont de Saint-Maur jusqu'à Champigny en suivant la rive gauche de la Marne, ainsi que la maison de la chantrerie située sur l'emplacement du monastère, un bois près de Cœuilly, appelé le Bois l'Abbé, qui porte encore ce nom sur les cartes actuelles (2), des maisons et des terres à Nogent, Créteil, etc., toutes ces propriétés vendues plus tard comme biens nationaux.

Exhumation des corps.

Mais, avant de livrer l'église à la pioche des démolisseurs, on avait commencé au mois d'octobre 1750 par exhumer les corps qui y étaient enterrés. Aucune sépulture ne put être identifiée. On ne retrouva ni Bouchard et sa femme, ni les entrailles de Henri V d'Angleterre. Dans une chapelle se voyaient des sépultures des seigneurs de La Varenne, et aux vitraux figuraient leurs armes qui étaient de deux haches adossées de gueule au lambel d'argent de quatre pièces. Si ce quartier obtient un jour la séparation qu'il demande d'avec Saint-Maur, voilà bien les armes historiques et symboliques qui lui conviendront. Ces armes étant celles des seigneurs de Chevry, on peut croire que ce sont des parents de l'abbé Pierre de Chevry qui y furent inhumés.

Nos gravures montreront quelques-unes des pierres tombales qui furent alors dessinées par Wille. Elles sont faciles à lire ; nous ferons remarquer que le seigneur de Nancuise, de la famille des Nancuise-Marnix, est appelé par erreur de Nacaille, par l'abbé Lebeuf ; et que l'abbé Haere doit être Jean Thaere.

---

(1) Arch. nat., L 613.
(2) Arch. nat., cotes N 173 à 208 (Seine).

Déjà les précieuses reliques qui avaient fait la réputation et la richesse de l'Abbaye avaient été enlevées. On lit dans le *Journal de Barbier* (1) que, le dimanche 27 janvier 1750, l'archevêque de Paris, M. de Beaumont, fait rapporter toutes les reliques de Saint-Maur dans un carrosse « pour ne pas effaroucher les paysans » qui allaient se voir privés de la protection de leurs saints. Elles furent réunies dans la chapelle de l'Archevêché et la distribution en fut faite à diverses abbayes ou églises. Mais préalablement les châsses avaient été ouvertes et procès-verbal avait été dressé. On trouva dans toutes les parchemins authentiques de leur origine et des distractions qui en avaient été faites.

Dispersion des reliques.

Il y avait la châsse de saint Maur, celles de saint Babolein, de saint Mein, de sainte Madeleine et de sainte Colombe et plusieurs autres reliquaires. La distribution eut lieu le 30 août 1750.

Les chanoines de Saint-Maur réunis à ceux de Saint-Louis du Louvre eurent la châsse de saint Babolein et celle de saint Mein, les autres petites châsses et un os du bras de saint Maur.

Les religieux de Saint-Germain-des-Prés eurent le corps de saint Maur presque en entier. Il était juste que la savante congrégation des bénédictins de Saint-Maur reçût en dépôt le corps du fondateur des bénédictins de France. Mais cette relique, comme toutes celles de cette église, devait disparaître pendant la tourmente révolutionnaire.

Enfin l'église paroissiale de Saint-Maur fut gratifiée d'une vertèbre et d'une petite côte de saint Babolein et d'un reliquaire en argent en forme de croix contenant une dent de saint Maur.

Il serait intéressant de rechercher ce que sont devenues toutes ces châsses dont quelques-unes étaient de précieuses œuvres d'art. L'une d'elles se trouve au musée du Louvre ; c'est un petit coffre d'ivoire autour duquel sont en relief les prophètes et les apôtres et les trois rois mages avec leurs noms. Elle correspond exactement à la description qu'en avait donné l'abbé Lebeuf au XVIIIe siècle.

La démolition de l'église abbatiale commença vers la fin

---

(1) *Journal de E.-J.-F. Barbier*, III, 168.

Vue des Ruines de l'Abbaye de St Maur près de Paris

Collection Roger Braun.

de l'année 1750, et plus de trente ans après, dit Dulaure, on travaillait encore à cette œuvre de destruction.

Démolition de l'église.
Les vestiges.

Le 30 janvier 1811, un maître maçon de Saint-Maur, Nicolas Paquet, fit acquisition des ruines de l'Abbaye pour en démolir les piliers restants des bâtiments de l'église.

On reconnaît encore, dit Lebeuf, en cette présente année 1753, que le bâtiment de l'église avec ce qui reste du monastère étaient situés dans l'endroit le plus bas du village et dominé par une montagne du côté du midi et, malgré cette situation, il n'était pas absolument trop humide, remarque surprenante, pour qui connaît les lieux, et qui est en contradiction avec un rapport d'expert dont nous venons de parler. D'abord en approchant on voyait les ruines d'un ancien portique à quatre travées qui paraissait être du IIIe siècle (1). On voit de cet endroit le haut du portail de l'église composé de pierres dures à deux pieds, taillées en ronds, en losanges, etc., qui formait une espèce de marqueterie qu'on pourrait rapporter à 700 ou 800 ans. Dans la nef, tous les piliers étaient du temps du roi Robert, environ l'an mille ; mais la construction élevée sur ces piliers n'était pas si ancienne. La croisée était du XIIe siècle ou de la fin du XIe. Le sanctuaire était plus nouveau, ne paraissant avoir que 400 ans, les vitrages étaient du XIVe siècle. Cet ouvrage, quoique relativement peu ancien, menaçait ruine parce que l'élégance avait été obtenue aux dépens de la solidité ; les fenêtres étaient trop larges et les trumeaux trop étroits.

De l'antique Abbaye il n'existe plus aujourd'hui, entre autres choses, qu'une portion de son mur de clôture qu'on aperçoit en descendant la rue de l'Abbaye. Des tours qui flanquaient jadis ce mur, on ne voit plus que celle située vers l'impasse du Jeu-de-l'Arc ; on l'appelle la *tour Canoniale* ou la *tour de Rabelais*. On y trouva, en 1725, l'inscription du temple de Sylvain que nous avons reproduite.

En entrant dans la propriété de M. le sénateur Maujan on remarque à droite un mur très ancien de 2 m. 50 de hauteur solidement bâti et percé d'étroites fenêtres à plein cintre, en pierre de taille et à ébrasement extérieur. La Commission du Vieux-Paris (2) l'attribue à la fin du XIe siècle, d'après la forme

---

(1) Nous avons déjà dit que ces vestiges devaient être les restes de l'ancien temple romain, dédié au dieu Sylvain.

(2) Séance du 13 nov. 1902.

des ouvertures. Dans les intervalles des fenêtres on remarque des créneaux de tir horizontal, derniers vestiges de la mise en état de défense de l'Abbaye pendant la guerre de Cent Ans, fort probablement.

De l'ancienne église abbatiale il ne reste, en place, qu'un des piliers qui séparaient la nef de l'un des collatéraux. Il est formé d'un faisceau de colonnes et colonnettes envahi par le lierre ; il n'a point été déplacé comme d'autres piliers que le maître de ces lieux a fait ériger en diverses parties de son jardin pour en compléter la décoration. La Commission du Vieux-Paris le date du xive siècle.

Tout près de là se dresse une assez haute bâtisse, ayant la forme d'un donjon, flanquée de contreforts et couronnée de créneaux postiches, sur l'emplacement de l'anciennne chapelle des Miracles, dont on a retrouvé récemment un escalier étroit avec colonnes et chapiteaux romans. Sous la salle qui sert de serre se trouve une crypte découverte par l'architecte Leguay en 1860, où furent retrouvés les corps de Bouchard, comte de Corbeil, et de sa femme Élisabeth, comme nous l'avons déjà dit.

Une pierre tombale se voit dans le jardin, adossée au mur de la chapelle. Il est impossible d'en lire l'inscription, mais c'est celle d'un évêque ou d'un abbé mitré. Malheureusement la tête, les mains, les pieds, la crosse qui devaient être de métal ciselé (étain peut-être) enchâssé dans la pierre à quelques centimètres de profondeur, ont disparu et il est impossible d'en indiquer l'époque et le sujet.

Des colonnes, des chapiteaux des xie, xiie, xiiie, xive siècles ont été exhumés pendant les fouilles de 1858 et 1860. Le propriétaire les conserve jalousement dans un local spécial. Dans ces fouilles fut également recueillie une tête de statue en marbre, dont la barbe et les cheveux lui donnent un faux air antique, bien qu'en réalité elle ne puisse dater que du xviie siècle. C'est celle que Piérart indique à tort comme étant l'effigie du dieu Sylvain.

Nous signalerons également les puits de l'Abbaye qui ont été retrouvés dans le jardin, et des souterrains dont on ignore la longueur. L'un d'eux, très bien voûté avec des arcs ogivaux à l'entrée, conduit à l'ancien puits du château, qui existe encore et que M. Maujan a modernisé en y installant une machine élévatoire à vapeur.

Voilà tout ce qui reste de cette antique Abbaye royale qui fut une des plus importantes de l'évêché de Paris. Bientôt les hasards du lotissement, qui sévit avec intensité sur le sol de notre commune, auront fait disparaître jusqu'aux dernières traces de toute cette splendeur que nous venons d'évoquer en passant, s'il ne se trouve pas quelque jour une municipalité vigilante ou un mécène généreux pour sauver cet emplacement historique.

Mentionnons, en terminant, les chanoines écrivains qui se sont illustrés à Saint-Maur. Le plus célèbre d'entre eux est sans contredit Rabelais, l'auteur immortel de *Gargantua* et de *Pantagruel*, ce dernier ouvrage écrit en partie à l'Abbaye.

Michel de Menchon, maître des enfants de chœur en la collégiale, fit imprimer en 1571 une *Instruction sur les principes de musique*, avec de nombreuses gravures.

La savante pléiade des chanoines compta également dans son sein Philémon-Louis Savary, prédicateur célèbre, savant physicien et mathématicien, et Jacques du Bois qui fut chanoine de Saint-Maur pendant 20 ans et écrivit en 1621 une *Vie de saint Maur,* que nous avons citée en partie.

Chapitre IX

Églises et Paroisses

S'il existait des habitants dans la presqu'île avant la fondation de l'Abbaye, — et la charte de Clovis II le fait clairement entrevoir, — il est sûr qu'il n'existait point pour eux de paroisse en ce lieu et que la presqu'île faisait partie de celles de Fontenay-sous-Bois et de Charenton (1).

Église Saint-Hilaire.

Plus tard, lorsqu'une certaine agglomération se fut constituée sur les terres de l'Abbaye au lieu dit *La Varenne* (*Varenna*) ou *Garenne*, on songea à édifier une église pour les besoins spirituels des hôtes ou serfs des religieux. Cette église fut dédiée à saint Hilaire, évêque de Poitiers, probablement à cause de quelque relique qu'Ébroïn, évêque de cette même ville, envoya en 850 à l'Abbaye des Fossés, avec laquelle il était en rapport, à cause du monastère de Glanfeuil dont il jouissait, lequel dépendait de celui de Saint-Maur, comme on l'a vu au chapitre des Normands.

L'autel de ladite église avait été donné vers le commencement du XIe siècle par Raynaud, évêque de Paris, fils de ce Bouchard

---

(1) A la formation des communes, en 1790, il fut décidé qu'elles se substitueraient aux paroisses; c'est ce qui explique les limites parfois bizarres entre plusieurs d'entre elles : celles de Saint-Maurice, de Saint-Maur, de Joinville, par exemple.

de Corbeil qui vint mourir à l'Abbaye dont il fut un des principaux bienfaiteurs. L'acte de donation le désigne ainsi : *Altare beati Hilarii in pago Parisiaco, Insula Fossatensi in villa quæ dicitur Cella.*

Cette église de La Varenne avait été bâtie primitivement près de la Marne, dans le lieu où, sur les anciens plans, se voyait une croix, la croix Saint-Hilaire, entre le bois Guimier et le bois du Grand Plant. Nous ignorons pourquoi elle avait été érigée en cet endroit, peut-être pour commémorer le lieu où tombèrent les chrétiens massacrés par les Huns là et de l'autre côté de la Marne, peut-être parce qu'elle se trouvait ainsi, tout à la fois, proche d'une agglomération, et sur le chemin qui devait unir les deux « villæ » royales de Bonneuil et de Nogent en passant par le monastère vénéré de Saint-Maur où les rois de la première race vinrent souvent prier (1).

Après l'agrandissement des jardins de Saint-Maur par le duc Louis de Bourbon-Condé, son intendant, Gourville, la fit détruire, vers 1672, pour en faire rebâtir une plus proche des habitations. Elle était en partie écroulée, le reste menaçait ruine et les habitants l'avaient abandonnée. On se servit des matériaux de l'ancienne église, pour bâtir la nouvelle et on y transporta les tombes dont quelques-unes paraissaient être du XIIIe siècle. Elle était du style du temps et fort petite, et se trouvait à peu près à l'emplacement du Château, 33, rue Saint-Hilaire.

Les archives municipales possèdent le registre de la paroisse Saint-Hilaire sur lequel les curés inscrivaient anciennement les actes de l'état civil. La première inscription de ce registre est de 1619, et la dernière du 28 novembre 1792 (2). Alors, en vertu d'une délibération prise dans une assemblée populaire au sein de l'église de Saint-Maur, le 30 janvier 1790, on supprima la paroisse de Saint-Hilaire et on ne fit qu'une seule commune des deux principales agglomérations de la presqu'île. C'était un sacrifice aux idées de centralisation qui avaient cours en

---

(1) On a retrouvé de nombreux ossements provenant de l'ancien cimetière attenant à cette église dans la propriété qui porte le n° 21 de l'avenue des Perdrix.

(2) La mairie de Saint-Maur possède également les registres de la paroisse Saint-Nicolas commençant le 12 février 1680 et finissant le 29 décembre 1792. Sous la même reliure figure un cahier servant aux chanoines à inscrire les actes de décès du personnel domestique de la collégiale. Nous n'y avons trouvé que l'acte d'inhumation du portier et celui d'un valet de chambre.

ce temps. La cloche de La Varenne fut transportée à l'église Saint-Nicolas, où elle existe encore, et l'édifice religieux fut détruit sans respect pour la mémoire du bienheureux Hilaire.

Nous reviendrons sur ce sujet à la formation des municipalités, en 1790, à laquelle nous consacrons un chapitre spécial.

La Varenne-Saint-Maur, paroisse.

Dans le dénombrement de l'élection de Paris, ce village est appelé *La Varenne-Saint-Maur*, pour le distinguer des autres Varenne, La Varenne-de-Champigny, par exemple. On y comptait, en 1709, 15 feux et, en 1745, 17. Son étendue ne correspond pas à ce que nous appelons le quartier de La Varenne ; elle comprenait toute la presqu'île, le port de Créteil, moins le bourg de Saint-Maur.

Quoique le territoire ne soit pas fertile, l'auteur de la *Vie de saint Babolein* qui écrivait en 1080, assure qu'il y croissait des grains et de la vigne. Il produisait également du fourrage puisqu'il se trouvait sur la Marne deux lieux dits *Port au fouarre*, l'un sur le territoire de Bonneuil, l'autre vers le pont de Créteil.

Dans une charte de 1296, on trouve qu'un hameau de La Varenne portait, alors, le nom de *Celle,* ce qui peut provenir de quelque couvent ou maison que les moines de l'Abbaye auraient édifiée en ce lieu pour y mener une vie solitaire. Un autre canton était appelé, en 1295, *Marconval*. Il ne nous a pas été possible d'en fixer l'emplacement.

Un lieu dit situé sur cette paroisse s'appelait *les Piliers;* comme on l'a déjà vu, c'est là qu'était la potence de la justice abbatiale. Au XVIIe siècle, François Tardif, écuyer, y avait un hôtel, et le nom des *Piliers* était donné aux maisons « où l'on passe la Marne en bateau pour aller à Chennevière », dit un vieil auteur. Il s'y trouvait à cette époque quelques maisons de bateliers et de laboureurs.

Près de là, les anciens plans marquent un lieu dit *le Trou* ou plutôt *le Petit Mesnil*, qui n'est qu'une ferme dont les bâtiments abandonnés tombent en ruine. Nous en reparlons au chapitre du *Terrier*.

Un autre canton de la paroisse de La Varenne était désigné sous les noms de Champigné, Champigot, Champignot, Champigneau, Champignelle. Ce dernier nom doit être le vrai, remarque l'abbé Lebeuf, parce que, dans un titre de 1294, il est ainsi dénommé, de même dans un autre acte de 1311 relatif à l'acquisition de deux masures par Allard de Lambelle, secrétaire du roi Philippe IV le Bel, depuis évêque de Saint-Brieuc. L'acte le plus ancien que nous connaissions sur cette terre est un contrat daté de janvier 1267, portant vente à l'Abbaye par Isabelle, veuve de Jean Voisin, d'une maison située à Champignelle moyennant 16 livres parisis. Il s'y trouvait une chapelle de Saint-Nicolas, proche de la rive de la Marne. L'abbé Lebeuf n'est pas très affirmatif au sujet de l'existence de cette chapelle. La carte dite des Chasses (1764-1776) ne la mentionne pas ; mais elle est parfaitement visible sur un plan de 1701 conservé aux Archives nationales et qui détaille admirablement les possessions du prince de Condé dans la péninsule. De plus, elle est mentionnée au *Terrier* de la baronnie de Saint-Maur et sur de nombreux titres que nous avons eus sous les yeux.

Enfin, la paroisse de La Varenne comprenait encore trois ou quatre maisons au port de Créteil, avec un bac.

On voit, au Cartulaire, une dénomination singulière de La Varenne, appelée, vers l'an 1214, *Clausa Varenna,* dénomination que Lebeuf n'explique pas. On y lit que Jean, abbé des Fossés, accorda, en 1250, la manumission aux hommes de *Clausa Varenna,* des Fossés et de Chennevières, et que la reine Blanche confirma cet acte en 1251.

Ces termes de *Varenne close* ou *Garenne close* figurent plusieurs fois au Cartulaire. Il est dit, entre autres, que Brétigny dépend de la mairie de *Varenne close.* On a trouvé, sous la rue Saint-Hilaire, des vestiges « d'un ancien pavage magnifique », le fond d'un fossé peut-être. Ces considérations nous portent à croire que la partie habitée entre le port de Chennevières et la rue Saint-Hilaire devait être séparée ou protégée par des fossés. La ferme du Mesnil ou du Trou était également entourée de fossés, comme on peut le voir au *Terrier* de Saint-Maur. N'est-il pas permis de voir là les vestiges de ces travaux de retranchement que les Bagaudes auraient exécutés dans la presqu'île pour rendre leur position plus forte ou réduire leur front défensif ? Les historiens s'accordent tous à dire, en effet, qu'ils s'étaient solidement retranchés. Ce travail, assurément gigantesque, s'appliquerait plutôt aux Bagaudes qu'aux paroissiens de La Varenne, bien peu nombreux à cette époque. Mais, comme cette partie semble avoir été aliénée au xiiie siècle, on peut penser que le fossé, ou un canal, aura alors délimité une garenne et des droits de chasse, dont les seigneurs étaient alors extrêmement jaloux.

On voit, dit l'abbé Lebeuf, qu'au xe siècle le territoire de La Varenne renfermait 37 charrettes ou charrues et 18 manoirs de manouvriers ; ce qui, en comptant les charretiers avec leurs manouvriers, formait 121 hommes. C'est le plus ancien dénombrement de la population de La Varenne que nous connaissions. Chaque manoir de charretier devait à l'Abbaye, pendant 2 ans de suite, une brebis et un agneau, et la troisième année, 5 sols. Toute la communauté des habitants payait chaque année 109 mesures de froment. Chaque laboureur avait 4 perches à ensemencer en froment et 2 en tremoy (1) et devait, de 3 en 3 semaines, une corvée.

De tous ces habitants, l'Abbaye n'avait à elle que 3 maisons de manouvriers ; divers seigneurs avaient des possessions dans la presqu'île. On voit, par une charte de 1214, qu'un seigneur, Ancel de Cocigny, avait la mouvance d'un fief à La Varenne. Les abbés avaient ainsi aliéné une partie de la presqu'île. Au temps de saint Louis, les droits seigneuriaux de l'Abbaye sur les habitants de La Varenne s'exprimaient ainsi : *Abbatia habet Majoriam corveias, census, censam, audientias*, c'est-à-dire mairie, corvée, rentes, cens, justice. De son côté, l'Abbaye devait à ses paroissiens 12 pains *conventuels* et un setier et demi de vin pour ceux qui communiaient à Pâques sous les deux espèces.

Le curé de la paroisse, dont la situation devait être bien modeste, était à la portion congrue, à lui servie, depuis le XVIe siècle, par les possesseurs de la seigneurie de Saint-Maur, l'Abbaye, la reine Catherine de Médicis, ou la maison de Condé. Mais ce traitement était insuffisant ; une requête du 20 novembre 1777 va nous exposer les plaintes légitimes du pauvre curé :

« Jean-Baptiste Duval, curé de la paroisse de Saint-Hilaire, sollicite du prince de Condé la jouissance de sept arpents de terre labourable dont ses prédécesseurs ont joui de temps immémorial et ce, pour l'aider à subsister, n'ayant pour tout revenu que la portion congrue qui a été remise de 300 livres à 500 conformément à l'édit de may 1768, observant que cette cure n'est susceptible presque d'aucun casuel, attendu le peu d'habitants dont la paroisse de La Varenne est composée, et qu'il n'existe aucune fondation dans l'église (2). » La requête fut accordée sous la réserve du droit de propriété, mais quelques biens furent donnés dans la suite, à cette cure, comme nous le constaterons à la vente des biens nationaux en 1792.

---

(1) Tremoy, semences de mars, blés tardifs.
(2) Arch. nat., S 3570-3571.

C'est sous le règne de saint Louis, vers l'an 1230 ou 1228, sous l'épiscopat de Guillaume d'Auvergne, évêque de Paris, qu'on assigna pour paroisse aux habitants situés près de l'Abbaye la chapelle Saint-Nicolas de Myre qui, sans doute, avait été bâtie pour des bateliers, ce saint étant le patron de leur corporation. Cette chapelle est devenue l'église paroissiale de Saint-Maur.

<small>Paroisse Saint-Nicolas.</small>

On ignore l'époque de son érection ; ce qu'on en sait de plus ancien, c'est que la bulle d'Innocent II, de l'an 1136, la mentionne parmi les biens de l'Abbaye, située, dit-elle, *in Fossatensi villa*.

On lit, dans le Cartulaire, qu'une chapelle de Saint-Nicolas avait été bâtie anciennement par les religieux et qu'ils y avaient établi un chapelain tenu de célébrer trois fois par semaine pour les défunts abbés et moines. En retour, il était dû au desservant, chaque jour, un pain conventuel, une quarte de vin, un *général (unum generale)* (1), c'est-à-dire un plat ou portion avec une écuelle de fèves, ce qui était l'ordinaire des religieux.

Le curé de cette église, contrairement à ce qui était partout constant, n'avait, au xve siècle, ni gros, ni dîmes, mais seulement sa nourriture dans le couvent, comme le remarque le curé doyen de Chelles, sous l'autorité spirituelle duquel était placée la nouvelle cure.

A l'extinction du chapitre, on lui octroya quelques rentes pour les pauvres, pour l'école, en vertu de fondations anciennes.

Au xviiie siècle, la paroisse possédait quelques pièces de terre et des rentes. Le livre de comptes de la fabrique (2) commence à l'année 1770 par l'énumération et la consistance de ces rentes qui s'élevaient à un total de 474 l. 19 sols. Sur quoi la fabrique devait payer 397 l. 10 sols, savoir :

201 l. 10 sols pour l'acquit du nécrologe (messes), y compris la rente de 15 livres faite au sieur curé par la fabrique ;

46 livres, au sieur vicaire pour l'exercice de ses fonctions et y compris 40 sols pour son assistance au service du carême et sa messe ;

100 livres, au maître d'école pour le soin de l'horloge et le chant de l'église ;

30 livres, au bedeau pour ses fonctions et balayage de l'église.

---

(1) Voy. le *Glossaire* de Du Cange, au mot *général*.
(2) Arch. nat., S 3570

On y trouve quelques autres dépenses subsidiaires comme, « au sieur Durand pour avoir joué du serpent (ophicléide), pendant l'année, 36 livres ».

Mais cette petite fortune fut dispersée ou anéantie à la vente des biens nationaux.

Vue de l'Église de St. Maur-les-Fossés.
Dépt. de la Seine.

Collection Roger Braun

Description de l'église Saint-Nicolas.

L'édifice de cette église est du XIIIe siècle, mais il paraît avoir été continué dans le XIVe. Des restaurations successives en ont altéré le caractère roman. Son clocher a été reconstruit au XIXe siècle. Il avait un toit en battière et possédait une horloge.

La façade principale est précédée, comme les basiliques primitives, d'un porche ou *narthex* dont le style pseudo-gothique paraît indiquer la date du XVIIe siècle, et qui se continuait sur la façade de droite.

La façade latérale gauche est contiguë à des maisons d'habitations et au presbytère. Celle de droite présente une corniche sur corbeaux avec pointes de diamant. A cette façade était autrefois, jusqu'en 1825, adossé le cimetière et deux maisons, dont une servait alors de maison commune et école, comme on le verra plus loin.

Le chevet est constitué par un grand pignon surmonté d'une croix de pierre, épaulé par deux contreforts et percé d'une grande baie ogivale à meneaux épanouis en trèfle à la partie supérieure (1). Seul, le chœur offre de l'intérêt par la voûte élancée qui le surmonte, avec ses légères croisées en ogives ; par les gros piliers qui le séparent du bas côté méridional, en forme de faisceaux de colonnes et de colonnettes couronnées de chapiteaux feuillagés, sculptés d'après la flore régionale, selon le goût de l'époque. Au-dessus de deux grandes baies trilobées du midi règne un élégant triforium ajouré.

Cette église n'a pas d'abside ; elle se termine carrément à son chevet par un pignon droit.

La nomination à la cure, qui avait appartenu à l'abbé, passa de plein droit à l'évêque de Paris lors de l'extinction du titre abbatial, en 1536.

Un écart de Saint-Maur s'appelait autrefois le Pont-de-Saint-Maur ; c'était une petite agglomération qui s'était formée près du pont actuel de Joinville et qui n'avait d'autre raison d'être que ce voisinage. Ce pont existe depuis une époque très ancienne ; il n'est pas téméraire d'en faire un contemporain du pont de Charenton qui date du VIIe siècle, car on a constaté que la construction des deux ouvrages avait été faite suivant les mêmes procédés et avec des matériaux identiques. Ce pont était indispensable pour faciliter les relations des provinces de l'Est avec la *Civitas Parisiorum*. Il a certainement remplacé, comme à Charenton, un pont gaulois en bois, très ancien. Les inondations l'ont parfois détérioré ou emporté et il a été souvent restauré sur les anciennes fondations, notamment en 1717.

Le hameau du Pont-de-Saint Maur.

Dès le commencement du XIIe siècle, le pont était appelé le Pont-Olin *(Pons Olini)* (2). Il y avait un port de ce nom, et les premières maisons de ce lieu ont dû être des auberges pour les bateliers et les voyageurs. Nous avons vu qu'en l'an 1110 Louis le Gros affranchit les religieux de Saint-Maur du droit de trois sols par an dont ils étaient redevables pour l'usage de

---

(1) Bournon, *Monographie de Saint-Maur-des-Fossés*.
(2) Étymologie inconnue, corruption de *Pons Babolini* (de Saint-Babolein) peut-être. Il a été appelé ensuite pont des Fossés, pont de Saint-Maur et pont de Joinville à partir de 1831.

ce pont. En 1259, on l'appelait pont des Fossés. En 1384, Charles VI y établit un droit de barrage comme au pont de Charenton.

ÉGLISE ET CIMETIÈRE DE SAINT-MAUR

Il s'y trouvait, dès le XIIIe siècle, une chapelle dédiée à saint Léonard, dont il ne reste plus que quelques arceaux enterrés sous la propriété qui porte le numéro 5 de la rue du Pont (1). Au sujet de cette chapelle, et pour en attester l'existence, nous signalerons qu'en l'église de Choisel, près de Chevreuse, on peut lire une inscription funéraire à messire Pierre Masson, né à Paris, chapelain de Notre-Dame et de Saint-Léonard, près de Saint-Maur-les-Fossés, qui fut curé de Choisel pendant 18 ans et mourut en 1691.

L'abbé Lebeuf signale un autre chapelain de Pont-Olin qui vivait en 1259, nommé Jean Ret.

Ce canton était originairement de la paroisse de Fontenay-sous-Bois; mais il en fut détaché le 22 juin 1693 et adjugé à la paroisse de Saint-Maur moyennant une rente à l'église et au curé de Fontenay.

Dans un état de revenu de la cure de Saint-Nicolas, en 1728, revenu atteignant 690 livres 12 sols 4 deniers, figure la mention suivante: « sur laquelle il doit estre faict deduction de trente quatre livres que le curé de Saint-Maur paye annuellement au curé de Fontenay pour l'indemnité de la distraction faite de la Branche du Pont de Saint-Maur de la paroisse dudit Fontenay et la réunion à celle dudit Saint-Maur (2) ».

Les fidèles avaient d'ailleurs coutume depuis longtemps d'assister aux offices religieux dans l'église de Saint-Maur qui était moins éloignée que leur église paroissiale.

Les maisons les plus rapprochées du bourg de Saint-Maur, des deux côtés de la rue Beaubourg (3), avaient déjà été désunies de la paroisse de Fontenay-sous-Bois et unies à celle de Saint-Nicolas par un décret de M. de Péréfixe, archevêque de Paris, en date du 13 janvier 1669. Cette distraction avait été demandée par « Simon Chauvin, secrétaire du Roy, Louise Godefroy, veuve de Jean l'Escuyer, sieur de Chaumontel, et par quatre autres propriétaires de maisons, tant dedans que dehors le bourg de Saint-Maur (4) ».

A l'époque où l'écart du Pont de Saint-Maur fut réuni à la paroisse de Saint-Maur, on comptait 132 feux dans toute la

---

(1) H. Parizot, *Guide-Album du chemin de fer de Vincennes*, p. 177-178. Ce saint Léonard, patron de la chapelle, était celui dont la fête tombe le 6 novembre.

(2) Arch. nat., S 3570.

(3) C'est actuellement la rue de Paris; notre rue Beaubourg était alors la ruelle de Beaubourg.

(4) Lebeuf, *Histoire des paroisses de la Généralité de Paris*, t. I, p. 387, édition Bournon.

paroisse. Le dénombrement de l'élection de Paris au xviiie siècle en marque 138, soit 430 habitants environ selon un calcul de l'époque.

Au delà du pont de Saint-Maur, dans la plaine, se trouvait une ferme appartenant à l'Abbaye que les anciens titres latins appellent *Portus Longini*. Elle est désignée plus tard sur les cartes par les expressions *Poulange, Poulangis, Polangis* (1).

Polangis.

On trouve au *Terrier de la baronnie de Saint-Maur* (folio 292), qu'à la date de 1682, Jean François de La Grange possédait « une maison et ferme joignant l'une l'autre appelée *Poullangis*, située près le bout de la chaussée du Pont de Saint-Maur ».

Sur un plan levé en 1723 et conservé aux Archives nationales, nous voyons qu'à cette dernière date la ferme était dénommée *Polanger*. En 1747, elle fut achetée par Foulon, maître maçon à Paris, rue de la Truanderie, pour la somme de 11.000 livres (2).

Plus près de nous, en 1790, elle était habitée par Mirabeau-Tonneau dont nous reparlerons au moment de la séparation des deux communes; puis elle passa successivement entre les mains de MM. Alain de La Bertinière, du maréchal Oudinot, de son gendre le général Pajol, du maréchal de camp Jamin, de comte de Mélito, blessé à Waterloo et inhumé dans l'église de Saint-Maur, de MM. Gaillard et Moynat, du grammairien Chapsal, maire et bienfaiteur de la commune, de M. Courtin, maire, de MM. Battarel et Chavignat. C'est là que le général Ducrot, commandant de l'armée de Champigny, avait établi son quartier général durant les journées des 30 novembre et 2 décembre 1870.

Il est question de *Portus Longini* dans une charte de 1207, dans laquelle Odon de Sully, évêque de Paris, trancha les difficultés qui s'étaient élevées entre *Radulfe* (Raoul), curé de Fontenay, et l'abbé de Saint-Maur au sujet d'une dîme sur la grange de cette ferme. Elle fut réunie à la paroisse de Saint-Nicolas en même temps que l'agglomération du Pont.

La chapelle de Saint-Léonard, qui fut tout d'abord l'église

---

(1) De Port Longin, la langue populaire a fait successivement *Porleng, Poleng, Poulange*.
(2) Arch. nat., S 1164.

de la nouvelle commune de la Branche-du-Pont, en 1790, dut être démolie en 1803 par suite de son délabrement.

Monseigneur de Gondy, premier archevêque de Paris et doyen-né du chapitre de Saint-Maur, institua une confrérie sous l'invocation de Notre-Dame-des-Miracles, par ordonnance du 3 août 1624. Le 7 mai 1627, le pape Urbain VIII accorda plusieurs indulgences aux fidèles qui s'y feraient inscrire. Ces faveurs pontificales attirèrent l'attention sur Saint-Maur, et la foule des fidèles y accourut de plus belle, le jour de la solennité, le deuxième dimanche de juillet.

<small>Confrérie de Notre-Dame-des-Miracles.

Le père Olier</small>

Cette dévotion à la Vierge détermina le père de Condren à réunir à Saint-Maur une société de jeunes prêtres qui se dévouaient à la prédication. Parmi ces ecclésiastiques nous voyons, en 1719, le célèbre père Olier, celui-là même qui devait fonder la savante congrégation des prêtres de Saint-Sulpice, et le père Bourdoire, fondateur du séminaire de Saint-Nicolas-du-Chardonnet. Ces missionnaires occupaient à Saint-Maur une maison appartenant à l'un d'eux, M. Brandon, et c'était là qu'ils avaient coutume de se retirer dans l'intervalle de leurs travaux apostoliques (1).

Cette confrérie de Notre-Dame-des-Miracles avait son siège dans la chapelle desservie par un chapelain jusqu'en 1792. Il existait une autre confrérie, dite de Saint-Roch et de Saint-Sébastien, qui avait fait l'objet d'un bref d'indulgence du pape Innocent XI, en date du 31 août 1688, et qui avait son siège dans l'église paroissiale (2).

Le nom de Saint-Maur est lié au souvenir des bénédictins de la congrégation de Saint-Maur, l'académie des inscriptions et belles lettres du grand corps ecclésiastique ; mais il faut se prémunir contre cette impression : les chanoines avaient remplacé les bénédictins ; leurs écoles n'existaient plus, et la bibliothèque du couvent était en voie de dispersion lorsque la savante congrégation fut organisée en 1618. Ainsi le nom du saint a servi de patronage,

<small>Congrégation des bénédictins de Saint-Maur.</small>

---

(1) FAILLON, *Vie du père Olier*, I, 216. Cette maison serait celle qui porte le n° 7 de la rue de Paris.
(2) Arch. nat., S 3571.

mais la congrégation n'a point eu pour berceau le bourg de Saint-Maur. Les bénédictins affiliés à la savante congrégation étaient répandus sur un grand nombre de points de la France ; les plus célèbres d'entre eux se sont illustrés par les recherches historiques qu'ils ont entreprises et publiées dans le calme et le silence de l'antique abbaye de Saint-Germain-des-Prés ; nous citerons Mabillon, Ruinart, Gainier, Calmet, Bouquet, Montfaucon, Talandier, Lobineau, que nous avons presque tous rencontrés au cours de ce volume.

Le décret solennel du 22 juin 1693, de l'archevêque de Paris, portant distraction du hameau de la Branche-du-Pont-de-Saint-Maur de la paroisse de Fontenay,

Arrêt du 7 juin 1723.

n'imposait l'union avec la paroisse de Saint-Maur que pour le spirituel seulement. Les habitants continuèrent de figurer au rôle des tailles de Fontenay-sous-Bois, sous un chapitre distinct. Ceux du hameau de la Branche payaient le quatorzième de la contribution totale ; mais les habitants de Fontenay s'étaient déchargés de sommes considérables depuis 1711 et « en avaient augmenté ladite Branche si exorbitamment » que ceux-ci se plaignirent au département des contributions, lequel fixa leur quote-part au quatorzième « comme d'ancienneté ».

Plus tard même, faisant ressortir qu'il y avait près d'une lieue de Fontenay à la Branche pour faire la tournée de recouvrement, ils demandèrent à avoir un rôle particulier. Le 7 juin 1723, « le roi en son conseil, ayant égard à ladite requête, ordonne qu'à partir de 1724, le hameau de la Branche sera et demeurera désuni, distrait et séparé de la paroisse de Fontenay pour la taille et autres impositions » (1).

Ainsi, depuis 1693, le hameau qui devint plus tard Joinville fut réuni à la paroisse de Saint-Nicolas de Saint-Maur. Lors de la formation des municipalités, suivant les lois des 14 et 22 décembre 1789, au lieu de rentrer dans la commune de Saint-Maur, il se constitua en commune distincte sous prétexte qu'il avait un rôle d'impositions particulier et pour les mêmes raisons qui l'avaient déjà détaché de la paroisse de Fontenay, l'éloignement de son centre administratif et ecclésiastique.

---

(1) Arch. nat., E 970^{21}. — Arrêt du Conseil séparant le hameau de la Branche-du-Pont-de-Saint-Maur de la paroisse de Fontenay-sous-Bois, pour le rôle des impositions. — Voy. le texte en appendice.

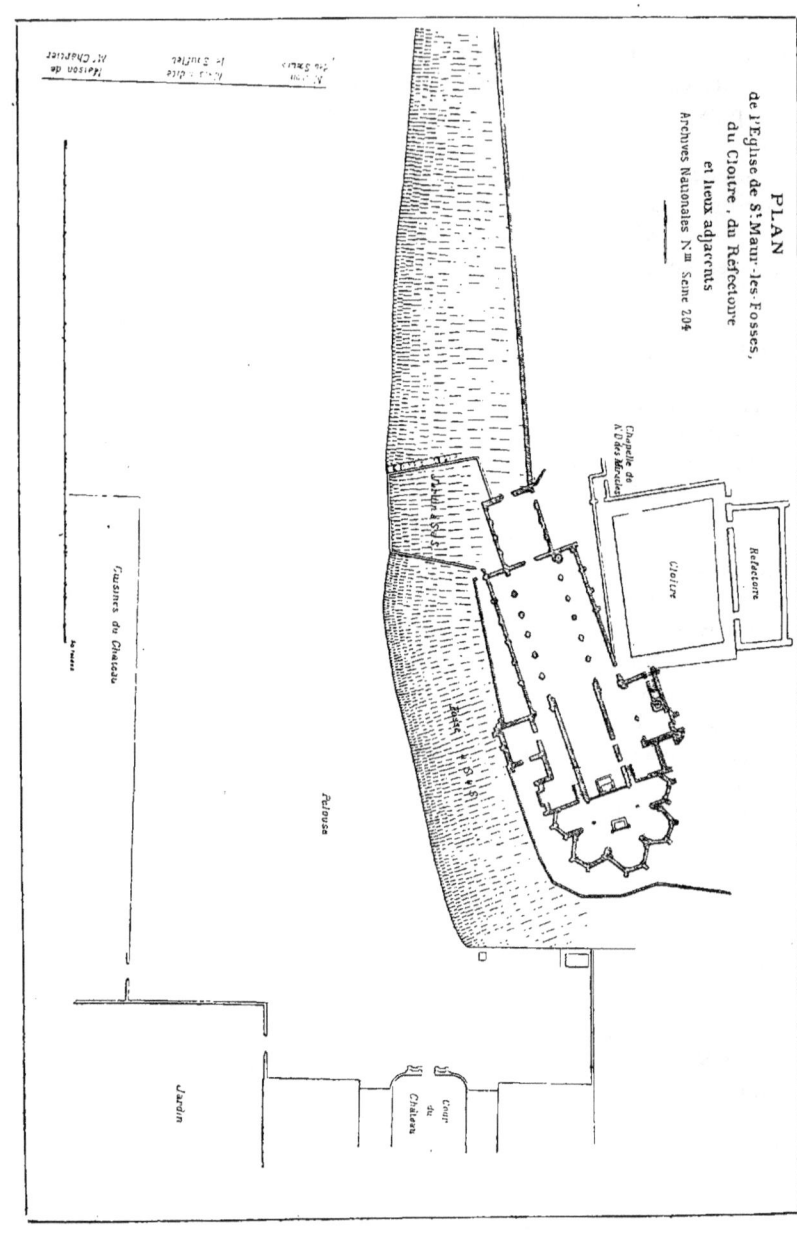

Chapitre X

Le Chateau

Par suite de la sécularisation, l'Abbaye et ses possessions passèrent sous la seigneurie de l'évêque de Paris.

Construction du Château. Jean du Bellay. Au nombre des immeubles appartenant aux religieux se trouvait, comme nous l'avons dit, l'hôtel de Saint-Maur, anciennement de Charny, situé rue des Barres, à Paris. Mais cet hôtel tombait en ruine et l'évêque résolut de le vendre pour en consacrer le prix à la construction d'une maison de plaisance à Saint-Maur.

En décembre 1539, le pape Paul III expédiait une bulle à l'archevêque de Sens, lui prescrivant de faire procéder à une enquête sur la demande d'aliénation de l'hôtel qui lui avait été adressée par l'évêque Jean du Bellay.

Le 10 septembre 1540, les maîtres jurés de maçonnerie visitent l'hôtel et les jardins et estiment le tout à 4.300 livres tournois.

L'autorisation est accordée et l'adjudication de l'hôtel est prononcée au Châtelet de Paris au profit de Jean de Gauchery, bailli de Berry, le 27 août 1541.

En remplacement d'un ancien logis des moines, trop modeste, Jean du Bellay se fit construire un Château par Philibert

Delorme, le meilleur architecte de son temps, qui en commença les travaux en 1543.

François Ier lui ordonna de clore de murs le parc de ce Château, pour la conservation du gibier, en vue des chasses royales.

C'est là que cet évêque se retira, dit son médecin habituel et ami Rabelais, « pour recouvrement de santé après longue et fascheuse maladie ».

Philibert Delorme se servit du moulin banal des moines, situé au-dessous de l'enclos de l'Abbaye, pour monter l'eau au parc et au Château ; mais, pour ne point incommoder les habitants qui ne pouvaient plus moudre leur grain et ne pas perdre les bénéfices provenant de la banalité, il fit transporter le moulin banal sous la première arche du pont de Saint-Maur. Ce moulin fut adjugé à la présidente Barillon après la vente des biens de Catherine de Médicis. Nous le retrouverons bientôt.

Ce Château ne resta pas longtemps propriété de l'évêque. Catherine de Médicis eut dessein de l'acquérir. S'adressant au pape pour obtenir l'autorisation d'acheter ce bien d'église, elle lui représenta que, malgré les augmentations ou changements apportés par Louis XI au château de Vincennes, cette demeure n'était ni habitable, ni très digne de la majesté royale, et le pape Pie IV accorda l'autorisation. Ce ne fut point à vrai dire une vente, mais un échange avec la terre de Levroux en Berry, échange consenti par Eustache du Bellay, successeur de Jean, et négocié par Guillaume Violle, coadjuteur de Paris.

Catherine de Médicis

Le contrat d'échange figure au *Terrier de la baronnie de Saint-Maur* (1) et porte la date du 28 janvier 1563. Il rappelle qu'il a plu à ladite dame « recouvrer le lieu, terre et seigneurie de Saint-Maur-des-Fossez pour la commodité et proximité du bois de Vincennes et plaisirs du roy » (fol. 11).

Il énumère ensuite les principaux biens ou bâtiments objets de l'échange : « le Château, la maison appelée la Cassine (2)

---

(1) Archives de Saint-Maur. — Voy. plus loin l'analyse de cet important document.

(2) L'ancienne Cassine était située à peu près au n° 16 de la rue Maurice-Berteaux, qui fut une institution de religieuses du Saint-Sacrement. Les dépendances, qui portent actuellement les n°⁸ 2 et 4 de la rue du Pont-de-Créteil, étaient le chenil du prince de Condé.

avec les terres qui en dépendent », le moulin du Pont-de-Saint-Maur et l'autre dessous le logis de l'abbé (1), la maison, terres et appartenances dont jouit à présent Monsieur de l'Hospital, chevalier, chancelier de France, assise audit village de Saint-Maur ».

Catherine fit agrandir et embellir sa nouvelle résidence avec beaucoup de magnificence, dit Philibert Delorme. « Suivant le bon esprit et jugement qu'elle a très admirable sur le faict des bastiments, la reine mère en fut le principal architecte ne me laissant que la partie de la décoration ».

Le 5 janvier 1570, veille de la mort de Philibert Delorme, Jean Bullant fut nommé à sa place architecte ordinaire de la reine mère, qui le chargea de continuer les Tuileries et Saint-Maur et lui alloua 500 livres pour chacun de ces travaux (2)

Elle joignait à une grande culture intellectuelle un goût très vif pour les lettres et les arts ; aussi avait-elle réuni à Saint-Maur une très belle *librairie* d'ouvrages hébreux, grecs, latins, français et italiens, de précieux manuscrits et de magnifiques collections d'œuvres d'art. On y remarquait le buste en bronze de François Ier, les *Trois Grâces* de Germain Pilon et le groupe des Muses (3).

Elle y séjourna souvent avec Henri II, qui s'y trouvait, d'après Lebeuf, le 1er février 1551, et avec ses fils Charles IX, Henri III et sa fille, la célèbre Marguerite de Valois, la malheureuse reine de Navarre.

Il existe de nombreuses lettres de Catherine datées de Saint-Maur, avec cette mention : « escript à Saint-Mor, Caterine ». Dans l'une d'elles, elle exprime le dessein de construire à Saint-Maur une cassine : « Je désire, quand nous sommes du côté de Paris, avoir quelque bien où pouvoir passer mon temps avec plaisirs honnêtes, *come ayst d'avoyr une maison à ma fason et y en y ayent fayst faire une qui s'apelle Saint-Mort-dé-Fusés, je y veulx dresser une cassine où je désire avoyr de toutes sortes de jeans qui sachent faire toutes fasons de*

---

(1) Ce moulin était l'ancien moulin banal des moines. Il était actionné par l'eau d'un bras de Marne qui passait dans la propriété de M. le sénateur Maujan, au pied du mur d'enceinte de l'Abbaye, en suivant les limites de la commune de Joinville sur ce point. Ce bras est désigné dans un procès-verbal de délimitation des deux communes (1811) par cette expression : ancien fossé de Saint-Babolein.

(2) BAUCHAL, *Dictionnaire des architectes français*.

(3) Abbé CHEVALIER, *Debtes et creances de Catherine de Médicis*. — Voy. également *Eloge des princesses illustres*, par le père HILARION DE COSTE, 1647.

formages, létages, confiteures, saleures, salades, fruys. Je vous prie, ajoute-t-elle, de me faire trouver des personnes que vous penserez être à cet effet (1). »

Nous ignorons si la reine mit son projet a exécution et où elle put bien faire édifier cette deuxième cassine (2).

Son livre de comptes pour l'année 1581, conservé aux Archives nationales (3), nous apprend que son architecte fit bâtir une petite écurie dans l'enclos de l'Abbaye pour « loger les chevaux es coches de ladite dame », et dresser « dans l'allée des Pins, dans le grand Parc, un jeu de paillemaille (mail) contenant 341 thoises de longueur ou environ ». Les proportions de ce bâtiment qui atteignaient plus de 600 mètres nous prouvent que ce jeu était fort en honneur et qu'il devait être suivi par une cour nombreuse de jeunes seigneurs parmi lesquels nous voyons figurer, avec les fils de la Reine, et sa fille Marguerite, le marquis d'O, MM. d'Arques, de La Valette, de Villequin, etc. Sans nous attarder à l'étude de ce document, signalons que le dimanche de Pâques de cette même année une tourmente de vent d'une grande violence endommagea beaucoup le Château et surtout les toitures qui durent être renouvelées.

Divers édits sont datés de Saint-Maur: sous Charles IX en 1566, 1567, 1568; sous Henri III en 1580, 1581, 1582.

La reine de Navarre, Marguerite, femme de Henri IV, qui y avait passé une partie de son enfance, s'y trouvait les mois de juin, juillet, août et septembre 1582 avec son train de maison qui comptait 292 personnes (4). On voit par là quel devait être le train de la maison royale de France et quelle animation la cour et son armée de domestiques devaient produire dans le bourg.

Le roi de Navarre, Antoine de Bourbon, prisait fort la

---

(1) *Lettres de Catherine de Médicis* publiées par le comte HECTOR DE LA FERRIÈRE. Celle-ci était adressée au grand-duc de Toscane. Voy. t. IV, p. 78. Ne pas oublier que Catherine était Florentine et prononçait *Foussés*.

(2) Nous pensons que ce fut à Saint-Hilaire, car on trouve au *Terrier de Saint-Maur* qu'une terre « tient du haut au chemin de la *cassine de Saint-Hilaire* ». Dès lors cette cassine serait, à notre avis, la maison qui passe depuis pour être un ancien château de Marie de Médicis. Il faut tenir compte de la persistance de la tradition, mais il est hors de doute que *Marie* de Médicis n'a jamais rien possédé dans notre presqu'île. C'est donc par erreur que le Château est dit de *Marie* alors qu'il serait, selon toute apparence, de *Catherine de Médicis*. Il est situé rue Saint-Hilaire, n° 5.

(3) Arch. nat., KK 124.

(4) *Itinéraire raisonné de Marguerite de Valois en Gascogne d'après ses livres de comptes*, PHILIPPE LAUZUN.

tranquillité et l'air pur de Saint-Maur. Blessé grièvement au siège de Rouen, dans la plus ridicule des postures, il hâta son départ, malgré l'avis des médecins, mais il mourut aux Andelys dans le bateau qui le conduisait à Saint-Maur dont il « souloit (1) respirer l'air pur », dit son historiographe.

C'est à Saint-Maur qu'Anne d'Este, veuve de François de Lorraine, duc de Guise, assassiné par Poltrot de Méré, épousa Jacques de Savoie, duc de Nemours, le 26 avril 1566.

Deux lettres publiées par le duc d'Aumale, dans son *Histoire des Princes de Condé*, nous apprennent que Charles IX était à Saint-Maur le 28 juin 1566, et l'amiral de Coligny le 24 juin de la même année. C'est de là que ce roi publia le fameux édit de septembre 1568, interdisant de professer publiquement toute autre religion que la religion catholique et romaine, sous peine de « confiscation de corps et de biens » (2).

Nous lisons dans les *Mémoires* de Sully qu'en l'année 1586 il fut reçu en audience à Saint-Maur par le roi Henri III, qu'il trouva en un appareil singulier.

Sully.
Henri IV.
Prise du pont de Saint-Maur.

« J'arrivai, dit-il, à Saint-Maur qui était pour lors la Cour et j'allai descendre chez Villeroi avec lequel je dînai et passai le reste de la journée. Le lendemain il me présenta au roi et je me souviendrai toujours de l'attirail et de l'attitude bizarres où je trouvai ce prince dans son cabinet: il avait l'épée au côté, un panier plein de petits chiens pendu au cou par un large ruban, et il se tenait si immobile qu'en nous parlant il ne remua ni pieds, ni tête (3). »

Sully y venait chargé d'une mission par son maître le roi de Navarre, mais ce prince y vint quelque temps après en personne, pour y établir son quartier général, lors du siège de Paris.

Il arriva à Saint-Maur le 25 avril 1590 avec une armée de 15.000 hommes qui fut promptement portée à 25.000 et, malgré toutes les précautions prises par le prévôt de Paris, il s'empara du Château et du pont.

Nous trouvons, au *Registre des ordonnances du Prévôt de*

---

(1) Du vieux verbe *souloir*, avoir coutume.
(2) HAAG, *la France protestante*, t. X, p. 87, et FONTANON, *les Édits et Ordonnances des rois de France*, t. IV, p. 292.
(3) Voy. *Économies royales*, année 1586, coll. Michaud et Poujoulat, I, 52.

Paris, qu'en 1577 des mesures avaient été ordonnées pour la garde du pont de Saint-Maur. Il s'agissait de mettre Paris en sûreté contre les entreprises de la Ligue, à ses débuts.

Une autre ordonnance du 31 janvier 1589 prescrit que le capitaine Pierre Pin gardera le pont de Saint-Maur avec six soldats bourgeois de Paris et quatorze personnes qu'il aura le droit de prendre à Fontenay, Nogent et Saint-Maur.

Le 26 mars 1590, ledit prévôt ordonne que tous les bateaux et nacelles, même ceux des pêcheurs, soient « avallés » depuis Gournay au pont de Saint-Maur (*Sainct Maour*).

Malgré ces précautions pour priver l'armée du Béarnais des moyens de traverser la Marne, le pont de Saint-Maur fut emporté par lui, le 25 avril 1590. Ceux qui avaient résisté dans un fort qui s'y trouvait furent pris et pendus ; dans cette circonstance, Henri de Navarre ne sut pas honorer l'héroïsme des vaincus. Il en fit d'ailleurs autant au pont de Charenton, comme il nous l'apprend dans une de ses lettres. « J'ai pris les ponts de Saint-Maur et de Charenton à coups de canon et pendu tous ceux qui étaient dedans (1). »

A la fin de septembre de la même année, l'armée de la Ligue avait repris la position.

Les Condé.
Mort du marquis de Pisany.

Comme nous l'avons vu, Catherine de Médicis fit embellir et agrandir le Château par Bullant sur les plans de Philibert Delorme, mais la mort ne lui laissa pas le temps de parachever son œuvre. La vieille reine, dont les fastueuses prodigalités avaient absorbé toute la fortune dans les constructions de Monceau, Chenonceaux, Saint-Maur, laissait des dettes, et ses créanciers durent faire procéder à la vente de ses biens. Elle devait 27.000 écus, la plus grande partie à Hélie du Tillet, sieur de Guex, maître d'hôtel ordinaire du roi Henri IV. Le Château de Saint-Maur, avec ses dépendances, fut adjugé le 27 novembre 1598 à Charlotte-Catherine de La Trémoille, veuve de Henri Ier de Bourbon, duc d'Enghien (2). C'est ainsi qu'il passa dans la famille de Condé qui en fit un des plus beaux châteaux des environs de Paris.

Dans la vente, la *librairie* et les objets d'art furent

---

(1) *Lettres missives de Henri IV*, publiées par BERGER DE XIVREY, III, 193. Voy. aussi *Histoire de la Ligue*, par V. DE CHALAMBERT.
(2) Voy. l'acte de vente à la fin du volume.

réservés ainsi que le droit de nommer aux prébendes. La princesse de Condé obtint pour cette dernière distraction une déduction de 4.000 livres.

Une épidémie s'étant déclarée à Paris, Henri II de Bourbon, encore enfant, avait été envoyé au Château de Saint-Maur dont la situation hygiénique était rassurante. Mais la contagion ne tarda pas à faire son apparition dans le village et elle emporta le précepteur du jeune duc, Jean de Vivonne, marquis de Pisany, seigneur de Saint-Gouard, le 7 octobre 1599.

Henri IV vint souvent à Saint-Maur chez son cousin le prince de Bourbon-Condé. Il s'y trouvait le 17 juillet 1602 lorsque « le sieur de La Force, assisté des sieurs de Saint-Blancard, comte de Roussy, de Châteauneuf et autres » vinrent se jeter à ses genoux pour lui demander la grâce de leur parent, le malheureux duc de Biron, qui fut exécuté pour crime de haute trahison, le 31 juillet de la même année.

C'est à Saint-Maur, le 5 octobre 1605, qu'eut lieu le mariage de Mlle Jacqueline du Bueil, maîtresse de Henri IV,

Mariage de Mlle du Bueil.

avec le jeune Chauvalon, gentilhomme, bon musicien et joueur de luth, piètre, selon le dire, de tout le reste, même des biens de ce monde.

Henri IV avait coutume de marier ainsi ses maîtresses à des gentilshommes complaisants qui couvraient d'une honteuse fortune les tristes débauches d'un roi vieilli. On lit dans le *Journal de l'Estoile* la mésaventure amusante survenue au pauvre marié, la première nuit de ses noces. Il eut bien l'honneur de coucher le premier avec la mariée, mais éclairé de flambeaux, tant qu'il y demeura, et veillé de gentilshommes par commandement du roi, qui, le lendemain, emmena l'épousée à Paris au logis de Montauban, « où il fut au lit jusqu'à deux heures après midy ». On disait, à ce propos, que son mari était couché en un petit galetas au-dessus de la chambre du roi et qu'ainsi « estait dessus sa femme, mais il y avait un plancher entre deux ».

Le roi Henri IV ne trouva pas toujours parmi ses courtisans de haute noblesse des hommes disposés à lui céder aussi complaisamment. Henri II de Bourbon, son neveu, avait épousé à Chantilly, le 17 mai 1609, la jeune et belle Charlotte-Marguerite de Montmorency. Cette beauté inspira à Henri IV une ardente passion ; et si nous le voyons si souvent à Saint-

Maur c'est sans doute qu'il y venait faire sa cour à l'objet de ses vœux. L'assiduité du roi devint si menaçante que le prince Henri prit le parti de s'expatrier avec sa jeune femme. La passion du roi n'en devint que plus violente et il mit tout en œuvre, promesses, menaces, lettres, ambassades, pour posséder l'élue de son cœur. Sa mort mit fin à l'intrigue, mais ce dernier amour du roi avait eu ceci de particulier qu'il avait été chanté par notre premier grand poète, Malherbe, qu'on accusa à cette occasion de s'être fait « l'entremetteur du roi ».

Henri IV traversait souvent notre presqu'île pour aller courtiser la belle demoiselle de Santeny pour laquelle il avait fait bâtir le château d'Amboile, devenu plus tard d'Ormesson. Il tomba assez gravement malade à Saint-Maur, en 1607.

La veuve du duc de Bourbon céda le Château à son fils, Henri II de Condé, le 8 février 1612 ; mais elle avait donné, par acte en date du 12 mars 1604, la ferme de la Cassine à Charlotte de Beaune, marquise de Noirmoutiers, qui la céda à son tour, le 28 septembre 1638, à Pierre Forest, sieur de La Porte (1). C'est peut-être de ce nom que dérivent les dénominations de ruelle et pont de Porte, si elles ne dérivent pas des portes de la muraille des Bagaudes, comme nous l'avons envisagé plus haut.

Le continuateur de Du Breul, l'excellent historien de Paris, écrit en 1639 que le Château de Saint-Maur consistait alors

État du Château avant Gourville.

en un grand pavillon très bien bâti de pierre et de briques et que le roi Louis XIII y venait quelquefois pour le plaisir de la chasse et y demeurait huit jours.

Près de l'avenue Andrée on a découvert deux masses de mâchefer et briques, provenant d'un four à briques, et un chemin pavé de grosses pierres avec de la terre glaise sur les côtés. Sans nul doute, ce four a servi à cuire sur place la brique nécessaire pour élever le Château. Un chemin qu'on reconnaît aux grands peupliers qui le bordaient montait en pente douce dans la direction du Château. On le voit au plan de 1701. De plus, nous avons retrouvé un acte

---

(1) Arch. nat., Q¹ 1082⁴. Cette propriété fut ensuite acquise par Ranchin par contrat de vente en date du 18 septembre 1655, puis par Condé pour agrandir le parc vers 1670.

Veuë et Perspective du Chasteau de Sainct Maur a deux lieues de Paris, commencé a bastir par le Cardinal du Bellay, esleué par la Royne Cathenne de Medicis, et a present appartenant a Monseigneur le Prince de Condé.

de cette époque portant « achat d'une vigne à Chennevières pour tirer de la glaize ».

Sous le grand Condé, le Château fut terminé et embelli par les soins de Gourville (1), son intendant. Il était environné d'un grand parc où les champs se mêlaient aux bois touffus et au milieu duquel, sur les plans de Le Nôtre, avaient été dessinés de magnifiques jardins. Il devint pendant la Fronde le quartier général des factieux, et le prince y fut entouré d'une véritable cour de gentilshommes. C'était un lieu sûr, si rapproché de Paris, qu'à l'abri des coups de main on y restait mêlé à tous les mouvements de la capitale.

Saint-Maur pendant la Fronde.

En 1636, pendant la guerre de Trente Ans, la prise de Corbie par les Espagnols atterra Richelieu et les Parisiens, mais le père Joseph, l'*Éminence grise,* sut relever les courages. Il fut applaudi par les Parisiens qui s'enrôlèrent à sa suite pour reprendre Corbie. Saint-Maur à cette occasion avait fourni huit hommes armés (2).

Pendant les troubles qui précédèrent la Fronde, le prince de Condé, Conti et Longueville, furent arrêtés au Palais-Cardinal, le 18 janvier 1650. Le chroniqueur Dubuisson-Aubenay nous apprend que « dans le village de Saint-Maur, quoiqu'il soit à Monsieur le Prince, on y a fait réjouissance de sa détention (3) ».

Dès cette époque, les habitants du village avaient donc des griefs contre leur seigneur ; nous les verrons à la Révolution formuler contre lui une série de plaintes dans leur *cahier de paroisse* ou de *doléances.*

On voit également, dans le *Journal* déjà cité, que, le 29 mai 1651, Condé se trouvait à Saint-Maur où il donna aux ducs de Nemours et de Beaufort et autres, ses amis, le plaisir de la chasse « sur jour » et celui de la comédie la nuit.

Ainsi le bourg de Saint-Maur était alors le rendez-vous des plus brillants seigneurs. Il est facile de se représenter l'animation

---

(1) Jean Hérault de Gourville, né à La Rochefoucauld (Charente) le 11 juillet 1625, mort à Paris le 14 juin 1703 et enterré dans l'église Saint-Sulpice. C'est lui que La Bruyère a stigmatisé dans le chap. VI des *Caractères* sous le portrait d'un pâtre enrichi par le produit des péages et que ne contente pas une résidence bâtie pour une reine.

(2) *Histoire des Princes de Condé*, par le duc d'Aumale.

(3) *Journal des guerres civiles* (1648-1652), par Dubuisson-Aubenay, I, 208.

VUE DU CHATEAU ROYAL DE SAINT MAUR
prise du côté de l'avenue, apartenant a S. A. S. Monseigneur le Prince de Condé

et l'éclat qui devaient y régner au moment des grandes chasses dont une de nos rues conserve le souvenir, ou au passage du brillant équipage du prince, de son carrosse qui était « de velours noir à broderie et franges par dedans, boucles, clous et autres ornements d'argent, par dehors ».

Ces chasses avaient lieu sur le territoire de La Varenne. La *Porte Blanche* servait à livrer passage au gros gibier renfermé dans le parc ; le chemin qui partait non loin de là pour aller vers le chemin de Créteil (boulevard de la Pie) était une route de chasse.

Condé à Saint-Maur et à Créteil

Le jeudi, 6 juillet 1651, à 2 heures du matin, ne se croyant pas en sûreté à Paris, Condé se retire à Saint-Maur. « Vous ne vous doutez pas, dit le cardinal de Retz, du mouvement que la sortie de M. le Prince fit dans tous les esprits. Mme de Longueville (sa sœur), quoique malade, l'y rejoignit bientôt, et le prince de Conti, MM. de Nemours, de Bouillon, de Turenne, de La Rochefoucauld, de Richelieu, de La Mothe, se rendirent en même temps auprès de lui. »

Le dimanche 9, le duc de Damville, de la part du roi et de la reine, assisté de Goulas, un des secrétaires des commandements du duc d'Orléans, vint assurer le prince qu'il n'avait rien à craindre pour sa sûreté personnelle. Le vendredi suivant, les bourgeois de Paris vinrent, par une démarche collective, appuyer cette tentative de réconciliation. « Bourgeois de Paris vont à Saint-Maur, dit Dubuisson-Aubenay, voir Monseigneur le Prince qui les festoie et festine et leur donne encore bouteilles de son vin à emporter. »

Le prince, de factieux, devint franchement rebelle et commanda l'armée de la Fronde contre l'armée royale. Le 18 avril 1652, il lève des troupes au quartier du Pont-Neuf et à celui de Saint-Antoine et les envoie à Saint-Maur où il en avait déjà bien trois cents. Ces soldats pillèrent la Brie, arrêtèrent les bateaux qui allaient ravitailler Paris, et rompirent les ponts de Charenton et de Saint-Maur.

Pendant cette guerre civile, l'armée de Turenne occupait les hauteurs de Gros-Bois et de Villeneuve-Saint-Georges ; celle de Condé avait ses cantonnements à Créteil entre la Marne et la Seine. Il faut lire dans un petit volume manuscrit, conservé aux archives de cette commune, les excès auxquels se livrèrent ces troupes (1) : « Celles de Condé, composées de Français et d'Alle-

---

(1) *Extrait des registres de Créteil.*

Vue du château Royal de Saint Maur du côté du Jardin apartenant a S.A.S. Monseigneur le Prince de Condé

mands, restèrent cinq mois à Créteil pendant lequel temps personne n'osait y paraître à peine d'être volé et maltraité. De pauvreté et disette et de maladie il mourut, à Paris ou à Saint-Maur, 250 habitants de Créteil qui s'y étaient réfugiés. » Ce passage nous donne une idée de la misère du peuple au temps de la Fronde, misère qui suscita l'apôtre saint Vincent de Paul, le sauveur de l'enfance abandonnée.

Turenne, qui en neuf ans n'était venu à Saint-Maur qu'une fois, éloigné de ce lieu par sa rivalité avec Condé, y revint en 1660 pour se réconcilier avec « son ancien général ».

Vers la fin de ses jours, le prince, assagi et soumis, se retira à Chantilly et y vécut dans la retraite qui convenait à son caractère altier que rien ne pouvait satisfaire. Il vint rarement à Saint-Maur, sa *villa suburbaine*, et il n'y séjourna jamais longtemps. Saint-Maur, Valéry (1), Chantilly étaient les trois résidences de Condé, mais depuis si longtemps délaissées « qu'il y campe plutôt qu'il n'y habite ».

Le Château achevé et embelli par Gourville.
Madame de la Fayette.

Il finit même par donner la jouissance de Saint-Maur à son intendant Gourville, comme on va le voir par cet extrait important des *Mémoires* de ce dernier (année 1673) :

« Je demandai à M. le Prince la capitainerie de Saint-Maur où il n'allait jamais pour lors : il me l'accorda sans aucune condition avec la jouissance du peu de meubles qui y étaient. Mme de La Fayette, après avoir été s'y promener, me demanda d'y aller passer quelques jours pour prendre l'air ; elle se logea dans le seul appartement qu'il y avait alors et s'y trouva si à son aise qu'elle se proposait d'en faire sa maison de campagne. De l'autre côté de la maison, il y avait deux ou trois chambres, que je fis abattre dans la suite : elle trouva que j'en avais assez d'une, quand j'y voudrais aller, et destina, comme de raison, la plus propre pour M. de La Rochefoucauld (2) qu'elle souhaitait qu'il y allât souvent.

« Ayant découvert une très belle promenade sur le bord de l'eau, qui avait de l'autre côté un bois (3), Mme de La Fayette

---

(1) Près de Fontainebleau.
(2) La Rochefoucauld avait remplacé Gourville dans l'*amitié* de Mme de La Fayette.
(3) Quai du Petit-Parc, sans aucun doute.

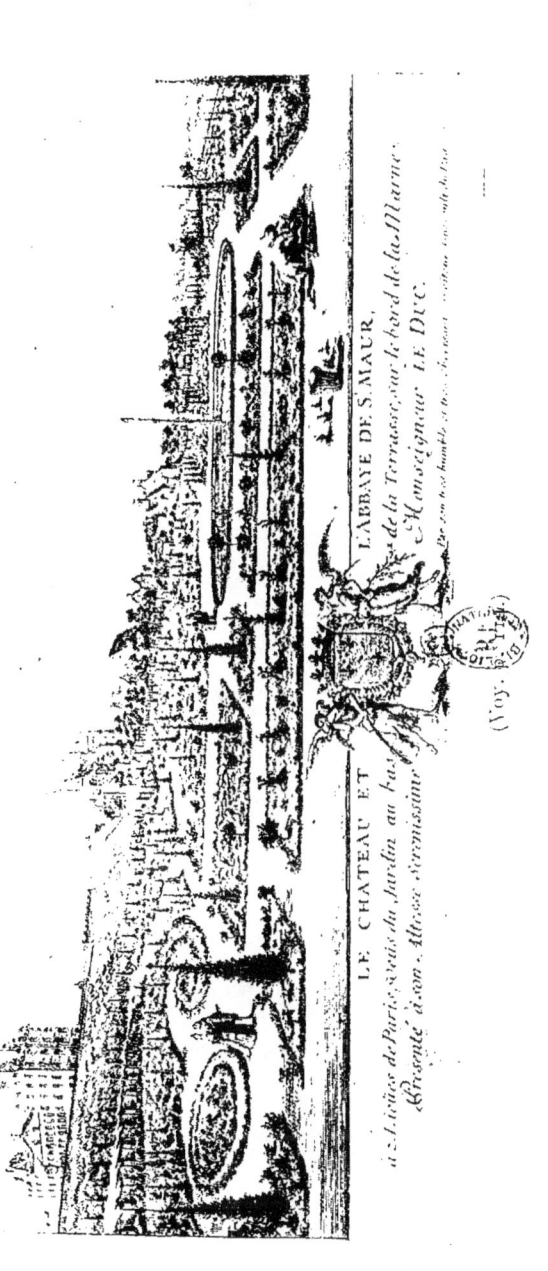

y menait tous ceux qui l'allaient voir. Finalement, pour pouvoir jouir de Saint-Maur, je fus obligé de faire un traité par écrit avec M. le Prince par lequel il m'en donnait la jouissance ma vie durant avec 12.000 livres de rente à condition que j'y emploierais jusqu'à 240.000 livres, entre autres pour achever un côté du Château où il y avait seulement des murailles élevées jusqu'au second étage. Le long de la maison était une carrière d'où l'on avait extrait beaucoup de pierre et l'on descendait par là pour aller dans la prairie.

« En trois ou quatre années j'eus mis Saint-Maur en l'état où il est présentement, à la réserve que M. le Duc, depuis que je le lui ai remis, a fait agrandir le parterre du côté de la plaine. J'avais fait bâtir un grand moulin exprès pour élever des eaux qui m'en donnait perpétuellement 50 pouces (1) qui tombaient dans un réservoir du côté de la capitainerie ; il faisait aller quatre fontaines de ce côté-là et deux dans le parterre du côté de la rivière : devant la face du logis, une fontaine qui venait du grand réservoir pour en faire aller une autre au milieu du pré, en bas, laquelle est couronnée d'arbres et jetait si haut et si gros qu'on n'en avait point encore vu de si belle. Mais je tombai dans l'inconvénient de tous ceux qui veulent accommoder les maisons ; j'y fis presque pour 400.000 livres de dépense au lieu de 240.000 à quoi je m'étais obligé.

« Pour revenir à Mme de La Fayette, elle vit qu'il n'y avait pas moyen de conserver plus longtemps sa conquête et elle l'abandonna (2). »

Nous reviendrons plus loin sur le séjour de Mme de La Fayette à Saint-Maur. Complétons cette description sommaire en disant que le financier Charles Renoüard de La Touane avait acquis de Moulle, écuyer, conseiller secrétaire du roi, une maison et des jardins, par acte du 17 mai 1688. Il en fit la plus jolie maison du monde, disait-on, dont les jardins donnaient dans ceux de Gourville et que Condé acheta pour agrandir son parc, lors de la faillite des financiers La Touane et Sauvion, le 23 novembre 1701. Elle communiquait avec le Petit Parc par un pont traversant le fossé qui l'en séparait.

Il convient de préciser ce passage des *Mémoires* de

---

(1) Pouce cube, mesure équivalant à 0 m. c. 0000198.
(2) *Mémoires de Gourville*, collection Petitot, p. 454.

Gourville en jetant les yeux sur le *Plan de la presqu'île, château et dépendances de Saint-Maur*, levé en 1701 par Étienne Marlet, par ordre de Monseigneur le Duc (1). C'est une œuvre de précision, de clarté, un plan en couleur où figurent les bâtiments du Château, les jardins, le parc, les jets d'eau, les terres en culture, le cours de la Marne. Il est orné des armes du duc et de trois vues : le Château, la Vigne Bourbon (2) et la Cassine (3).

<small>Plan de la baronnie en 1701.</small>

Gourville acheta à la présidente Barillon pour 10.000 livres un moulin qu'elle avait sur la première arche du pont de Saint-Maur (Joinville). Les *Mémoires des Intendants,* sur l'état des généralités, notent en l'année 1700, à Saint-Maur, « un pont en pierre, composé de sept arches dont quatre servent à la navigation et trois sont occupées par des moulins et par la machine à élever l'eau de la rivière pour les jardins de Saint-Maur ». Il fit construire un deuxième moulin qui élevait l'eau au-dessus du plateau des Corbeaux, au lieu dit autrefois *la Justice* et depuis *le Réservoir*, dans un grand bassin situé au croisement du chemin de Presles et de la rue des Corbeaux. De là elle était distribuée comme il est expliqué plus haut. Une rue de Joinville, dite des Réservoirs, tient de là sa dénomination.

Une autre pompe qui se trouvait sur le bras des Saints-Pères, vers l'amorce du canal de dérivation des eaux de la ville, fournissait l'eau à la Vigne Bourbon et à la cascade du marquis de La Touane.

On voit entre le Château et la Marne la prairie décrite par Gourville ; deux rampes d'accès y conduisaient ; on l'appelait la *Mignotte* (4) ; elle existe en partie au bas de la terrasse, près du nouveau pont. Les bassins y sont dessinés. L'un d'eux a été retrouvé récemment dans une propriété située près de la rue du Petit-Parc.

Le parc très exactement dessiné conservera sa physionomie et son mur de clôture jusqu'à la vente qui en fut faite par le duc d'Aumale en 1831. Nous le reverrons à cette date

---

(1) Arch. nat., cote N, III (Seine), 203.— Voy. à la fin du volume.
(2) Ou Petit Bourbon. C'est actuellement la propriété qui porte le n° 4 de la rue Mahieu.
(3) Cassine signifie bicoque, maison de campagne. Celle-ci se trouvait au lieu dit le *Port Créteil,* comme nous l'avons vu.
(4) Mignotte, ancienne forme du mot « mignonne ».

pour le décrire à son tour. Mais le Petit Parc était beaucoup moins vaste avant l'incorporation de la propriété du marquis de La Touane. Le mur de clôture, dans la partie méridionale, partait de la place de la Pelouse et se dirigeait en ligne droite sur l'entrée de l'avenue de l'Écho (passage à niveau). Plus tard il longea la rue Maurice-Berteaux, le boulevard Rabelais, avec coude par la rue de La Varenne.

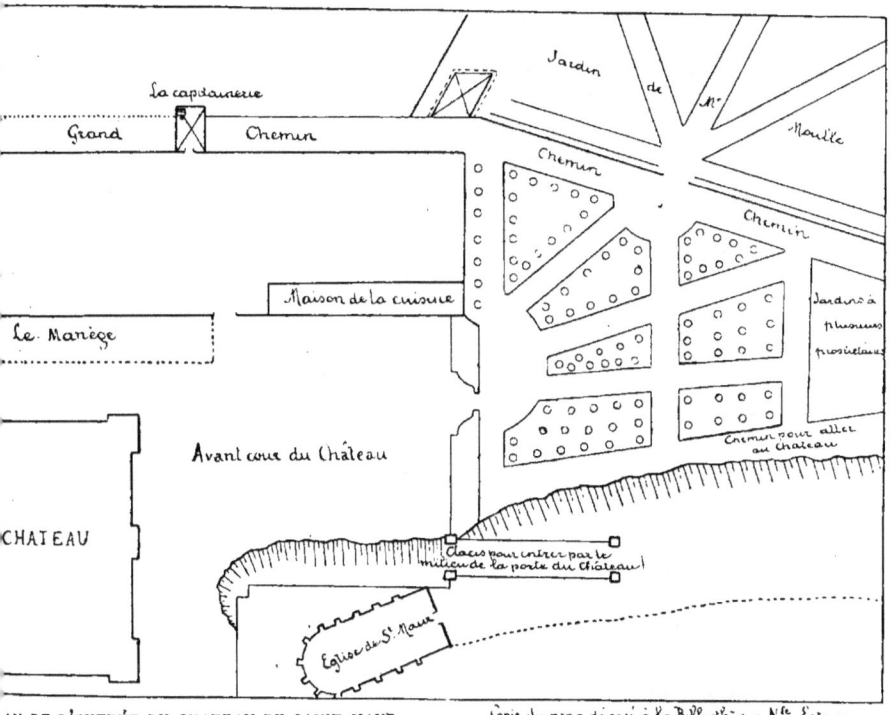

PLAN DE L'ENTRÉE DU CHATEAU DE SAINT-MAUR.

Quelques auteurs de topographies pittoresques nous ont laissé du Château des descriptions détaillées. Dézallier d'Argenville s'exprimait ainsi en 1778 :

Description du Château.
Maison du marquis de La Touanne.

« Le Château a été bâti par Philibert de l'Orme, mais il a été ensuite presque entièrement rebâti par Gittard.

« Un corps de logis accompagné de quatre pavillons accouplés, qui ont chacun un toit séparé, compose le Château de Saint-Maur.

« Du côté de la cour soutenue de deux terrasses avec des

balustrades de pierre, l'entrée est ornée de colonnes surmontées d'un bas-relief de marbre : il a pour sujet les Grâces et Diane avec les Muses, qui dédient et présentent le lieu de Saint-Maur-des-Fossés à François Ier, comme l'indiquent les vers latins gravés sur une table de marbre :

> Hunc tibi, Francisce assertas ob Palladis œdes
> Secessam, vitas si forte Palatia, gratæ
> Diana et Charites, et sacravere Camœnæ

« Au-dessus, dans un fronton, se voit le buste en bronze de François Ier.

« Les jardins ont été plantés par Desgots sur les dessins de Le Nôtre. Il se présente d'abord un parterre renfoncé, terminé par un grand bassin et un bois percé en étoiles avec un bassin dans son centre. Sur la gauche est un talus fort exhaussé d'où l'on découvre deux parterres, avec leurs bassins, bordés par la rivière de Marne, le long de laquelle règne une longue allée qui mène à un bois de haute futaie. A côté est un boulingrin orné d'une pièce d'eau et d'un jet qui s'élève fort haut.

« Sur la droite du Château sont des parterres à l'anglaise, entourés d'allées doubles avec quelques bassins, et, près de là, est le grand réservoir buté. »

Derrière le Château s'étendait une large allée coupée par le grand bassin situé à peu près dans la carrière Gourjon, laquelle allée était fermée au fond par la grille de l'*Écho*, en avant de la *demi-lune*. Il n'y a pas encore longtemps, la glacière du Château se voyait dans la rue du Dauphiné.

Sur la droite s'étendait une allée qui aboutissait à l'entrée principale du Petit Parc, et se prolongeait jusqu'à la Marne, près du pont de Créteil, avec grille et saut-de-loup, à l'emplacement de la rue de La Varenne. On l'appelait la grande avenue ou de Créteil ; elle était plantée d'ormes dont quelques représentants doivent encore se trouver dans certaines propriétés.

« Au bas de ces pièces est un jardin que le duc de Bourbon a acheté de feu M. de La Touanne. Il consiste en un potager renfoncé, un bosquet, au-dessus une orangerie, ensuite une fort longue terrasse dont la serre de l'orangerie termine agréablement le point de vue. Cette terrasse découvre plusieurs pièces de gazon comparties dans le milieu desquelles est une cascade entièrement ruinée ainsi que toutes les eaux de Saint-Maur La gravure qui en a été faite pour le livre *la Théorie du jardinage* fait connaître son plan ingénieux.

« Sur la droite de la terrasse on trouve le billard, une grande pièce d'eau, et, près de la maison, les bains avec les réservoirs fournis par un moulin (1). »

A propos de cette cascade dont le dessin figure au livre cité et dont nous donnons la reproduction, voici la description qu'en fait l'auteur :

« Cette cascade commence par un champignon pratiqué sur une terrasse, lequel tombe en nappe dans un petit bassin entre deux escaliers. Un grand talus circulaire bordé de chandeliers dans sa partie supérieure soutient une seconde terrasse dont la rampe est coupée de plusieurs gradins de gazon ornés de huit chandeliers et d'une petite cascade dans le milieu, composée de huit nappes que fournissent les trois masques d'en haut. Ce tout est terminé par un grand bassin et par deux compartiments de gazon entourés d'allées qui viennent se joindre à la grande d'en bas (2). » Cette disposition est parfaitement visible sur le plan de 1701 ; la terrasse existe encore en grande partie au-dessus de la rue Alexis-Pessot.

La capitainerie du Château n'existe plus. Elle était située vers l'intersection des rues Mahieu et Godefroy-Cavaignac, près de l'établissement scolaire des religieuses de Saint-André qui porte le n° 15 de la rue Mahieu. Les cuisines et les communs se trouvaient sur la place de la Pelouse, à l'entrée de la rue Mahieu et de l'avenue de Condé.

Mme de Sévigné, Mme de Coulanges, Boileau, etc.

C'est à la capitainerie que Gourville, cet ancien domestique de La Rochefoucauld, cet aventurier, devenu l'intendant et l'ami du prince de Condé, recevait à sa table un certain nombre d'amis et de beaux esprits parmi lesquels nous trouvons des noms illustres. C'est dans ce cénacle des grâces et des lettres, entre des femmes spirituelles et des écrivains de génie, qu'avaient lieu ces discussions semi-philosophiques dont parle Mme de La Fayette (3).

---

(1) *Voyage pittoresque de Paris et ses environs*, Dézallier d'Argenville, 1778. — L'auteur parle du moulin situé sur le bras des Saints-Pères et qui envoyait l'eau dans ce jardin.

(2) *La Théorie et la pratique du jardinage*, par Dézallier d'Argenville, 4e édit., 1747, p. 426.

(3) Piérart dit que Gourville habitait, à Saint-Maur, la maison connue aujourd'hui sous le nom de Petit Bourbon (p. 128, note). C'est une erreur que nous sommes en mesure de rectifier d'une manière certaine par l'examen de

Il y recevait Mmes de Sévigné, de Grignan, de Schomberg, de Frontenac, de Coulanges et Ninon de Lenclos avec laquelle il eut une liaison dans sa jeunesse. Boileau, qui fut un des commensaux de ce mécène des littérateurs, y lut pour la première fois son *Art poétique*.

Mme de La Fayette affectionnait beaucoup Saint-Maur où elle trouvait, avec une agréable compagnie, l'air pur et le repos dont elle connaissait le prix.

« Quand je suis à Saint-Maur, mandait-elle à Mme de Sévigné, je puis écrire parce que j'ai plus de tête et de loisir. Paris me tue (1). »

Une sorte de parenté unissait ces deux illustres personnes. La mère de Mme de La Fayette avait épousé, en secondes noces, le chevalier de Sévigné, oncle de la bonne et spirituelle marquise. Ce lien, à défaut de la sympathie de l'esprit, suffisait pour les rapprocher. Aussi voyons-nous Mme de Sévigné venir souvent à Saint-Maur, et trouvons-nous, dans ses œuvres, l'écho de la vie qu'y menait son amie.

Le 6 avril 1672, elle écrit à sa fille :

« M. le Duc donna samedi aux *Anges* (2) une chasse et un souper à Saint-Maur, des plus beaux poissons de la mer. » Elle y séjourne le 8 juillet de la même année, en revient le 30 mai 1675, avec M. le Cardinal, et note que Mme de La Fayette est rentrée de Saint-Maur, le 23 juin 1677, fort malade « avec une colique dans les boyaux, très sensible (3) ».

Il apparaît que Gourville a joui momentanément, non seu-

---

plusieurs textes et par un plan inédit que nous avons trouvé au département des Estampes, Bibliothèque nationale (Topographie, Seine). Cette maison appartenait en 1682 à Moulle, comme on le verra plus loin ; elle ne fit partie des dépendances du Château qu'en 1701.

(1) Lettre de Mme de La Fayette à Mme de Sévigné du 30 juin 1673 ; c'est par erreur que Piérart l'attribue à Mme de Sévigné.

(2) Les demoiselles de Grancey renommées pour leur beauté.

(3) Piérart commet encore une double erreur en avançant (p. 128) que la demeure de Mme de La Fayette et peut-être celle de Villeroi fut, selon toute apparence, celle où se trouve la pension Rousseau, dite le *Parangon*. Il est facile de voir par l'extrait des *Mémoires* de Gourville que la demeure de Mme de La Fayette, de Mme de Sévigné, de La Rochefoucauld fut la *Capitainerie*. — Quant à celle de Villeroi, un monogramme que nous avons retrouvé sur une rampe en fer forgé, et que nous avons pu déchiffrer, nous permet de dire que c'est la maison de M. le comte de Vertamy, rue de Paris, n° 7.

lement de la capitainerie, mais de l'usufruit de toute la baronnie de Saint-Maur et d'une rente de 3.000 livres, par brevet du 14 mai 1693 ; c'est ce qui se voit par l'acte de donation de la terre et baronnie de Saint-Maur faite par S. A. S. Monseigneur le Prince (Henri-Jules de Bourbon), à S. A. S. Monseigneur le Duc (Louis III, duc de Bourbon), le 4 juillet 1697. « Monseigneur le Prince donne à son fils le Duc, la terre et baronnie de Saint-Maur, château, parc, moulins, rivière, pêches, bac, îles, îlots sur la rivière de Marne, four banal (1), dîmes, bois, prés, terres labourables, cens, rentes, greffe, tabellionnage et autres droits en dépendant, meubles et tapisseries garnissant le Château pour en jouir après le décès de Messire Jean Héraud, seigneur de Gourville, intendant des maisons et affaires de Mondit seigneur le Prince, auquel sieur de Gourville, l'usufruit de ladite terre de Saint-Maur appartient pendant sa vie, en vertu d'un acte passé le 15 juillet 1680 (2). » Gourville mourut en 1703, mais il avait cédé au duc l'usufruit de la terre de Saint-Maur en 1697, moyennant 6.000 livres de rente.

<small>Donation de l'usufruit de la baronnie à Gourville.</small>

La mairie de Saint-Maur-des-Fossés possède dans ses archives le *Terrier de la baronnie de Saint-Maur*, datant de 1682. C'est un gros registre où sont transcrits les actes par lesquels tous les détenteurs de terres dans la presqu'île reconnaissent les tenir, en censive, de la seigneurie de Saint-Maur. L'examen de ces actes permet d'établir que le territoire actuel de la commune comprenait une agglomération unique autour de l'église, de l'Abbaye et du Château ; tout le reste était en culture ou en friche, à l'exception de deux bois appelés le Bois Guimier et le Grand Plant. Les deux autres bois appelés des Moines et des Corneilles n'étaient pas créés à l'époque, car ils ne figurent pas au plan

<small>Terrier de la baronnie de Saint-Maur. État des biens.</small>

---

(1) La rue du Four en a pris le nom. Ce four se trouvait, d'après la tradition, à l'intersection de la rue du Four et de la rue des Tournelles, dans la maison qui fait l'angle arrondi. Mais on voit par deux baux en date des 1er et 3 février 1740 que le four banal est transporté, à cette date, dans une maison bâtie à cet effet, donnant dans les rues de la Procession et du Pressoir sur l'emplacement de l'entrée de la propriété Leroy-Dupré, place d'Armes.

(2) Cet acte nous apprend en outre que le capitaine du château était alors M. de Florensac. — Voy. *Mémoires* de Gourville, appendice.

de 1701, mais seulement à la carte des Chasses (1746) et à celle de Delagrive (1730-1740). Outre les maisons du village, il y avait, dès cette époque, quelques maisons à La Varenne et au port de Créteil ; une ferme dite le Mesnil, et une autre dite des Pilliers, à La Varenne ; une autre ferme, dite Champignot, en face de Champigny ; deux bacs et un pont établis sur la Marne : le pont de Saint-Maur, devenu le pont de Joinville, le bac de Chennevières et celui de Créteil, remplacés plus tard par des ponts.

Au folio 38 de ce registre commence l'énumération d'ensemble des biens dont voici le texte:

« Ensuivent les maisons, terres, prez, isles, bois et autres heritages appartenans en propriété à Mondit seigneur le Prince (Louis de Bourbon), scitué dans l'estendue de la barronnye de Saint-Maur. Premièrement, appartient à mondit seigneur en propriété le chasteau et maison seigneuriale dudict Sainct-Maur, avec les bastiments en dependants ainsy qu'ils se poursuivent et comportent : court et avant-court, plusieurs parterres et jardins, parcs, grandz et petits clos de murs et de la rivière, une place plantée en ormes il y a dix à unze années scituée audevant de ladicte avant-court (1).

« Appartient en propriété à mondit seigneur une ferme appelée Champignot scituée en la varenne, au bout du grand parc, sur la rivière de Marne, vis à vis Champigny, ladicte ferme composée de plusieurs bastiments et jardins clos de murs, et une petite chappelle attenant à ladicte ferme, dédiée à l'honneur de saint Nicolas.

« 120 arpents de terre au pourtour de ladite ferme de Champignot (2) ;

« 40 arpents de terre labourable située en ladite varenne proche le port de Créteil, vulgairement appelée la pièce de l'abbaye ;

« 16 arpents de terre labourable près l'Épinette tenant au bois Guimier ;

« 3 arpents de terre en carrière, appelés les Grappiers, tenant

---

(1) C'est la place actuelle de la Pelouse dont le nom est de l'époque et qui fut plantée vers 1671.

(2) Les mesures agraires usitées à Saint-Maur jusque vers le milieu du XIXe siècle figurent au *Terrier de la baronnie,* folio 51, sous cette définition : « la mesure ordinaire des héritages situés en la censive de Saint-Maur est de 100 perches pour arpent, 19 pieds 4 pouces pour perche et 12 pouces pour pied », soit actuellement 39 ares 44 centiares pour l'arpent.

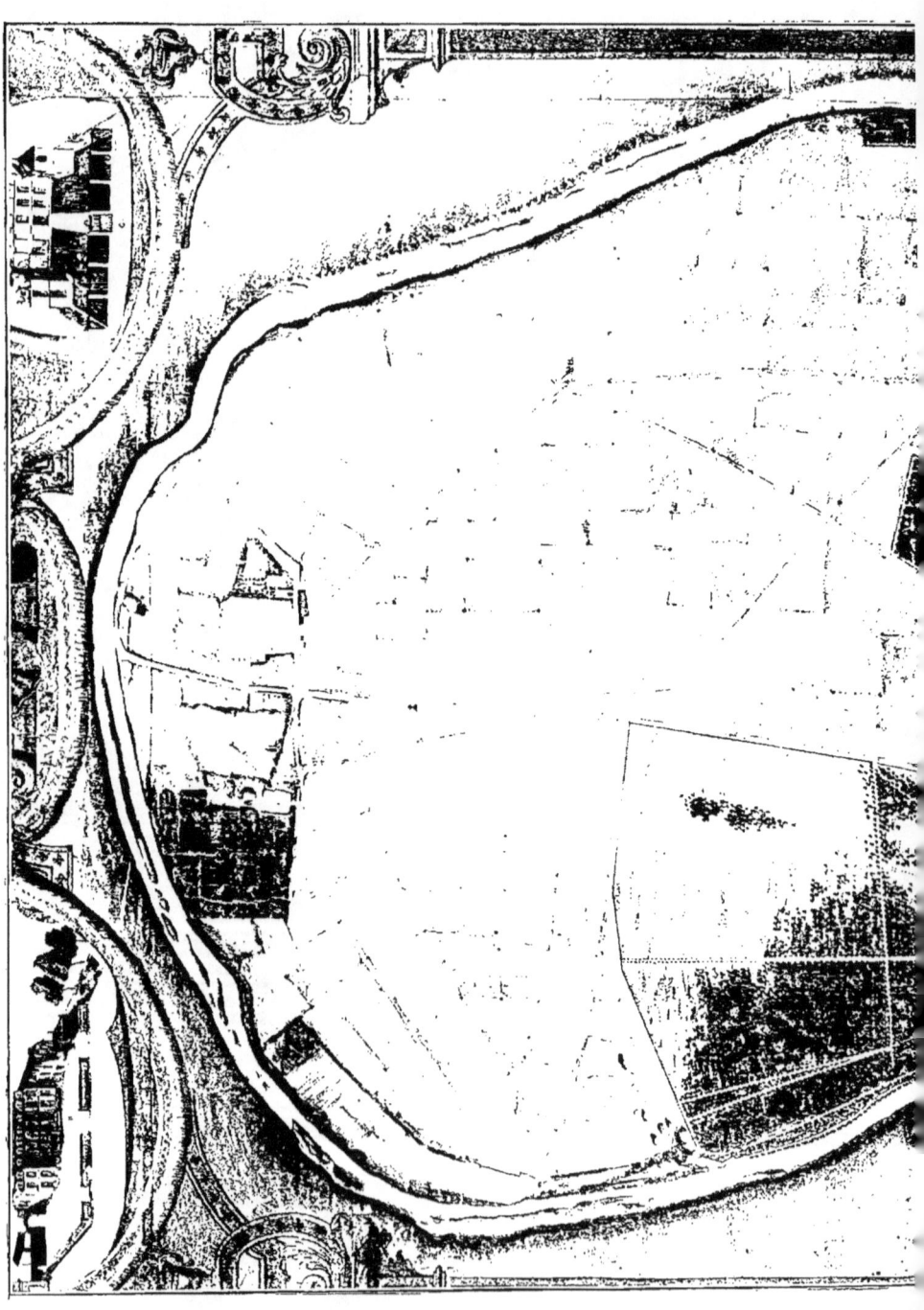

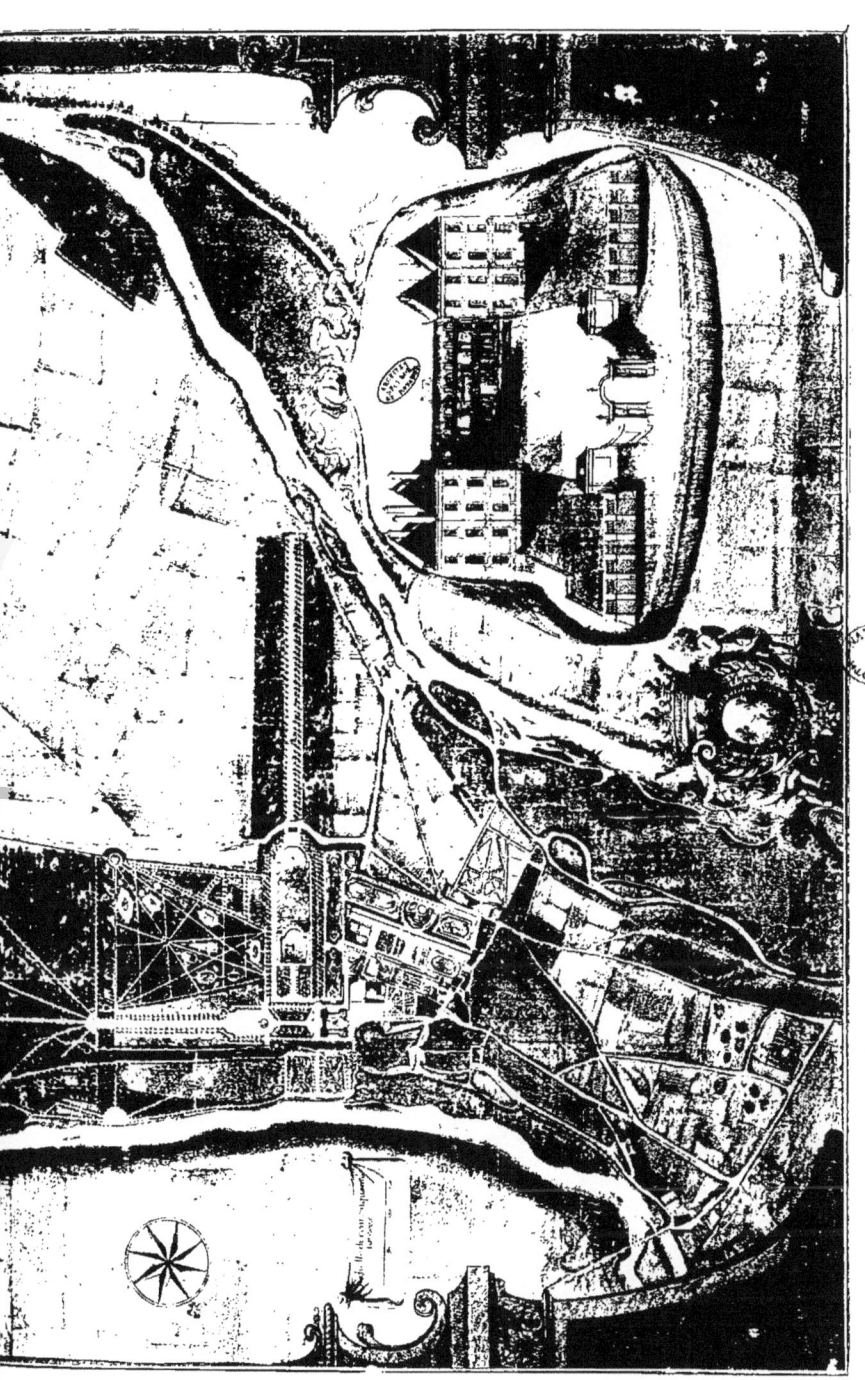

Plan de la presqu'isle Chateau et Despendances de S. Maur : Levée sur Les Lieu : par ordre de S. A. S. Monseigneur le Duc par Estienne Marlet l'an 1701 ingénieur en Chef de Sa Majesté.

A. Château
B. Vigne Bourbon
C. Cassines
D. Pompe du grand château
E. Pompe de la Vigne Bourbon
F. Grand reservoir du château
G. Petis reservoir du château
H. Reservoir de la Vigne bourbon

aux chemins qui conduisent de Saint-Maur au port de Créteil et de Saint-Maur au bas de Chénevières ;

« 1 arpent 1/2 au lieu dit la Sablonnière tenant au chemin du bac ;

« 7 quartiers de terre au lieu dit le Gord Bernard (1) ;

« 3 quartiers de terre tenant d'un bout à la rivière et de l'autre au chemin du Plan ;

« 5 quartiers de terre au lieu dit Champregnier ;

« 6 arpents au pourtour du Marest ;

« La maison du bac de Chennevières ;

« 4 arpents de terre au lieu dit la Croix-Boissée ;

« 7 quartiers de terre au lieu dit le Port au Foire ;

« 5 quartiers de terre à l'embouchure du pré du Marest ;

« 1/2 arpent de terre au lieu dit la Flache ;

« 1/2 arpent proche les maisons du port de Chennevières ;

« Une maison au port de Créteil ;

« 3 arpents de terre touchant à ladite maison et par haut au chemin de la cassine de Saint-Hilaire ;

« Plusieurs pièces de terre, sises en l'île Brisepain, vis à vis ledit port de Créteil, touchant d'une part à la grande rivière et des autres parts à l'archevêque de Paris comme seigneur de Créteil ; les deux moulins du pont de Saint-Maur, l'un acquis de Mme Barillon, bâti sous la première arche ; l'autre nouvellement bâti sous la seconde arche (2) ; le pré dit l'Hirondelle, à la tête des îles qui sont au-dessus du pont de Saint-Maur, entre la rivière et le parc de Vincennes ; le pré de Beaubourg, contenant environ 3 arpents, situé au bout de la ruelle de Beaubourg, autrement dit Poitevine, tenant d'une part au bras de rivière qui descend des moulins du pont de Saint-Maur, droit au-dessoubs de l'Abbaye de Saint-Maur, et qui servoit cy devant à faire tourner le moulin banal situé soubs ladite Abbaye au lieu et place duquel moulin est une digue nouvellement construite pour empescher le cours de l'eau, tenant d'autre part au grand chemin qui est entre ledit pré et les jardins du sieur Chauvin et la dame Guéry ;

---

(1) Le gord Bernard se trouvait à l'endroit où a été jeté le pont de Créteil. Un gord désignait un endroit servant de pêcherie où un filet était disposé sur deux rangs de perches obliques de manière à barrer un bras de la rivière. Plusieurs chartes portent : *piscarium quæ vulgo gordum dicitur*. — Pour tous ces lieux dits, voy. au chap. spécial que nous leur avons consacré plus loin.

(2) La pompe de Gourville.

« L'île l'Évêque, l'île des Gorniers, un javeau (1) ou attérissement nouveau vis à vis le port de Champigny ; plusieurs autres javeaux ; l'île située en face du bac de Chennevières ; les attérissements des îles de Brétigny ; d'autres javeaux et îles, le bois Guimier, le pré du Marest, le bois du Plan, contenant 35 arpents entre le port de Créteil et l'église Saint-Hilaire au lieu dit Villette. »

Étude du Terrier.

L'étude approfondie que nous avons faite de ce *Papier terrier* nous a permis de reconstituer l'état de Saint-Maur en 1682, et d'identifier quelques vieux hôtels qui, jusqu'ici, se posaient à nos contemporains comme des énigmes indéchiffrables. Nous allons voir qu'ils ont appartenu à des familles considérables du XVIIe siècle.

Cette œuvre volumineuse comprend plus de 1.200 pages de texte écrites par le tabellion (2) de Saint-Maur, Jean d'Huicque. Elle porte le titre suivant qui en définit l'objet :

« PAPIER TERRIER de la terre et barronnie de Sainct Maur des Fossez, appartenant à son altesse serenissime Monseigneur Louis Duc de Bourbon, prince de Condé, seigneur, baron dudit Saint-Maur et autres lieux, dans lequel est escript les droicts et debvoirs seigneuriaux et féodaux qui lui sont deubz et les adveux, denombrementz et declarations quy ont estez baillez par les vassaux et tenanciers des héritages et autres possessions scituez ez la dite terre et barronnie, portant, cens, surcens, rentes, aux jours qui deubz sont, lotz, ventes, saisines, amandes, deffaux, confiscations et autres charges et droicts seigneuriaux quand le cas y eschet, le tout escript et reveu par Jean d'huicque tabellion de la dite terre et barronnie de Saint Maur, suivant et conformément aux lettres de terrier obtenues en chancellerie par sadite altesse serenissime le vingt cinquième jour de febvrier mil six cent quatre vingt deux, et de la sentence donnée en conséquence par Monsieur lebailly dudit Saint Maur le deuxième mars audit an mil six cent quatre vingt deux. »

---

(1) Javeaux ou javiaux, au singulier javel ou javeau, îles formées de sable et de limon par les débordements de rivière.

(2) Les archives du notariat de la baronnie de Saint-Maur vont de 1657 à 1789. Elles se trouvent aux Arch. nat, cotes ZZ¹ 361-362-363. On compte durant ce temps comme tabellions : Turpin, d'Huicque et plusieurs membres de la famille Hanot. L'étude actuelle de notaire, qui a pour titulaire Mᵉ Roger Braun, n'a été créée que le 2 décembre 1896.

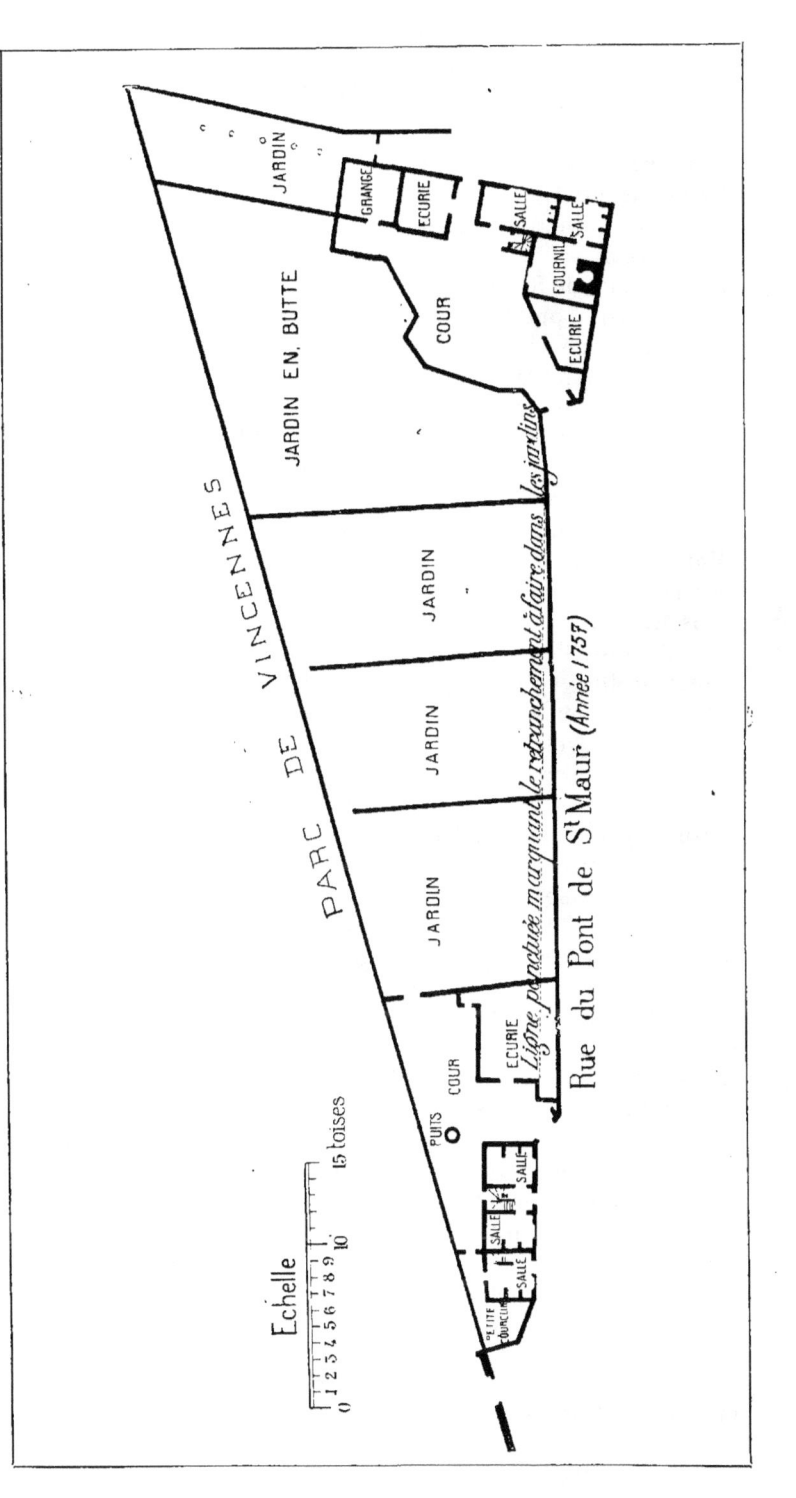

Suivent le contrat d'échange, l'adjudication à Charlotte-Catherine de La Trémouille et la donation de Clovis II, dans son texte latin ; puis la sentence du bailli de la baronnie de Saint-Maur, Nicolas de Vendôme ; des déclarations diverses, celle du curé de Saint-Nicolas, Palosse, et du curé de La Varenne, Levalois, qui ont fait en chaire les publications ordonnées par la lettre royale et celle de Jean Lefebvre, sergent, *qui l'a leue, publiée et affichée au son du tambour et cry publicque.*

Viennent ensuite les *Héritages relevant de la censive de Saint-Maur,* les cens desquels sont payables aux octaves Saint-Denis, au château seigneurial de Saint-Maur sur peine de 6 sols 3 deniers d'amende.

Dans l'énumération qui suit, nous voyons au *Pont de Saint-Maur,* aux lieux dits les *Cliquettes* et les *Renaudes* (traversés par la voie ferrée), de nombreux quartiers de vigne. Nous relevons les noms et les professions de quelques habitants : « Jean Fardel, hostellier en la grande rue du Pont de Saint Maur », « Jean Rollin, voiturier par eau », « Jean Bertaux, charpentier », « Claude Corny, « meusnier » au Pont de Saint-Maur » et « Nicolas Petitpas, hostelier » dont la maison est ainsi décrite :

« Une maison située au Pont de Saint Maur où pend pour enseigne l'image Saint-Nicolas, consistant en cave en carrière, cuisine, salle basse à côté, deux chambres au-dessus et grenier au-dessus couvert de tuiles, court et dans icelle court deux écuries et greniers au-dessus... tenant au chemin tendant dudit Pont au Parc de Vincennes, d'un bout par haut à un petit morceau de terre que cultive le portier dudit Parc de Vincennes et par le bas à un cul de sac qui soulloit (avoir coutume) estre le chemin de Beauté avant la construction de la nouvelle enceinte ». Cette nouvelle enceinte engloba une portion du terrain de Saint-Maur qui s'étendait alors jusqu'au couvent des Minimes inclusivement.

Cette maison est celle qui se trouvait au bas de la rue du Pont, à gauche en descendant ; nous en donnons le plan inédit que nous avons trouvé dans les papiers du bailliage de Saint-Maur et qui n'est pas coté aux Archives nationales. Celle d'en haut était habitée en 1757 par un bourrelier du nom de Destouches. Elle porte actuellement le n° 24 de la rue du Pont et a conservé son puits, ses escaliers et son aspect ancien.

Il n'y avait alors au Pont de Saint-Maur que six maisons et cinq à l'entrée de Saint-Maur. Près du pont, vers le restaurant de la Tête Noire, se trouvaient des fours à chaux ; voilà pourquoi la rue Molette est désignée ainsi au plan cadastral : *chemin du Four à Chaux*. Les carriers de la région connaissent bien cette pierre calcaire appelée le *ban d'argent*, propre à faire de la chaux, qui devait ainsi être transformée sur place.

En 1789 eurent lieu des travaux d'alignement, d'adoucissement de la rue du Pont. Au cours de l'opération, on exhuma 70 toises de tuyaux de fonte conduisant l'eau au Château de Saint-Maur, qui furent remis en place.

La rue de Paris, à Joinville, était dénommée chemin de Vincennes, puis rue ou grande rue de Beaubourg à l'entrée de Saint-Maur ; l'actuelle rue de Beaubourg était dite ruelle de Beaubourg. Les autres rues étaient la rue du Four, des Tournelles, de la Procession, du Pressoir (1), des Sablons (2), aux Vaches (3), impasse de Malaquis et non Malaquais, suivant la mauvaise orthographe actuelle, ruelle de Joie (4).

Nous allons relever, pour le bourg de Saint-Maur, les noms, professions et appartenances des principaux habitants. Les chanoines possédaient en toute propriété la maison de la Chantrerie et l'Église collégiale, et, en censive, trois quartiers de prés et deux pièces situées en « l'île Fanasse (5) ». La déclaration est signée de messire Louis de Beyne, *prestre chanoine*.

« Estienne Moulle, escuyer, conseiller secrétaire du Roy, maison couronne de France et ses finances », possédait une maison en la rue des Vaches avec un grand jardin (6), et de plus l'île Machefert, dont le nom est donc très ancien.

« Jean Antoine Ranchin, conseiller du Roy en son conseil, secrétaire ordinaire du Conseil d'État direction et finances de Sa Majesté », était propriétaire d'une maison appelée la Cassine et de l'île des Saints-Pères (7) contenant 42 arpents.

Il ne sera pas inutile d'identifier ici deux des principales

---

(1) Petite rue coupant l'angle de la propriété Leroy-Dupré de la rue de la Procession, à la rue des Tournelles, visible au plan de 1701.
(2) Tenant à l'impasse Malaquis et parallèle à la rue du Four.
(3) Actuellement rue Mahieu.
(4) Cette ruelle allait de la rue de l'Abbaye à la rue Beaubourg, en face de l'impasse de l'Abbaye. Elle existe encore en partie, de ce côté, et sert de dégagement à un jardin. Le 15 octobre 1770, elle fut cédée à Mᵉ Charles-Louis Prévost, ancien colonel d'infanterie, seigneur de Saint-Cyr, à M. de Largentière qui habitait la maison Vertamy et aux Chanoines de Saint-Louis du Louvre. Arch. nat., ZZ¹ 362. — Voy. au plan de 1701.
(5) Aujourd'hui Fanac, à Joinville. *Fanasse*, vieux mot dérivant de foin.
(6) La propriété sise, 4, rue Mahieu.
(7) Plus tard villa Shacken.

propriétés qui ont conservé leur caractère et même leur décoration intérieure, la papeterie Gloess et le Parangon. Voici leurs descriptions dans l'ordre :

« Messire Antoine Chauvin conseiller du Roy maistre ordinaire en sa chambre des comptes et Messire Guillaume Aubourg conseiller du roi garde des rôles des officiers de France possèdent par héritage :

« Une maison sise près et joignant le bourg de Saint Maur des Fossez rue de Beaubourg consistant en plusieurs bastiments, deux cours l'une petite et l'autre grande au milieu desdits lieux, un jardin et grand enclos derrière avec un pavillon où il y a une chapelle et un petit appartement à côté... tenant par le bas à la rivière de Marne et à l'île Beaubourg, venant de Paris, audit Saint Maur et d'autre bout par devant sur ladite rue de Beaubourg... »

En visitant cette propriété, nous avons été frappé de la précision avec laquelle elle est décrite, et nous avons constaté l'existence « de l'appartement avec une chapelle », chapelle qui existe encore, mais dont le propriétaire a fait une chambre de domestique.

Quant au Parangon sur lequel il court tant de légendes historiques (Gourville, Mme de Sévigné, la Capitainerie), toutes également fausses, en voici la description précise (2) :

« Me François Faille conseiller du roy trésorier de France au bureau des finances en la généralité de Caen demeurant à Paris rue Vivié (Vivienne) paroisse Saint Eustache possède et lui appartient ce quy ensuit :

« Une maison sise à Saint Maur qui est la première en y entrant par le parc de Vincennes consistant en un grand pavillon composé de vestibules, cuisines, dépenses deux salles basses, cabinet chambres au-dessus et deux étages dont le second est lambrissé, cabinets, batiment sur la droite composé de remises de carrosse, écurie, salle pour le jardinier, chambre et grenier au-dessus, un grand jardin clos de murs dans lequel est un puits le tout contenant 3 arpents environ tenant d'une part au Sieur de Chaillou, d'un bout au chemin tournant le long des murailles dudit jardin et pardevant sur la grande rue de Beaubourg (3). »

---

(1) *Terrier*, folio 557.
(2) *Terrier*, folio 246.
(3) Mais cette propriété a été morcelée depuis. Bournon ne parle pas d'une maison, plus ancienne que le Parangon, et qui pourrait fort bien être celle

Avant de quitter le *Bourg*, nommons quelques-uns de ses habitants : Jean Cizeau, chirurgien ; François Félix, maistre chirurgien barbier ; « Lefèvre, hostelier, devant l'église Saint Nicolas à la maison où pend pour enseigne l'espée » ; Hubert Nasse, greffier du bailliage de Saint-Maur ; Gilbert Louis, « maistre des écoles de Saint-Maur », rue du Four ; Henry Richard, « maistre pescheux à engins » ; Louis Nicolle, « patticier ». Nous apprenons également que le curé de Créteil, Louis Pelliot de La Garde, était tenu à cens pour une portion de pré dans l'île Brisepain.

A La Varenne, près du bac de Chennevières, se trouvait l'*Hostellerie des quatre Fils Aymond*, plus tard de *Saint-Nicolas*, et quelques maisons de laboureurs ; nommons Nicolas Bourgouin, « voiturier par eau au port de Chennevières », et Jean Bénard, laboureur.

La propriété située proche de l'église, en face de l'avenue du Château, appartenait alors à Gabriel Martinet, « conseiller du Roy en ses conseils, aydes des cérémonies de France », ainsi que le pavillon qui passe pour être un château de Marie de Médicis (1).

La ferme des *Pilliers* qui se trouvait sur l'emplacement aujourd'hui occupé par l'hôtel Pépindonnat et faisait face à la propriété précédente, appartenait à Claude de La Queux, bourgeois de Paris. Elle comprenait deux étages et deux chambres par étage et tenait « au chemin qui conduit au presbytère et à celui qui conduit de Saint-Maur au bac de Chennevières (2) ».

Les bâtiments très anciens de la ferme du Ménil paraissent être de cette époque à en juger par la description qui en est faite au *Terrier* et que nous donnons à titre documentaire :

« Messire François le Bossu chevalier, baron de Méry sur

---

qui est décrite ici ; c'est celle qui porte le n° 64 de la rue de Paris. Elle peut remonter au commencement du xvii° siècle. Nous signalerons, toujours sur le même emplacement, dans la propriété appartenant à Mme V° Spalding, 35, rue de Créteil, une grotte vaste, bâtie très solidement, avec une voûte demi-sphérique soutenue par cinq piliers massifs. Cette construction d'allure gallo-romaine possède un cachot avec une porte formée de forts barreaux de fer. N'aurait-elle pas servi de prison pour enfermer les condamnés ? Le *couppe-oreilles*, ou lieu de l'exécution, est tout près de là. La tradition rapporte qu'elle servit de chapelle clandestine pendant la Révolution et, de fait, on y voit deux bénitiers taillés dans le roc et une cheminée pratiquée dans un des piliers. — Voy. Manufacture royale, p. 161.

(1) *Terrier*, folio 305.
(2) *Terrier*, folio 205.

Seine, Seigneur de Charenton-Saint-Maurice possède et lui appartient ce qui ensuit :

« Premièrement une maison et ferme vulgairement appelée le Petit Mesnil, située en la Varenne de Saint Maur près le port de Chennevières, consistant en un grand corps de logis en pavillon contenant une salle, chambre et cabinet au-dessus, un autre corps de logis attenant ledit pavillon consistant en une cuisine et bouge attenant où il y a un four, deux chambres au-dessus et cabinet à costé et grenier au-dessus, un volet à pigeons au-dessus de la montée dudit corps de logis et une cave au-dessous desdits lieux, une grande cour où il y a un puits... deux grandes portes cochères... lesquels lieux ont deuz issues, savoir une sur le chemin de la marchandise de la rivière de Marne et l'autre sortant de ladite maison pour aller et venir aux maisons de ladite Varenne... le tout clos avec fossé et haies vives... (1) »

Nous terminerons enfin cette longue analyse en faisant connaître que le célèbre philosophe Nicolas de Malebranche, « conseiller du roy en sa cour du Parlement à Paris », était censitaire du prince de Condé « pour une petite isle contenant six perches scituée en la rivière de Marne vis à vis Champigny et la ferme de Champignol, tenant d'un bout à une isle à Mondit Seigneur le Prince, d'autre bout à la grande rivière ». On peut supposer que Malebranche y venait se livrer au plaisir de la pêche et se délasser des travaux juridiques, des hautes spéculations philosophiques.

Vers la même époque, vivait à La Varenne une famille Pluche ; c'est près d'elle, justement, que se retira l'abbé Pluche (Noël-Auguste), directeur du collège de Laon, écrivain janséniste, qui se démit plutôt que d'adhérer à la bulle *Unigenitus*, et c'est là qu'il mourut le 17 novembre 1761.

Comme on vient de le voir, le voisinage du Château d'un prince du sang, les agréments de cette boucle de Marne, de ces coteaux boisés de Chennevières qui forment le plus beau panorama de notre contrée, ont depuis longtemps attiré sur Saint-Maur les yeux des passionnés de la nature. La faveur publique lui est continuée de nos jours par des colonies de bourgeois ou d'artistes qui y trouvent, avec toutes les commodités modernes,

---

(1) *Terrier*, folio 524. — Le chemin pour aller et venir aux maisons de La Varenne suivait les rues Balzac et Saint-Hilaire. Cette voie s'appelait alors chemin du Trou Javeau. — Voy. aux *lieux dits*.

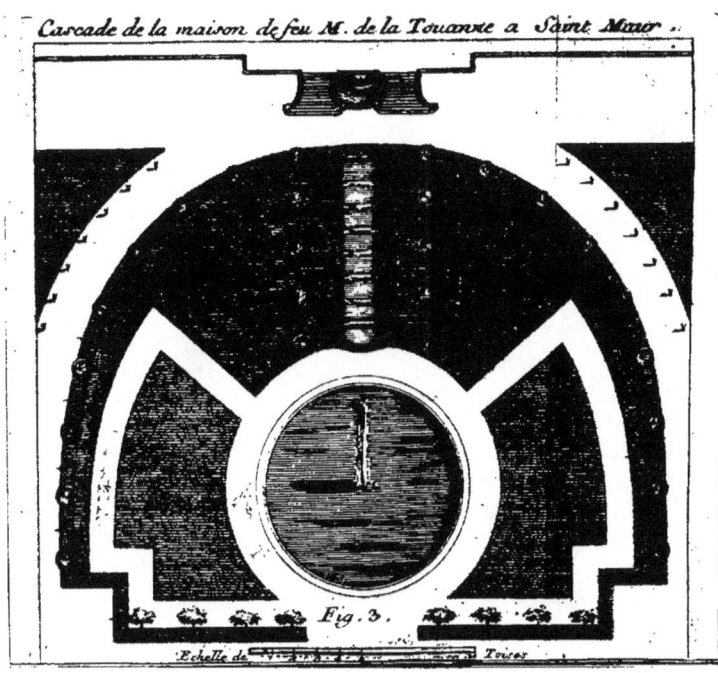

(Voy. p. 149.)

Collection Roger Braun

le repos, le calme et des paysages où la nature étale librement ses formes et ses couleurs, et que les nécessités d'un progrès redouté n'ont pas encore enlaidis ou détruits.

En 1677, fut fondée au bourg de Saint-Maur une manufacture de drap dit *ras de Saint-Maur*. Elle était située dans la première maison à main droite en venant du côté de Vincennes, et appartenait à un certain Charlier (1) (rue de Paris, 64, à notre avis).

Manufacture royale de drap d'or.

Au temps de Colbert, la maison de Charlier devint une manufacture royale de drap d'or, d'argent et de soie.

Ce fut l'époque d'un grand progrès dans l'industrie, par l'apparition de la manufacture remplaçant l'atelier familial. Là travaillaient et vivaient parfois en commun des ouvriers jusqu'alors dispersés à domicile. Pour maintenir la discipline parmi ces réunions d'hommes, il fallut adopter une règle presque monastique ; ce fut celle de la manufacture de Saint-Maur qui fut choisie comme modèle. Ce règlement intérieur avait pour titre :

Ordre pour être observé par toutes les personnes employées à la manufacture de draps d'or, d'argent et de soie de Saint-Maur-des-Fossez, près Paris. — A la plus grande gloire de Dieu, la perfection et augmentation de ladite manufacture, le bien, l'avantage, le repos de ceux qui y seront employés. Il ordonnait : « Les ouvriers commenceront par se laver les mains et ensuite se mettront à leurs métiers en offrant à Dieu leur travail. Le temps du déjeuner sera d'une demi-heure. Il est défendu de jurer, de chanter, etc., et se retireront en leur logis sur les neuf et dix heures. Et seront tenus de payer leurs hôtes ou hôtesses tous les samedis (2). » Cet extrait suffit à nous donner une idée de la vie des classes laborieuses au commencement du xviiie siècle. Saint-Maur n'était donc pas qu'un lieu de plaisirs princiers ou « de délices » suivant l'expression de Rabelais.

Pour donner, par contre, une idée des fêtes fastueuses que

---

(1) Hurtaux et Magny, *Dictionnaire historique de Paris et ses environs.*
(2) Levasseur, *Histoire des classes ouvrières* t. II, p. 423.

les Condé y offraient parfois à leurs amis, nous allons reproduire, d'après le *Mercure de France*, de juillet et août 1700, la relation des divertissements qui marquèrent la visite du dauphin, fils de Louis XIV.

Fêtes en l'honneur du dauphin (1700).

« Monseigneur le Dauphin ayant dessein de prendre le plaisir de la chasse au loup aux environs de Saint-Maur et d'aller coucher au Château qui appartient à S. A. S. Monseigneur le duc de Bourbon, ce Prince arriva le 18 de ce mois (juillet 1700) d'assez bonne heure pour se promener dans tous les jardins, que S. A. S. avait fait orner pendant cinq jours de tout ce qui pouvait les rendre plus agréables, et les embellir. On y avait travaillé avec tant de diligence que pendant ce court espace de cinq jours on vint à bout de faire jaillir de nouvelles fontaines, dans des bassins nouveaux. Ce lieu est dans une des plus belles situations de France, à cause des différentes vues qui sont formées par des plaines et des coteaux, par un parc d'une étendue extraordinaire et par la rivière qui sert de canal à cette maison. »

Ceux qui composaient la cour de Monseigneur étaient : Monseigneur le duc de Bourgogne ; MM. le duc de Chartres, le duc de Bourbon, le prince de Conti, le comte de Toulouse, le grand prieur, le duc de Grammont, le comte de Brionne, le duc de La Rocheguyon, de Liancourt, le duc de Villeroy, le duc de Roquelaure, de Matignon, le comte d'Estrées, le duc de Luxembourg, le marquis d'Antin, le duc de La Feuillade, le comte de Fiesque, le comte de Roussy, le comte de Sainte-Maure, le marquis d'Urfé, le comte de Chemerault, le marquis de La Vallière, le marquis d'O, le marquis de Livry.

« Il y avait, outre ces seigneurs, une infinité de personnes que la curiosité avait attirées en ce lieu-là. On y remarqua tous ceux qui ont des maisons dans le village, qui se faisaient un plaisir sensible de l'honneur de voir Monseigneur. Ce prince se promena dans tous les jardins. »

Le soir on lui donna la comédie dans un théâtre de verdure. « A peine Monseigneur fut-il assis que le dieu Pan parut au fond du théâtre et fut amené dans un char de feuillée traîné par des Satyres. Ce char était accompagné par d'autres Satyres jouant du hautbois et d'autres qui tenaient des festons attachés au char. Plusieurs autres dansaient et tous ensemble formaient une marche très agréable. »

Après le divertissement, Monseigneur revint au Château où

l'on servit un souper avec toute la magnificence possible. Sur la fin du repas, le dieu des Eaux et le dieu de la Marne vinrent le convier à un divertissement nautique. Deux bateaux illuminés faisaient le simulacre de se combattre sur la Marne.

Il y eut à cette occasion de nombreuses tables servies et Monseigneur le Duc dut retenir toutes les chambres du village. « Quand la maison de Condé se mêle d'une fête, tout Paris s'y trouverait qu'on ne manquerait de rien », dit l'auteur.

La chasse eut lieu le lendemain lundi et le mardi; mais le duc revint tous les soirs au Château où il fut reçu avec le même cérémonial.

A son départ, Monseigneur se voyant suivi par une foule de monde passa par le jardin de M. de La Touanne où, de la part du propriétaire qui s'y trouvait malade, son beau-fils vint lui offrir un très beau fusil. Puis, par une porte de derrière, il sortit pour se rendre chez M. Charlier, pour voir travailler à une étoffe fort riche à fond, à ramages d'or et d'argent frisés. Et le journal continue en décrivant la manufacture « où il y avait plusieurs métiers montés et trois mille deux cents boulets de mousquet qui servaient de contrepoids aux fils de velours, avec plus de trente cinq mille petites cordes dans lesquelles tout le dessin de l'ouvrage était monté ».

L'abbé de Chaulieu fut, vers la fin de sa vie, le commensal et le poète du duc de Bourbon, à Saint-Maur, comme il le chante lui-même :

<small>Lettres de Chaulieu.</small>

> C'est ce prince adorable à qui les destinées
> Donnèrent à Saint-Maur mes dernières années.

C'était un abbé bon vivant, célébrant l'amour et le vin en des vers d'une philosophie épicurienne et conformant sa vie à ses préceptes libertins. Il a vanté les vertus de son hôte illustre et chanté les agréments de Saint-Maur où il recevait une hospitalité généreuse, et soignait sa goutte en taquinant sa muse :

> Saint-Maur, séjour délicieux,
> Qui loin des fureurs de la guerre
> Servirais de retraite aux dieux
> S'ils habitaient encor la terre,
> C'est à toi que je dois ces jours
> Qui, dévidés d'or et de soie,
> Entre l'indolence et la joie
> N'auront plus qu'un paisible cours.

C'est de là qu'il écrivait, au nom du duc de Bourbon, à

la duchesse du Maine, la déesse de Sceaux, ces lettres mi-partie rimées qui, sous une forme badine et poétique, décrivent de façon précise la disposition des lieux et les agréments qui s'y trouvent. Nous donnerons ici, en grande partie, celle qui est datée du 27 mai 1702, à la lecture de laquelle il sera facile de retrouver les lieux cités, sur le plan que nous donnons à la fin du volume, et de se faire une idée des mœurs du temps.

....
>   Dans sa chétive baronnie
>   Venez voir un pauvre baron
>   Qui très humblement vous en prie
>   Et qui vous en conjure, au nom
>   De sa sainte Mauritanie ;
>   Non baron de qui l'équipage
>   Se transporte dans un chausson,
>   Mais baron de haut parentage
>   Dont porte l'antique lignage
>   Fleurs de lis en son écusson (1)

....

« Comme on sait pourtant, quoique gentilhomme de campagne, rendre les honneurs qui sont dus à une grande princesse comme vous, on vous présentera un dais en arrivant et vous serez haranguée.

>   Le bailli, grave personnage
>   Endossera l'accoutrement
>   Sous lequel, assez rarement,
>   Il rend la justice au village ;
>   Mais qu'il mettra lors en usage
>   Pour pouvoir magistralement
>   Moitié code, moitié roman,
>   En son rustique badinage
>   Vous détacher un compliment.

....

« D'abord à votre arrivée au Château :

>   On vit s'élancer dans les airs
>   Le cristal de mille fontaines
>   Dont quelques-unes au travers
>   De longs rameaux touffus et verts,
>   Arrosaient les cimes hautaines
>   D'arbres vieux comme l'univers (2).

....

---

(1) On a pu voir que le duc de Bourbon était baron de Saint-Maur, entre autres titres. Nous donnons le sceau de la baronnie trouvé au dos du testament de Melecot, son procureur fiscal. La justice était rendue au village par un bailli et un lieutenant du bailliage. Tous les procès criminels ou civils, les plaintes, les inventaires après décès figurent dans les papiers du bailliage de 1592 à 1790. Arch. nat. Z^2 4160 à 4165.

(2) Il existe encore un représentant de ces vieux arbres : c'est le grand chêne qui a donné son nom à une de nos voies publiques.

« Tout cela veut dire que vous vous promenâtes dans les jardins d'en haut et dans les routes du Petit Parc, dont il y en a dix qui aboutissent à une assez agréable fontaine. Mais continuons ; vous descendîtes de là dans une longue allée, qui borde d'un côté une longue pièce de pré, et, de l'autre, la rivière de Marne.

« Dans la grande prairie vous trouvâtes des danses de Nymphes et de Dryades et des Satyres qui vinrent danser une figure de ballet.

« Il n'y avait plus de là qu'à monter au Château, pour s'en aller souper ; mais, dès que l'on fut au haut de la terrasse on aperçut au loin une grosse troupe qui avait de l'air d'une cour. C'était Catherine de Médicis qui se promenait au pied de son Château avec la plupart des poètes de la cour de François Ier et de Henri II. Elle avait les deux Marot père et fils, Saint-Gelais, Du Bellay, Ronsard et quelques autres. »

Cette évocation des poètes de la Renaissance qui suivaient Catherine de Médicis est très juste. Tous les poètes, écrivains, artistes de cette grande époque, ont souvent accompagné la cour au Château royal de Saint-Maur.

L'ami de Chaulieu, le marquis de La Fare, qui a séjourné également au Château de Saint-Maur, consacre son ode VII à célébrer la beauté du site. Nous lui avons emprunté l'épigraphe de notre volume :

> Suis mes pas dans cette contrée
> Où la Marne, désespérée
> D'abandonner sitôt Saint-Maur,
> Dès qu'elle s'en est séparée,
> Retourne pour le voir encor.

Un événement tenant du surnaturel attira en ce village une infinité de monde au mois de mars de l'an 1706. On l'appela l'*Esprit de Saint-Maur.*

L'Esprit de Saint-Maur.
Un jeune homme du lieu, M. de S... (1), âgé d'environ vingt-cinq ans, d'un caractère mélancolique, d'un tempérament nerveux sans doute, crut voir un revenant, l'entendre et se sentir transporté avec son lit à travers sa chambre. Une nuit,

---

(1) Nous inclinons à croire qu'il s'agit de M. de Saint-Cyr dont nous trouvons la famille à Saint-Maur, à l'époque révolutionnaire, dans la propriété Leroy-Dupré, rue de la Révolution-Française, et même en 1770, comme on l'a vu plus haut.

il fut réveillé par une forte secousse, une autre fois les rideaux s'ouvrirent vivement et le lit courut vers la cheminée. Des coups étaient frappés dans le mur ; les papiers posés sur un bureau étaient déplacés ; c'était une de ces maisons hantées, dont l'esprit public, même de notre temps, est parfois si vivement frappé. Ces événements firent grand bruit à Paris et à la cour où ils étaient le sujet de toutes les conversations. Le prince de Condé, qui se trouvait alors à Saint-Maur, voulut se rendre compte de ces faits remarquables de l'ordre spiritualiste. Les apparitions ne durèrent pas longtemps. Un jour l'Esprit commanda à son sujet d'accomplir une chose restée secrète, sous quatorze jours et sous menace de mort ; la chose accomplie, dans les circonstances prescrites, on n'entendit plus parler de lui. Mais la croyance aux *esprits* avait tellement frappé le peuple crédule que des savants durent composer des dissertations sur ce sujet pour ôter à ces faits d'ordre psychique leur caractère surnaturel. L'abbé Lebeuf dit que l'une d'elles est datée de Saint-Maur, le 8 mai 1706, et qu'il croit que l'auteur en fut le chanoine Savary ; l'autre est d'un savant ecclésiastique, dom Calmet, qui inséra sa réfutation à la suite de son ouvrage, *Dssertation sur les apparitions* (1746) (1).

Grand bal.
La guerre des Farines.
Les Coches de Marne, de Champagne et de Brie.

Sous le règne de Louis XV, époque de galanterie ou plutôt de libertinage, toute la haute noblesse de la cour se trouva à Saint-Maur, le 6 avril 1750, pour assister à un grand bal donné par le comte de Charolais, à l'occasion de la prise de possession du Château par Monseigneur le prince de Condé. D'Argenson qui note le fait dans ses *Mémoires* s'exprime ainsi : « Il y aura bal paré et masqué ; toutes les belles dames de Paris en sont invitées. Le roi pourra y venir de Choisy. Gare quelque nouvelle connaissance là, et qui dégotte la marquise (2). »

(1) Le chanoine Poupart, chantre de Saint-Maur, en a aussi laissé une relation (1707).

(2) *Mémoires du marquis d'Argenson,* publiés par Rathery, t. VI, p. 185. — Le seul passage de la Marne à cette époque était le bac de Créteil. Dans des actes que nous avons lus aux Archives nationales, nous avons relevé quelques-uns des concessionnaires du prince de Condé : le 3 août 1765, c'était Pierre Gobert. A cette époque, c'était Jean Cadelle qui était fermier du bac de Chennevières depuis 1740. En 1777, le bac de Créteil est donné à ferme à une famille de pêcheurs, Jean et Louis Richard, dont un des membres, Jean-

En ce même bourg où se déroulèrent tant de fêtes et où se donnèrent libre cours, la joie, la prodigalité ou la folie des courtisans, le peuple connut des heures douloureuses. La famine s'y faisait presque sentir, comme ailleurs, en 1775, pendant cette grande cherté du pain qui provoqua « la guerre des Farines ». La spéculation sur les blés s'exerçait sans aucun frein, en un siècle où des courtisans avides ne craignaient plus de déroger en s'occupant d'agiotage et de commerce. Le peuple, qui en voulait aux « monopoleurs », se formait en bandes pour arrêter les grains destinés à Paris. Le 30 avril, une de ces bandes saccagea des dépôts à Brie-Comte-Robert, Meaux et Saint-Maur.

Nous remarquerons que ces grains avaient dû être apportés à Saint-Maur de Champagne ou de Brie par bateaux, car à cette époque le commerce de Paris était alimenté surtout par eau. Une compagnie, dite les *Coches de Marne*, faisait le service des transports de Paris à Châlons (1).

Le port était situé au quai Saint-Bernard, proche la Halle aux vins, ce qui semble indiquer que ces coches transportaient surtout des vins de la Champagne. D'autre part, le flottage

---

Hubert Richard, fut le premier maire de la commune. Nous retrouverons encore, en 1814, des Richard attachés au passage du bac. — Dans les papiers du bailliage de Saint-Maur nous avons trouvé, à la date du 27 juin 1777, la sentence de règlement des droits de passage du bac de Créteil, donnée à Jean et Louis Richard, fermiers concessionnaires du prince de Condé. Voici un extrait du tarif :

Pour un homme de pied, 1 sol ;
Pour un cavalier, 2 sols, 6 deniers ;
Pour une chaize ou cabriolet à un cheval, 5 sols ;
Pour une chaize à deux chevaux, 6 sols ;
Pour un cheval ou mulet et son conducteur, 2 sols ;
Pour une beste asine et son conducteur, 2 sols ;
Pour un bœuf et son conducteur, 2 sols ;
Pour chaque mouton, 3 deniers.

....

à la charge par les fermiers de mettre et dresser une pancarte ou *taule* peinte et écrite en impression à huile sur des poteaux proche dudit *bacq*, des deux côtés de la rivière en lieux apparents à ce que personne n'en ignore...auxquels faisons défense d'exiger de plus fortes sommes sous peine d'être punis comme concussionnaires. Arch. nat., Z² 4165.

Ces deux passeurs avaient le droit de pêche et le droit de passage, divisés en deux cantons, de Champignol à Brétigny et de Brétigny à la limite de la seigneurie. Le fermier de Champignol avait seul droit de passer avec un petit bateau, lui, sa famille et ses domestiques.

(1) THIÉRY, *Guide des amateurs et des voyageurs étrangers aux environs de Paris*, 1788. Nous avons vu également deux *voituriers par eau*, nommés au *Terrier* de Saint-Maur, l'un au pont de Saint-Maur, l'autre au port de Chennevières, en 1682.

des bois a été de tout temps très actif autour de la presqu'île. L'île Brise-Pain, ou plutôt Brise-Train, indique les difficultés de conduite de ces trains de bois, et les registres de police de Saint-Maur notent de très nombreux accidents ou échouages survenus à cet endroit.

Les rives de la Marne étaient donc, depuis la plus haute antiquité, sillonnées par de nombreux passages de mariniers ; cette animation ne prit fin que par l'ouverture du canal de Saint-Maur en 1822.

Au xviiie siècle, Saint-Maur était relié également à la capitale par un service de voitures publiques. Dans le *Tableau de la Ville de Paris* (1766), par Jèze, nous trouvons que les coches de Champagne et de Brie passaient au pont de Saint-Maur. La voiture de Rozoy en Brie par Champigny et la Queue amenait les voyageurs à Saint-Maur pour une livre. Ces voitures partaient de la rue Saint-Louis-au-Marais, aujourd'hui rue de Turenne. Au cours de cet ouvrage, nous suivrons le progrès des moyens de communication, de l'antique diligence aux trains rapides de la Compagnie de l'Est, en passant par le service de la Compagnie des Omnibus.

Le duc d'Enghien, célèbre par sa fin tragique dans les fossés de Vincennes, passa à Saint-Maur une grande partie de sa jeunesse, avant que la Révolution en fît un émigré. Il y fut élevé jusqu'à l'âge de 15 ans sous la direction du célèbre abbé Millot, son précepteur. On sait comment il fut enlevé en territoire étranger, amené de nuit au château de Vincennes et comment, sans lui donner le temps de céder au sommeil que la fatigue du voyage rendait invincible, il fut jugé sans témoins, sans public, sans défenseur, « sans désemparer », suivant l'ordre de Napoléon, et exécuté sans tenir compte du recours en grâce qu'il avait formé près du premier consul.

Le Château de Saint-Maur appartenait à son grand-père, le prince de Condé. L'émigration commença au lendemain du 14 juillet. Le prince, le duc de Bourbon et le duc d'Enghien quittèrent la France le 16 pour aller intriguer ou combattre contre leur pays. Nous allons narrer les événements qui se déroulèrent ici pendant la période révolutionnaire et suivre le sort du Château vendu comme bien national.

Nous venons de parcourir la période la plus glorieuse de

Le duc d'Enghien.

l'histoire de Saint-Maur. Mais le passé est mort ; l'Abbaye, qui fit sa réputation, a disparu ; la bibliothèque et les reliques sont dispersées ; le Château qui est presque une ruine, délaissé par la famille des Condé, va disparaître à son tour (1). De tout le passé religieux il ne reste plus que l'antique pèlerinage à Notre-Dame des Miracles qui se renouvelle encore tous les ans.

Nous allons assister au développement de la ville moderne et en suivre chronologiquement toutes les étapes. Nous verrons avec quelle rapidité s'est vérifiée la parole prophétique de Napoléon, qui avait un moment songé à établir à Saint-Maur un camp de cavalerie : « Cette presqu'île ne sera bonne un jour qu'à être l'emplacement d'une grande ville », avait-il dit en 1812 en renonçant à son projet à cause de la nature sablonneuse du terrain. C'en est fait ; la grande ville est sortie de terre : la voici.

---

(1) Les anciens jardins de Saint-Maur étaient encore, sous la Révolution, loués à Mme de Saint-Cyr, moyennant une rente de 5oo livres, par bail du 6 septembre 1771. Arch. de la Seine. *Journal des domaines nationaux* du district de Bourg-la-Reine, t. I, fol. 6.

Chapitre XI

LA VILLE DE SAINT-MAUR

(DE LA RÉVOLUTION A NOS JOURS)

Introduction. La commune de Saint-Maur, qui avait des griefs particuliers contre son seigneur, le prince de Condé, entra dans le mouvement révolutionnaire et applaudit aux actes des trois assemblées. Nous verrons le village agité par des ennemis du nouveau régime, mais rester fidèle à la nation et demander même la punition des royalistes. Nous le verrons également répondre à l'appel de la patrie en danger et envoyer à la frontière un certain nombre de volontaires.

Au début de la Révolution se manifestaient déjà partout des symptômes d'insubordination. Sous un roi bon et faible, l'autorité allait être méconnue jusqu'à l'insulte à la majesté royale. Les habitants de ce village ne se gênaient pas pour se procurer du bois aux dépens du domaine royal. Le 9 décembre 1789, à la suite de perquisitions faites dans tous les villages avoisinant le bois de Vincennes, 74 personnes, dont 20 de Saint-Maur, sont traduites devant le juge, qui les condamne à l'amende et à la restitution, et leur fait défense de s'attrouper, d'aller commettre des délits à force ouverte, sous prétexte de bois mort dans le parc de Vincennes.

Mais, pour comprendre toute l'injustice, ou l'oppression que le régime féodal avait fait peser sur ses habitants, comme sur tous ceux de la France, nous donnerons d'abord le cahier des doléances de la paroisse, cahier où sont énumérés en un langage respectueux et même naïf les plaintes et les vœux de la population.

A cette époque, Saint-Maur n'était qu'un pauvre village de 1.100 habitants environ, employés du Château ou cultivateurs d'une terre ingrate, sablonneuse, qui les nourrissait avec peine et qui était souvent dévastée par les inondations et les chasses de Monseigneur le Prince. Dans ce nombre figurent ceux du hameau du Pont (1).

Cahier des doléances.

« Des doléances, plaintes et remontrances des habitants de la paroisse de Varennes-Saint-Maur-des-Fossez, tous assemblés le 14 avril 1789, et ce pour répondre aux ordres et volonté de Sa Majesté et lui mettre sous les yeux la vérité la plus étendue de cette malheureuse paroisse qui est située dans une espèce d'île.

« ARTICLE PREMIER. — La rivière de Marne la cernant dans tout son pourtour, elle devient malheureusement très sujette aux inondations occasionnées par ses débordements et qui déracinent tous les grains en partie ensemencés à l'entour de son voisinage et transportent de la vase et du sable par places de deux pieds de hauteur, ce qui rend le sol encore plus mauvais et désagréable pour le cultivateur.

« ART. 2. — Si les habitants de cette même paroisse ont

---

(1) Nous en citerons quelques-uns dont les noms se retrouvent encore ici : Lejemptel, cocher de Monseigneur le Duc (1783) ; Jacques Maître, dit la Brizée, brigadier des gardes-chasses ; Nicolas Aubry, boulanger du Prince (1787) ; Pierre Girard, concierge du Château (1788) ; Jacolet, valet de chambre ; Hanot, notaire ; Liédet, serrurier (1746), Hacar, serrurier (1760), etc. — État de la population du district du Bourg-la-Reine en date du 10 février 1792 : canton : Charenton-Conflans ; municipalités : Charenton-Conflans, 1.800 hab. ; Charenton-Saint-Maurice, 1.100 ; Saint-Maur, 1.177 ; Champigny, 1.162 ; Nogent-sur-Marne, 989 ; Brie, 473 ; Créteil, 763 ; Bonneuil, 166 ; Maisons, 1.082. Total du district : 8.712 hab. — Arch. nat., D IV bis 45.

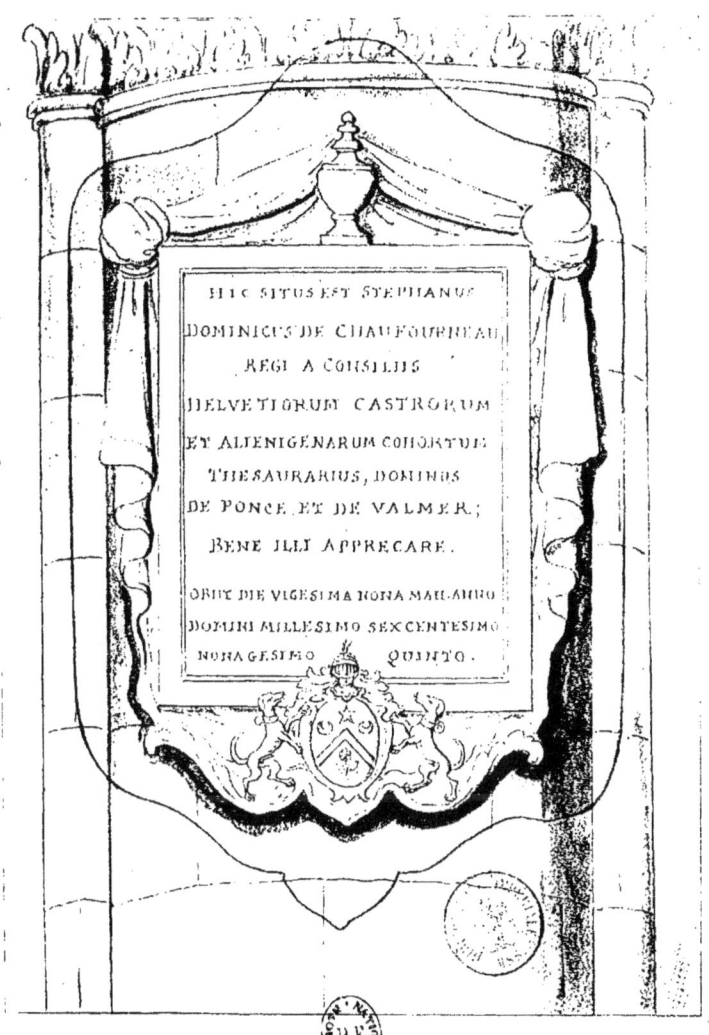

Épitaphe de marbre blanc contre un pillier du Chœur au-dessus des Chaires du costé de l'Epistre dans la paroisse de Saint-Nicolas de Saint-Maur-des-Fossez. — Stéphane Dominique de Chaufourneau trésorier des gardes suisses. (Voy. p. 111.)

le bonheur que cette rivière ne déborde pas, ils sont en crainte des années qui se suivent de sécheresse, dont l'exemple leur est arrivé depuis bien des années, de manière que le cultivateur est les trois quarts du temps en danger, ainsi que les particuliers, de perdre une grande partie de leur récolte, qui ne suffit quelquefois pas pour lui remplir ses frais d'exploitation.

« Art. 3. — Cette paroisse est composée d'un sable pour son terrain très ingrat, qui pourrait devenir plus avantageux si Sa Majesté, qui ne cherche qu'à faire le bien de ses sujets, donnait des ordres pour y faire construire un pavé qui ne coûterait pas cher, et qui faciliterait tous les habitants pour le transport des engrais dont ce terrain a grand besoin, ce qui ferait le bien général, attendu qu'il produirait ce qu'il ne produit pas ; ce qui éviterait la disette dans de certaines années et rendrait cette paroisse plus commerçante ; ce qu'il leur est impossible de faire vu que la charge d'un cheval sur le pavé fait celle de trois chevaux dans les mêmes sables.

« Art. 4. — Il faut mettre sous les yeux de Sa Majesté la chose la plus importante, qui est le dégât du gibier dans notre plaine qui se trouve ravagée tant par le lapin que lièvre et perdrix ; et après avoir perdu son bien l'on n'a pas le droit de se plaindre. Le prince juste et bienfaisant est dépersuadé par les gens qui l'environnent, et le malheureux cultivateur ainsi que le particulier ne peuvent pas approcher de ce bon prince qui sûrement ne leur refuserait pas la justice qu'ils réclameraient auprès de lui. L'inspecteur des chasses rit au nez du malheureux plaignant, qui préfère perdre son bien plutôt que de se mettre en justice avec un prince dont il est sûr de succomber. Le défaut de fortune le met hors d'état de suivre. Il perd son bien et passe pour un homme qui réclame ce qui ne lui appartient pas. L'on ne craint pas d'avancer cette vérité à Sa Majesté, qu'il soit rendu la justice au dernier de ses sujets, comme il la rendrait aux Messieurs gentilshommes de sa cour. Ils font plus, ils mettent ces plaines aussi garnies de gibier comme pourrait l'être la basse-cour d'un fort cultivateur, et pour détruire en partie ce même gibier et remplir leurs amusements, ils ne cherchent pas le temps où les grains soient finis d'être coupés et rentrés ; ils traversent à travers les grains ou javelles qui ne sont pas encore levés, eux, tout leur monde ainsi que les chevaux qui les accompagnent à cette même chasse. Il serait à propos que Sa Majesté rendît un édit : que les princes et seigneurs partiticuliers à qui appartiendrait le droit de chasser, soient condamnés, sur le rapport de deux experts pour toute décision, ce qui éviterait tous frais, et le cultivateur ensemencerait sans craindre la perte occasionnée par le gibier. Et Sa Majesté mettrait les malheureux cultivateurs et habitants à l'abri de toute tracasserie de la part de leur seigneur, qui se trouverait forcé de se renfermer dans l'édit et volonté de Sa Majesté.

« Art. 5. — La paroisse de Varenne-Saint-Maur est sans aucun corps de métier, ni artisans. Il faut que les habitants aillent chercher le secours dans les paroisses voisines, et ils ne peuvent le faire sans frais, puisqu'ils sont forcés de passer la rivière.

« Sa Majesté, bonne et juste pour son peuple, voudra bien avoir égard pour les impôts de cette paroisse qui se trouve, comme il est dit ci-devant, très endommagée. Et ces malheureux habitants déclarent à Sa Majesté la plus sincère vérité, attendu la sagesse d'un aussi bon monarque et aussi bon Roi digne de toute l'attention de son peuple.

« *Signé* : Desaint, Buchot, Géant, Bouillon, Mathieu, Claudin, Riquety. »

Dans une aussi petite agglomération, la Révolution ne dut point faire beaucoup de bruit ; cependant le bourg de Saint-Maur était trop près de Paris pour ne pas en ressentir les terribles convulsions, pour ne pas partager l'agitation par laquelle dut passer le pays avant d'avoir décrété la Liberté, chassé l'envahisseur, établi l'ordre nouveau.

<small>Vivant-sur-Marne.
Les cloches.
La chapelle
Notre-Dame
des Miracles.</small>

Sous l'inspiration des clubs révolutionnaires, un souffle de laïcisation passa sur le pays. Les communes qui portaient des noms de saints se hâtèrent d'en changer, Saint-Maur devint *Vivant-sur-Marne* par arrêté municipal du 22 nivôse an II (1794), sans doute par une opposition d'idées qu'il est permis de supposer ainsi. Après avoir perdu le mot saint on s'aperçut que le nom du village évoquerait une idée macabre ; c'est ainsi que dut se présenter à l'esprit de quelque zélé sans-culotte cet autre nom de Vivant qui symbolisait la foi en l'avenir (1). Et le village de Vivant-sur-Marne n'a pas

---

(1) Le mot Saint-Maur ou Mor évoquait une idée de mort à laquelle nos ancêtres ont souvent fait allusion. On en trouve une dans la célèbre chanson

périclité comme tant d'autres au glorieux passé enseveli sous leurs ruines ; il est devenu une grande et belle ville qui s'accroît de jour en jour.

Sous le même souffle et par nécessité aussi, pour se procurer des ressources, trouver du bronze pour couler des canons, les objets précieux des églises prirent le chemin de la Monnaie, les cloches allèrent à la fonte. Celles de Saint-Maur paraissent avoir été respectées. L'une d'elles a une histoire ; elle a été bénite vers la fin du xviie siècle et a eu pour parrain le prince Henri-Joseph de Bourbon-Condé, seigneur de Saint-Maur. La date de la fonte n'est pas indiquée sur le bronze, mais la charpente en bois porte celle de 1692.

La chapelle de Notre-Dame des Miracles fut fermée au moment où les décrets de la Législative vinrent réglementer l'exercice du culte ; mais l'image vénérée avait été transportée solennellement, le 2 juin 1791, dans l'église de la paroisse. Pendant les troubles révolutionnaires, elle fut enlevée par des mains pieuses qui la préservèrent d'une destruction probable. Une tradition conservée dans la famille Hacar veut que cette relique ait été cachée par l'ancien maire Hacar lui-même.

La chapelle fut ensuite mise en vente et adjugée, le 27 janvier 1792, à Jean-Baptiste Roussel, marbrier à Paris, rue Traversière.

L'acte de vente porte sur « une maison appartenant aux chanoines de Saint-Louis du Louvre et sur la chapelle Notre-Dame des Miracles dallée en pierre, éclairée du côté du midi par quatre croisées et par une grande du côté du levant : ladite

---

du moyen âge, intitulée « la complainte de Jean Renaud »:
> Quand Jean Renaud de guerr' revint,
> Tenait ses tripes dans ses mains,
> Sa mère à la fenêtre en haut :
> « Voici venir mon fils Renaud. »

On annonce au chevalier que sa femme vient d'accoucher d'un fils ; le blessé meurt dans la nuit et l'on cache la triste nouvelle à sa femme, qui, quelques jours après, demande :
> Dites-moi, ma mère, ma mie,
> Quell' robe mettrai-je aujourd'hui ?
> — Mettez le blanc, mettez le gris,
> Mettez le noir pour mieux choisi.
> — Dites-moi ma mère, ma mie,
> Qu'est-ce que ce noir-là signifie ?
> — Tout' femme qui relèv' d'un fils
> Du drap d' saint Maur doit se vêtir.

Du « drap de Saint-Maur » est mis ici pour du « drap des morts », pieux mensonge pour faire prendre le deuil à la veuve sans lui avouer son malheur. — Nous trouvons, sous le premier Empire, un adjoint au maire du nom de Marchand qui avait pour prénom *Vivant*.

chapelle décorée d'un autel, stalles en bois de chêne et autres objets ; à côté de l'autel est une sacristie qui fait le dessous d'une tribune dépendante de la maison occupée par M. d'Apchon, lequel a la jouissance d'une cave qui est dessous (1) ».

Nous lisons dans les procès-verbaux de l'Assemblée législative que la commune de Saint-Maur présente 50 volontaires, armés et équipés par leurs concitoyens pour la défense des frontières. Ils prêtent le serment et défilent devant l'Assemblée le 17 septembre 1792. La municipalité envoya à cette occasion aux représentants du peuple une adresse que nous ne résistons pas au plaisir de citer :

Volontaires (1792).

« LÉGISLATEURS,

« Verrons-nous sans indignation ? Laisserons-nous retentir nos oreilles de ces nouvelles fatales ? et souffrirons-nous plus longtemps qu'une horde de brigands salariés par les ennemis de notre Liberté se répandent sur cette terre sacrée et y portent avec eux le fer et la flamme ?

« Nous avons tous juré qu'elle serait intacte et de nous venger de l'audacieux qui y porterait atteinte. Cependant le cruel Frédéric et le sanguinaire Brunswick dirigent avec leurs satellites une marche téméraire sur cette mère Patrie, déchirent son sein par des crimes inouïs et teignent leurs mains sacrilèges du sang très pur de nos frères.

« Non, législateurs, les citoyens de la c^{ne} de St M. ne partageront jamais les sentiments de ces âmes lâches et perfides qui restent insensibles aux malheurs de leurs proches. Les dangers de la Patrie les appellent, ils se lèvent, et, ne voulant pas être inactifs dans leurs foyers, ils s'empressent de voler aux endroits menacés avec un désir brûlant de venger la Liberté et l'Égalité.

« Nous vous les présentons, Législateurs, ils sont au nombre de 50 sur 200 que composent la c^{ne} de St M. Nous vous les présentons armés et équipés aux frais de leurs concitoyens, rien ne manque à leur courage. Dites que vous hâterez leur départ, dites plutôt que l'heure en est sonnée, et aujourd'hui, à l'instant même ils iront sous les ordres des Fabius nous venger des ennemis du peuple romain, poursuivre

---

(1) Arch. de la Seine, 851, pièce 303.

ces Samnites modernes jusque dans leurs antres, ou les immoler sur notre terre, franchir les barrières de cette Étrurie nouvelle et donner la liberté aux peuples de la Germanie.

« Nous allons donner aux peuples voisins un grand exemple, l'œil de leur attention est fixé sur nos opérations et ils attendent que nous leur fournissions un moment favorable pour se lever. Oh ! qu'il sera beau le jour où l'univers, imitateur de la France, aura brisé les chaînes de son esclavage ; nous allons enfin nous montrer dignes de cette liberté en vous promettant par le serment que nous prêterons devant vous qu'aucun de nous ne reviendra sans avoir illustré sa mémoire par la mort des esclaves ou des tyrans.

« Législateurs, la c^{ne} de St M. appelle enfin votre attention sur plusieurs mémoires ou pétitions qu'elle vous a adressés et qui sont dans vos comités.

« Il est très instant que vous prononciez sur ces objets pour éteindre une guerre intestine qui règne depuis trois ans dans cette commune et qui empêche aujourd'hui le départ d'un plus grand nombre de volontaires. La source du mal vient de l'exercice de deux municipalités dans cette dite commune que nous vous prions de réunir en une seule.

« Les commissaires du dép^t, envoyés à cet effet le 30 août dernier, ont constaté dans leur procès-verbal la nécessité indispensable de cette réunion sans laquelle il est impossible d'avoir la paix.

« A St Maur le 10 septembre 1792.

« L'an 4e de la Liberté et le 1er de l'Égalité (1).

« Gautier, maire ;

« Boucher, Acart, off. m^x. »

Après l'exécution de Louis XVI les royalistes cherchèrent à soulever le pays et ils y réussirent trop bien dans certains endroits de la Basse-Bretagne, par exemple, où ils fomentèrent la guerre civile. Saint-Maur fut travaillé par un agitateur venu de Paris. Il existe une délibération du Comité de Salut public donnant pouvoir au Comité de surveillance de la section de Montreuil de faire arrêter le nommé Botard, marchand de vin à Paris, passage des Chartreux, « qui actuel-

**Agitateur.
Affaire Renyé.**

---

(1) Arch. nat., C 166.

lement (26 septembre 1793) agite la commune de Saint-Maur (1) ».

A cette époque de guillotine en permanence, il fallait non seulement surveiller ses actes, mais ses paroles. Le « suspect » était dénoncé par de zélés jacobins et il pouvait lui arriver les pires aventures. Saint-Maur eut alors son affaire, « l'affaire Renyé » (2). Une dénonciation fut portée au Comité de surveillance de la commune de Saint-Maur par le sieur Pierre Estèphe, bûcheron, travaillant au bois de Vincennes, contre le sieur Renyé, garçon carrier, pour avoir tenu les propos les plus inciviques, avoir dit entre autres « qu'il se f..... de Marat et de Le Pelletier ainsi que de toutes les affaires que l'on faisait et s'être vanté d'avoir gagné cinquante livres sans travailler ».

Ce pauvre carrier, qui avait eu le tort d'exprimer trop vivement son opinion, fut condamné à mort le 27 messidor an II et compris dans la catégorie de ceux qui avaient été convaincus « de s'être déclarés les ennemis du peuple en tenant des propos contre-révolutionnaires, en entretenant des correspondances avec les ennemis de la République, en avilissant la cocarde nationale, en semant la discorde parmi les concitoyens, en cherchant à ébranler leur fidélité envers la nation, à discréditer les assignats, etc. » Dans la séance du tribunal criminel révolutionnaire du 27 messidor an II, on trouve Nicolas Renyé, âgé de 35 ans, né à Ys, département de la Haute-Marne, garçon carrier, demeurant à Saint-Maur. Nous le trouvons également dans la liste des condamnés à mort publiée par la *Gazette nationale* ou *Moniteur universel,* XXI, 276.

En bons citoyens, reconnaissants envers l'Assemblée qui les avait libérés des servitudes seigneuriales contre lesquelles nous les avons vu s'élever timidement, les habitants de Saint-Maur envoient des adresses de félicitations à la représentation nationale :

« Aujourd'hui 19 vendémiaire an IV, le conseil général de la Commune assemblé a arrêté qu'il serait fait une adresse à la convention nationale sur les journées du 13 et 14 vendémiaire tant en son nom qu'en celui des citoyens de la commune pour lui protester de leur dévouement et de leur soumission aux lois (3) .»

Après le coup d'État du 18 fructidor an V, où le Directoire, menacé par les menées royalistes, dut déporter quelques députés

---

(1) Arch. nat., cote BB³, 81ᴬ.
(2) Arch. nat., W 415, n° 951, p. 27.
(3) Arch. de Saint-Maur, D I.

ainsi que deux directeurs, Carnot et Barthélemy, nous voyons le conseil général de Saint-Maur adresser au Directoire des félicitations à la date du 27 fructidor. Il est vrai que ces adresses se renouvellent à tous les changements de régime comme nous le verrons, ce qui doit les faire considérer comme de simples actes d'obséquiosité, de courtisanerie.

Nous n'avons aucune relation des fêtes civiques qui associèrent le peuple aux grands actes des assemblées révolutionnaires. Dans un mémoire adressé par la municipalité au district de Bourg-la-Reine, nous lisons la liste des fonctionnaires qui prêtèrent le serment civique, savoir : M. Claude Fournier, curé de Saint-Maur; M. Jacques Douchin, vicaire; M. Jean-Baptiste Duval, curé de La Varenne, « lesquels ont prêté le serment civique conformément à la loi du 26 décembre 1790, purement et simplement, sans restriction, ce qui leur a mérité les applaudissements de tous leurs concitoyens ». L'église de Saint-Maur, fermée au culte catholique, fut convertie en temple de la Raison, le 10 floréal an III, et la chapelle Saint-Léonard, à Joinville, en temple de l'Être suprême (1). Un procès-verbal, que nous avons retrouvé, indique cependant comment une des fêtes populaires fut célébrée en l'an V. Le maire assemble les habitants à l'effet d'élire les citoyens qui prendront une part active à la célébration de la fête de la *Souveraineté du Peuple* : quatre jeunes citoyens pour porter solennellement le livre de la *Constitution,* puis un ancien « qui montera sur les degrés de l'autel de la Patrie et adressera aux magistrats la phrase déterminée par la loy (2) ».

Fêtes révolutionnaires.

C'est sans doute sur la place d'Armes, centre du pays, que se déroulèrent alors les fêtes populaires de la Révolution. La mairie était voisine de l'église, et nous avons retrouvé des comptes rendus de gestion des marguilliers lus aux paroissiens assemblés sous le porche de l'église. Le livre des comptes de la fabrique est visé à cette époque par l'autorité civile ; nous y voyons la signature du premier maire de la commune, Jean-Hubert Richard, à la date du 9 mai 1790.

Jusqu'en 1790, la paroisse de Saint-Maur comprenait le

---

(1) Arch. de Saint-Maur, D IV, lettre du 19 février 1850.
(2) Registres de police de Saint-Maur, I, fol. 18.

bourg de Saint-Maur et le hameau du Pont-de-Saint-Maur. Suivant les décrets d'organisation municipale, ces deux agglomérations ne devaient former qu'une seule commune ; mais sous l'inspiration du vicomte Boniface de Mirabeau, dit Tonneau (1), qui habitait momentanément Polangis et qui voulait être désagréable à la maison de Condé, les habitants de cette partie de Saint-Maur, profitant du désarroi général, s'érigèrent en commune sous prétexte que, depuis 1723, ils avaient un rôle particulier de contributions, et célébrèrent à part la fête de la Fédération. Quelque temps après, une loi provisoire sanctionna cet acte contraire à l'esprit des décrets des 14 et 22 décembre 1789 sans que les formalités nécessaires eussent été remplies. Cette séparation avait été obtenue grâce à l'influence de Mirabeau Tonneau, qui était l'ami du comte d'Artois, et de Mirabeau, son frère, que la famille royale considérait alors comme le sauveur de la monarchie.

Séparation de la Branche-du-Pont-de-Saint-Maur. Premières municipalités.

Nous donnons ici la composition des premières municipalités des deux communes sœurs :

Municipalité de la Branche-du-Pont-de-Saint-Maur

Maire

Edme Lheureux, marchand de bois.

Officiers municipaux

Jean Le Jeune, maréchal expert ;
Laurent Pinson, marchand de bois scié.

Notables

Louis Lucot, blanchisseur ;
Jean-Charles Contour, marchand de fer ;
Jacques Blanchet, charron ;
Jean-Louis Destouches, marchand de vin ;
Antoine Cornu, maçon.

---

(1) Appelé Tonneau par le peuple à cause de son obésité et de son penchant à l'ivrognerie. Quand on lui reprochait ce vice, il répondait : « De tous les vices de la famille c'est le seul que mon frère m'ait laissé. » Il émigra, et en 1791 il était à Coblentz où il devint l'organisateur de l'armée du comte d'Artois.

Procureur de la commune

Jean Acher, marchand épicier.

Trésorier

Nicolas Lheureux, blanchisseur.

Secrétaire-greffier

Nicolas Spycket, carrier.

Prud'hommes-assesseurs du juge de paix à la résidence de la Branche-du-Pont-de-Saint-Maur

Jean-Charles Contour, marchand de fer ;
Roch Vingdlet, l'aîné, marchand carrier ;
Nicolas Lheureux, blanchisseur ;
Laurent Pinson, marchand de bois scié.

Municipalité de Saint-Maur

Maire

Jean-Hubert Richard, bourgeois.

Officiers municipaux

Jacques Bouillon, aubergiste ;
Claude Cottereau, laboureur ;
Jean-Nicolas Hacar, serrurier ;
Pierre Delacroix, maçon ;
Pierre Gauthier, marchand de vin.

Notables

Denis Le Roy, épicier ;
Jean-Abraham Dorenlot, blanchisseur ;
Nicolas Bégat, cordonnier ;
Marc Motot, maçon ;
René Dupré, marchand de bois ;
Guisebert de Lille, perruquier ;
François Boucher, tailleur ;
Nicolas Berthault, blanchisseur ;
Jean-Joachim Rabel, blanchisseur ;
Claude-Marin Mathieu, laboureur ;
Pierre Morin, parfumeur.

Procureur de la commune

Louis-Philippe-Gabriel Riguet, laboureur.

Trésorier

Pierre Dupré, marchand de bois.

Secrétaire-greffier

Jean-Pierre Verguet, maître de pension.

Prud'hommes-assesseurs du juge de paix à la résidence de Saint-Maur

Jean-Nicolas Hacar, serrurier ;
Pierre de La Croix, maçon ;
Jean-Charles Bellin, menuisier ;
Pierre Gruchet, épicier.

Le procureur de la commune assistait aux séances et devait être entendu sur tous les objets mis en délibération sans avoir voix délibérative.

<small>Union des municipalités de La Varenne et de Saint-Maur.</small>

D'abord les deux agglomérations, Saint-Maur et La Varenne, constituèrent deux municipalités séparées, mais la commune de Saint-Maur comprit, peu après, la paroisse Saint-Hilaire qui, pour sacrifier aux idées de centralisation du moment, alla jusqu'à abandonner et démolir son église qui n'avait pas deux cents ans d'existence. Peut-être aussi, après la vente des biens nationaux, les habitants de La Varenne, très peu nombreux à cette époque, jugèrent-ils qu'ils ne pourraient s'imposer les dépenses d'entretien de leur église et de leur mise en commune distincte. Quoi qu'il en soit, les deux municipalités furent unies par un arrêté du directoire du département dont voici le texte :

« Le directoire arrête que cette réunion, non seulement a été provoquée et consentie par les habitants de Saint-Hilaire par délibération du 30 janvier 1790 ; mais encore qu'elle est déjà constatée et même effectuée suivant le procès-verbal du 14 novembre suivant, attestant que les citoyens actifs des municipalités de Saint-Maur et de La Varenne de Saint-Maur, librement réunis, ont procédé ensemble au renouvellement annuel d'une partie des officiers municipaux, notables des deux communes réunies en une seule, que le hameau du Port de Créteil, renfermant la majeure partie des habitants de La Varenne, en est beaucoup plus distant que de Saint-Maur, que, par conséquent il est de la convenance des deux communes de se réunir en une seule, etc.

« Arrête que la commune de La Varenne Saint-Hilaire restera définitivement réunie avec celle de Saint-Maur.

« Fait à Paris le 5 décembre 1791. »

Mais l'entente ne dura pas longtemps.

Les habitants de La Varenne s'en repentirent presque aussitôt et réclamèrent en vain leur autonomie en disant que Saint-Maur, ne comprenant que 39 arpents sur 2.824 à La Varenne, « paraissait un limaçon portant sa coquille sur son dos ». Les inconvénients de cette résolution se firent sentir immédiatement. Cette union devait plus tard, même, être regrettée par les habitants devenus plus nombreux et donner lieu à la revendication tant de fois renouvelée de leur mise en commune séparée.

Complétons ce paragraphe en disant que Saint-Maur fut canton du district de Bourg-la-Reine durant les années 1790 et 1791. Dans la liste des communes de ce district, la municipalité de la Branche, non reconnue, n'est pas désignée. Mais sa patience, sa ténacité et son droit, il faut bien le dire, finirent par triompher, car il eût été illégal de supprimer ce rôle des contributions qui lui avait assuré, depuis longtemps, une large autonomie civile.

Mais revenons à la séparation du hameau du Pont-de-Saint-Maur.

Protestations et incidents Saint-Maur et la Branche-du-Pont
La commune de Saint-Maur protesta longtemps contre cette violence faite à ses droits, aux traditions et aux liens de communauté et de famille qui unissaient depuis si longtemps les deux communes.

Une plainte fut adressée, le 5 janvier 1791, aux officiers de la municipalité de Paris faisant les fonctions du directoire du département :

« Messieurs,

« Le corps municipal de la paroisse de Saint-Maur les Fossés et M. le Curé ont l'honneur de vous représenter que les habitants de la Branche du Pont de Saint-Maur dont les maisons contiguës à celles de Saint-Maur se prolongent par continuité à 4 ou 500 toises au plus de distance du clocher de la paroisse après s'être attribués le droit de former une municipalité et une garde nationale, sous prétexte qu'ils ont un rôle différent, au lieu de se réunir à celles de la paroisse, selon l'esprit des décrets de l'Assemblée Nationale, se donnent encore la liberté d'élever autel contre autel en faisant dire la messe dans une petite chapelle assez peu décente, dite de Saint-Léonard, située près ledit pont, même les jours les plus solennels et y faisant présenter le pain à bénir... alors que la municipalité de Saint-Maur, pour se conformer aux décrets, a procédé, le dernier jour de l'année qui vient de finir, à l'inventaire du mobilier et à la fermeture de la chapelle dite Notre-Dame des Miracles, chapelle beaucoup plus grande, plus décente et d'une utilité plus reconnue...»

Le 8 février 1791, la municipaitlé adresse encore une plainte plus pressante:

« Monsieur,

« Les officiers municipaux, notables et autres citoyens de la commune de Saint-Maur-des-Fossés ne cherchant dans tous leurs procédés qu'à établir et augmenter par toutes sortes de moyens, la paix et la concorde qui doit régner entre des concitoyens.

« En vain les habitants de la Branche du Pont de Saint-Maur éloignés à quarante pas de notre clocher, nous étant réunis quant au spirituel, voudraient-ils opposer que nous les avons rejetés, sans vouloir entendre parler de réunion, tandis que depuis le nouvel ordre de choses, nous n'avons cessé de les inviter et de les supplier, tant au prône par différentes fois pour la formation d'une seule municipalité, que de toutes autres manières par lesquelles nous leur avons témoigné le désir sincère de les voir joindre à notre commune pour ne former tous qu'un, afin que des sentiments fraternels rendent à jamais mémorable cette réunion que nous désirons encore aujourd'hui.

« Nous disons que l'arrêt du conseil que les habitants de la Branche ont obtenu, est mal conçu quant au nouveau régime et qu'on ne doit nullement y statuer puisqu'il a pour motif de séparer des citoyens, des frères réunis quant au spirituel depuis 98 ans, en accordant à ladite Branche un role particulier, qu'il a été depuis son établissement une semence de querelles entre les citoyens de Saint-Maur et de la Branche, qui jouissant de tous les avantages spirituels de notre paroisse n'ont jamais prétendu devoir nous permettre de participer à leurs avantages temporels, vu l'arrêt du conseil qui les sépare. D'où il s'ensuit que chaque jour verrait naître de petites guerres qui auraient nécessairement des suites funestes, si la prudence de nos concitoyens n'en imposait.

« Cette conséquence nous conduit donc pour l'amour de la paix à demander la réunion totale de la Branche-du-Pont à la paroisse de Saint-Maur et à dire que l'établissement d'une simple chapelle dans ce lieu enfanterait les mêmes désagréments que ceux que nous éprouvons aujourd'hui, celle qui y existe actuellement n'est d'aucune utilité reconnue. En vain les habitants de la Branche voudraient-ils pour la conserver, représenter son utilité pour la marine ? l'heure de midi à laquelle se dit cette messe est-elle convenable pour que les mariniers puissent y assister, pendant qu'il se dit à Saint-Maur deux messes à des heures plus fixes et plus commodes et où nous voyons les mariniers assister très souvent. Voudraient-ils opposer l'utilité des passants ? Vincennes et Champigny sont également placés sur cette route pour la satisfaction des citoyens voyageurs. D'ailleurs les habitants de la Branche trouvent dans cette réunion mille avantages pour leur commune. Il existe dans notre paroisse des fondations pour le soulagement des pauvres, et l'éducation de leurs enfants desquels ils participeraient par la réunion. Vous voyez donc, Monsieur que ce n'est pas la vengeance mais l'amour de la paix qui nous dirige.

« Oui monsieur nous vous le déclarons que nous acceptons la réunion totale de la Branche du Pont dudit Saint-Maur savoir, le spirituel et le temporel et que la municipalité et la garde nationale de ladite Branche demeurent supprimées, pareillement la chapelle dite Saint-Léonard y existante sans fondation que celle d'une seule messe par an, laquelle chapelle est cause de la désertion des citoyens de la Branche à la paroisse de Saint-Maur.

« Que les habitants de Saint-Maur ne consentent nullement à l'établissement de succursale, d'annexe ou chapelle dans ladite Branche vu son peu de distance de notre clocher.

« Nous exposons enfin que nous rédigeons cette représentation comme supplément au procès-verbal fait avec M. le Roy commissaire le 7 février 1791, envoyé pour lever ces difficultés, vu que nous n'avons pu donner lieu aux réflexions désignées cy dessus par la précipitation dudit sieur en ne nous avertissant que le soir, la veille de son arrivée.

« Nous avons signé le 8 février 1791.

« Notables : Dorenlot, Dupré, Boucher, P. Morin, Berthault, Acart ; Richard, maire ; Hacar, officier municipal ; La Croix, officier municipal ; Bellin, assesseur ; Verguet, secrétaire-greffier. »

La municipalité de Saint-Maur s'adressa même à l'Assemblée nationale le 25 août 1792 pour lui peindre l'injustice et les dangers d'une telle situation qui produisait des rivalités dangereuses pour la paix publique :

« Monsieur le Président,

« Le conseil général de la commune de Saint-Maur département de Paris a l'honneur de vous exposer le malheur de sa position actuelle, situation d'autant plus critique qu'il est besoin dans ce moment d'une grande union d'où provient notre force mais la municipalité mourra à son poste pour le maintien de la Liberté et de l'Égalité.

« Faits :

« Deux municipalités ont été tolérées dans notre paroisse celle de Saint-Maur légalement établie et l'autre connue sous le nom emprunté de la Branche de Saint-Maur. Cette dernière a toujours cru avoir le droit d'exercer ses fonctions quoique certainement contraire aux décrets de l'Assemblée nationale qui veulent que tout citoyen se rende à son clocher, cette municipalité n'en a point puisqu'elle dépend de Saint-Maur.

« Nous l'avons engagée par toutes sortes de moyens à se réunir avec nous, chose qu'elle a toujours refusé, ces moyens sont plus de 30 à 40 députations, au département, au district et à elle-même. En vain avons-nous adressé aux autorités supérieures représentations, mémoires en grand nombre.

« De là deux partis dans notre paroisse qui se rivalisant tour à tour offraient à nos yeux l'aspect d'une guerre intestine et perpétuelle.

« Enfin les 3/4 des habitants de ladite Branche de Saint-Maur lassés d'être despotisés par leur municipalité se lèvent par un mouvement spontané, se présentent au milieu de nous et nous conjurent de les accepter pour désormais ne faire qu'un avec nous. La municipalité de Saint-Maur avant d'acquiescer leur demande, fit part de ses intentions au district qui, dans son conseil, accepta la réunion, la présenta au département qui y refusa son adhésion.

« Aussitôt se reproduisent dans les deux municipalités querelles et discussions à l'ordinaire, néanmoins les citoyens réunis persistent dans leur résolution, sont incorporés dans la garde nationale de Saint-Maur, y prêtent avec les citoyens d'ycelle le nouveau serment et votent avec aux assemblées primaires tenant à Saint-Maur.

« Les opposants à l'union mécontents de cette démarche rencontrent le jour d'hier un tambour de Saint-Maur qui avertissait les citoyens de la Branche réunis, de la prestation du serment, après en avoir été prévenir la municipalité prétendue et qu'il n'a pas trouvée, se jettent sur lui, lui arrachent sa caisse, le maltraitent et l'obligent à chercher son salut dans la fuite. A cette nouvelle la commune de Saint-Maur se lève et veut venger cette injure, mais la municipalité les arrête et va elle-même quérir le tambour qu'on lui a rendu. On n'en demeure pas là. »

. . . .

« Nous vous demandons de décréter si la prétendue municipalité de la Branche de Saint-Maur doit subsister et par quelle autorité elle a été établie, nous sommes debout en attendant votre réponse, à laquelle nous nous soumettrons absolument.

« Fait à la salle commune le 25 août 1792.

« L'an 4e de la liberté et la 1re de l'Égalité.

« Signé : Gauthier, maire ; Hacar, Bouillon, Acart, Rabel, Boucher, officiers municipaux.

Suit une longue liste des citoyens de la Branche qui étaient partisans de l'union : E. Lheureux, Antoine, Louis et Jean Detouches frères, Vingdlet, etc.

Dans une autre pétition, ils disent :

. . . .

« Vous sentez combien il importe que l'organisation de notre garde ne demeure pas longtemps suspendue, et que les querelles des citoyens de la Branche avec ceux de Saint-Maur cessent et qui deviennent de jour en jour plus dangereuses. Dimanche dernier des jeunes gens se mirent dans un endroit à divaguer entr'eux sur cette affaire et à la suite d'une orgie se sont battus le sabre *nud* dont un a été blessé. Ces scènes se renouvelleraient plus souvent si l'avis des bons citoyens ne prévalait, car il n'est pas un jour exempt de difficultés concernant cet objet..... »

Mais la municipalité et la garde nationale de la Branche-du-Pont, répondaient par des mémoires et des pétitions contraires dans lesquels elles exposaient leur droit et les raisons de la séparation.

Mémoire

Municipalité et garde nationale de la Branche-du-Pont-de-Saint-Maur.

« Cette municipalité a été formée suivant les décrets de l'Assemblée nationale sanctionnés par le roi, portant qu'il sera formé des municipalités dans les villes, bourgs, paroisses, ou communautés.

« ... La taille de cette municipalité est même plus forte que celle que supporte le village de Saint-Maur.

« ... Il y a une chapelle titrée dans laquelle les habitants ont de temps immémorial fait et font dire la messe les dimanches et fêtes par un chapelain particulier qu'ils ont payé et payent annuellement.

« M. l'abbé Bauche, prêtre des ci-devant minimes, aumônier de la garde nationale, célèbre la messe militaire dans cette chapelle les dimanches et fêtes.

« Cette municipalité a une garde nationale de 120 hommes, dont M. Yvon est commandant, cette garde est en activité, presque armée, habillée et instruite ; elle monte exactement toutes les nuits, elle a son corps de garde et sa chambre d'arrêt ou prison.

« Il passe plus de 400 voitures par jour sur le pont pour l'approvisionnement de Paris ; il y a 2 ports très commodes.

« Il est de l'intérêt public de la Municipalité de Paris et du département de les conserver comme elles sont, vu leur position avantageuse et leur utilité montrées, nonobstant toutes idées de réunion que l'on pourrait proposer qui serait toujours nuisible au bien public. »

Le 30 août 1817, sur convocation du sous-préfet, eut lieu une réunion extraordinaire des conseils municipaux des deux communes sœurs, à l'effet de délibérer sur les avantages et les inconvénients du projet de les réunir. Le conseil municipal de Saint-Maur constatant que les communes, unies au spirituel, puisqu'elles n'ont qu'une seule église, un seul pasteur, un seul cimetière, unies encore pour la garde nationale, semblent n'avoir que des intérêts communs, émet le vœu de les réunir et d'y ajouter deux maisons appartenant à la commune de Saint-Maurice dont elles sont très éloignées : celle du célèbre général de cavalerie, comte de Milhaud (1), et celle d'un sieur Sébin.

La communauté d'intérêts existait effectivement. Les habitants « n'étant séparés que pour les actions temporelles », ceux de la Branche-du-Pont, après la démolition de leur chapelle de Saint-Léonard (1803), avaient déclaré prendre leur quote-part des frais du culte pour « jouir des faveurs et avantages qui pourront en résulter » (2).

Cette quote-part était des 2/5 de toutes les dépenses communes.

Les habitants de la Branche-du-Pont ne partagèrent pas le vœu de Saint-Maur au sujet de l'union projetée. Ils firent ressortir que leur agglomération était éloignée du bourg, que beaucoup de maisons étant des auberges, il était nécessaire qu'une surveillance plus active fût exercée sur ce point. Et l'on ne reparla plus de réunion qu'une seule et dernière fois, en mai 1820. La demande du conseil municipal de Saint-Maur ne fut pas prise en considération. La construction du canal devait augmenter rapidement l'importance de la jeune commune.

Ces détails historiques et ceux qui vont suivre sont tirés des registres des délibérations de la commune de Saint-Maur (3) ; malheureusement ces registres ne commencent qu'à la date du 20 nivôse an III. Ils nous seront fort utiles dans tout ce qui va suivre.

Détresse. Manque de vivres.

A cette date, les archives municipales constatent la misère de la commune et la pénurie de vivres. Nous voyons, en effet, le conseil prendre la déci-

---

(1) Cette propriété est celle où s'élève le château Schaken. Elle était limitée par la ruelle de Porte, la route de Charenton, la propriété Sébin et le bras de Marne de l'île de Porte qui plus tard fut comblé. Elle a appartenu au général Casals, nommé aux registres de police de Saint-Maur en 1809 et 1811 ; puis au général Milhaud, nommé en 1815. Mais la loi de 1816 bannissant les régicides — il avait voté la mort de Louis XVI comme député conventionnel du Cantal — il la vendit à l'acteur Martin, de l'Opéra-Comique.

(2) Arch. de Saint-Maur. — Délibérations, 27 germinal an XI.

(3) Registres pour servir à constater les délibérations du district de l'Égalité (Bourg-la-Reine), département de Paris, coté et paraphé par nous, Jean-

sion d'avancer jusqu'à 1.200 livres au boulanger Melecot pour s'approvisionner en grains et en farines (1).

Le 4 pluviôse, la détresse est telle qu'une démarche est jugée nécessaire auprès des pouvoirs publics. « Le citoyen maire a exposé avec intérêt combien il serait fâcheux de ne pas prendre les moyens propres à obvier à une détresse qui produirait de grandes inquiétudes parmi nos concitoyens et troublerait la sécurité qui y existe, qu'il est imminent de prévenir une situation qui produirait des malheurs incalculables, arrête que deux citoyens seront nommés à l'effet de se transporter dans une administration de subsistances de la commune de Paris pour l'inviter à nous assigner un moulin ou un autre endroit où il peut exister des farines, afin qu'après avoir peint avec l'ascendant de la compassion la triste situation dans laquelle nous nous trouvons, ils puissent nous faire délivrer des farines que nous leur paierons comptant ou qui leur *sera* échangée pour autant de grains poids pour poids ».

Le 14 pluviôse, les agents de la commune reconnaissant que les habitants « ne peuvent rester plus longtemps privés qu'ils sont de l'objet le plus insdispensable à la vie » déclarent nécessaire d'envoyer à l'administration des subsistances un mémoire détaillant la situation où se trouve la commune.

A la suite de ces sollicitations pressantes, le ministre de l'intérieur, Garat, envoie 2.000 livres au secours de la commune, et une collecte faite dans toutes les habitations, le 15 ventôse an III, produit la somme de 100 livres 15 sous.

Pour remédier à cette disette on vendait aux habitants, au prix coûtant, du riz fourni par le grenier de Charenton. D'autre part, on donnait des terres à cultiver aux citoyens qui en faisaient la demande, parmi celles du prince de Condé qui n'avaient point été aliénées.

On prenait de sévères précautions pour surveiller les blés ensemencés contre les déprédations des animaux. C'est ainsi que nous voyons au même registre un procès fait à la citoyenne Gélot « pour avoir laissé vaguer sa chienne sur les grains (2) ».

Nicolas Hacar, maire et président les assemblées délibérantes de cette commune, commencé le 20 nivôse de l'an III de la République française une et indivisible. — Verguet, instituteur, était secrétaire.

(1) 27 nivôse an III.
(2) Arch. de Saint-Maur, D, 9 prairial an III.

Cette dame fut condamnée aux dépens, liquidés à la somme de vingt sous, avec défense à l'avenir de laisser vaguer sa chienne dans les grains, « sous plus grande peine conforme à la grièveté du délit (1) ».

Le 22 ventôse, le conseil constate le manque absolu de bois et de charbon et décide encore de s'adresser à l'administration des subsistances. Le 6ᵉ jour de germinal, la commune reçoit cent sacs de charbon et cent cinquante cordes de bois coupé au bois de Vincennes et au parc de Saint-Maur.

Paris n'était pas dans une situation meilleure ; le maire donne lecture, le 25 ventôse, d'une lettre de l'agent national de la navigation qui enjoint de protéger l'arrivage des bois et charbons pour la ville de Paris, de veiller à ce qu'il ne se décharge aucun bateau dont la destination serait pour Paris.

Pendant cette malheureuse période, les impôts ne rentraient pas, comme en font foi les instructions réitérées au maire et au percepteur de Saint-Maur. Cette pauvre commune, privée de moyens de communication avec Paris, et des ressources qu'elle tirait autrefois du service au Château des Bourbons, se trouvait à cette époque isolée et ruinée tout à la fois.

Les émigrés.
Le sort du Château.

Dès le lendemain du 14 juillet, le prince de Condé, son fils le duc de Bourbon et son petit-fils le duc d'Enghien, avaient émigré. Leurs biens avaient été confisqués ainsi que ceux des autres émigrés au profit de la nation, le 2 septembre 1792. Le 20 octobre, les officiers de la municipalité de Saint-Maur se firent remettre les clefs des propriétés closes appartenant au prince de Condé : le *Château*, les communs ou le *Petit Bourbon*, la maison appelée *la Cassine*, les *moulins du Pont de Saint-Maur* et l'*enclos du grand réservoir* près du parc de Vincennes.

Nous allons voir ce que devint le Château, mais donnons d'abord l'état de consistance des biens des émigrés de Saint-Maur figurant au registre des délibérations de la commune.

« 1° Émigré Louis-Joseph Bourbon Condé ci-devant duc de Bourbon, son dernier domicile étant à Paris :

« Maisons, terres, bois, prés dont la valeur présumée du revenu est de 30.000 livres ;

---

(1) Arch. de Saint-Maur, D, 10 messidor an III.

« Contenance desdits biens, 870 arpents ;
« Capital, 531.626 livres ;
« Mobilier, 65.000 livres.
« 2° Émigré Micault Dumonbar :
« Maison revenu, 450 livres ;
« Capital, 10.000 livres ;
« Terre, prés et bois contenance, 180 arpents ;
« Revenu, 1.780 livres ;
« Capital, 35.100 livres,
« 3° Émigré d'Apchon :
« Mobilier estimé, 4.000 livres. »

Le Château autrefois somptueux tombait en ruine. Les familles pauvres du pays y cherchèrent un abri et y commirent des dévastations.

Le 22 nivôse an III, sur le rapport qui lui a été fait que la grille séparant les jardins du Château, du Petit Bourbon, était dans un état de dépérissement qui la rendait dangereuse pour la sécurité, le conseil décide que cette grille sera descellée et transportée le plus tôt que faire se pourra dans un lieu où elle puisse être en sûreté, que l'inventaire et pesée en seront faits et le procès-verbal envoyé au district « pour l'instruire d'un procédé que notre amour pour le bien public nous a inspiré ». Elle pesa 1.495 livres de fer ou plomb qui furent transportés aux ateliers publics.

Au sujet du délabrement du Château, le conseil constate, le 26 ventôse an III, que l'état du ci-devant Château, et d'une autre maison adjacente appelée le Petit Bourbon, donne des craintes d'écroulement et qu'il peut en résulter un malheur public attendu que des familles pauvres y ont trouvé un abri, et ordonne qu'une deuxième requête sera adressée au directoire du district, puis, qu'il prendra toutes les mesures nécessaires pour éviter un événement malheureux que le temps produira infailliblement.

Le Château avait déjà été dépouillé de divers matériaux. Le huitième jour du 2ᵉ mois de l'an II de la République, un commissaire du gouvernement avait retiré 1.525 livres de plomb provenant de l'enlèvement « des signes féodaux qui existaient au cy devant Château ». La commune en avait reçu 500 livres pour faire des balles de fusil pour le service de la garde nationale.

Une tête de bronze retirée du Château comme signe féodal avait été vendue 550 livres au profit de la commune. Il doit s'agir du buste de François Iᵉʳ qui en décorait le fronton d'entrée, et qui est aujourd'hui au Louvre.

Sceau de la baronnie
de Saint-Maur. (Voy. p. 207.)

Notre-Dame des Miracles.
(Bois attribué au XI⁰ Siècle.) (Voy. p. 63.)

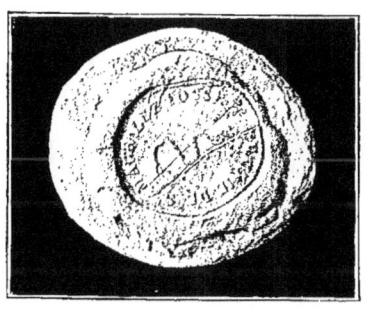

Sceau de la municipalité
de Saint-Maur, pendant la Révolution
(Voy. p. 207.)

Les autorités du district, s'apercevant que le plomb était volé, en grande partie, décidèrent d'enlever celui de la couverture ; mais le 4 fructidor le conseil protesta contre ce projet qui aurait eu pour résultat de consommer rapidement la destruction du Château et de compromettre la sécurité des indigents qui s'y étaient logés.

Les objets d'art qu'il contenait risquaient de se perdre à jamais, lorsque le conservateur du *Musée des Monuments français*, Lenoir, reçut mission de les recueillir. Le 7 mars 1793 il se transporta « dans la maison nationale, ci-devant de Saint-Maur-des-Fossés » et fit enlever au nom du gouvernement de la République les objets suivants : dans la salle des gardes, des tables de marbre et de porphyre, cinq tableaux représentant des paysages, quatre autres paysages et marines ; dans la salle à manger, un grand portrait de Louis XIV à cheval, un autre du grand Condé ; dans le salon, sur les portes, portraits du grand Condé et de la ci-devant reine ; dans la chambre à coucher, neuf tableaux, *Actéon, Triomphe d'Amphitrite*, etc. ; dans un dépôt de tableaux, les portraits de Coligny et d'Andelot son frère (1). On retrouverait facilement ces objets d'art dans nos musées nationaux.

Pendant l'émigration, une partie des biens du prince fut mise en vente. Le Château acquis par un juif, Marx Cerf Berr (2), fut détruit ; les travaux de démolition commencèrent dans l'automne de l'année 1796. Le portique qui en constituait l'entrée se voyait encore en 1846. Le 28 nivôse an VIII, l'emplacement du ci-devant Château de Saint-Maur et *portion de terrain en dépendante*, appartenant à Marx Cerf Berr, demeurant à Paris, rue du Faubourg-Saint-Honoré, 108 (3), fut vendu par autorité de justice et adjugé à un négociant de Paris, Jean-Baptiste Barré, que nous retrouverons par la suite à la ferme, près de la maison où s'installèrent plus tard les sœurs de Saint-André, rue Mahieu.

Un bijoutier du Palais-Royal, Courtay, acheta le chenil et le potager du Château, situés rue Maurice-Berteaux, 16, où les religieuses du Saint-Sacrement ouvrirent plus tard un pensionnat (4).

---

(1) Arch. du *Musée des Monuments français*, II, 41.

(2) Dans sa monographie de Saint-Maur-des-Fossés (Seine), Bournon écrit Mancerbers ; c'est une erreur. Nous avons retrouvé une déclaration de caution écrite et signée par ce propriétaire en faveur de son fils, Samson Cerf Berr.

(3) Arch. de la Seine, 51, pièce 5900, affiche de la vente.

(4) Les religieuses du même ordre, chassées de la Lorraine par les guerres, vinrent se réfugier à l'Abbaye de Saint-Maur, de 1643 à 1650.

Les moulins du pont de Saint-Maur avaient été affermés à Santerre, le révolutionnaire du faubourg Antoine, qui devint par la suite un paisible meunier (1). Ses fils sont nommés aux registres de police de Saint-Maur, l'un pour un délit de chasse, l'autre pour tapage dans le bal public qui se trouvait alors rue des Tournelles, dans la maison Gruchet, devenue un patronage religieux.

Quelques autres parties de l'ancienne baronnie des Condé avaient été également aliénées par la nation. Au commencement du siècle, nous trouvons que la ferme de Champignol appartenait à Brocq, la ferme du Trou à Carrier de Saint-Marc.

C'est sans doute dans une dépendance du Château qu'avait été établi un dépôt de chevaux de remonte dont l'existence nous est révélée par les registres municipaux de police, à la date du 26 ventôse an IV (2).

Durant toute cette période, le maire de la commune est Hacar dont les pouvoirs expirent le 8 frimaire an IV. Bellin lui succède.

Proclamation de Bonaparte, consul à vie.

Il n'y a pas au registre des délibérations des faits très remarquables ; nous donnerons cependant le procès-verbal curieux de la proclamation de Bonaparte, consul à vie.

« L'an X (1802), le 27 fructidor, nous maire et adjoint de la commune de Saint-Maur, en vertu de la lettre du citoyen conseiller d'État, préfet de police, en date du 23 présent mois, par lequel il nous adresse le sénatus-consulte qui proclame Napoléon Bonaparte consul à vie et le sénatus-consulte organique de la Constitution, nous nous sommes empressés de convoquer la garde nationale et nous sommes partis de la mairie à 9 heures du matin, accompagnés de la garde nationale et nous avons, étant décoré de notre insigne, proclamé à son de caisse (3) sur toutes les places de notre commune solennellement que Napoléon Bonaparte premier consul était nommé par le peuple

---

(1) L'adjudication de la démolition de ces moulins, appartenant au gouvernement et exploités par Santerre, eut lieu le 6 novembre 1824. — Arch. de la Seine, 250. Nous ferons remarquer que le général Santerre était mort en 1806.

(2) Registres de police de Saint-Maur, I, 26 ventôse an IV.

(3) L'orthographe de ces rapports est des plus fantaisistes ; c'est ainsi qu'on lit, dans l'un, à *son de quesse* (sic). Le maire Bellin était un maître menuisier ; Hacar, un serrurier ; de Caylus, un administrateur des messageries, chevalier de la Légion d'honneur. Le nom de ce dernier figure en cette qualité sur l'almanach impérial de 1808.

français à vie, et en même temps l'ordonnance des deux sénatus-consulte des 14 et 16 thermidor an X d'après lesdites proclamations.

« Nous sommes rentrés à la mairie à midi. A quatre heures de l'après-midi, nous nous sommes rendu, décoré de notre insigne, accompagné du conseil municipal, lequel nous avions invité par lettre et la garde nationale, dans l'église de notre commune, *lequel il a été chanté le Tédéum* (sic) en actions de grâces pour les sénatus-consulte qui garantissent la stabilité de la République et nous avons vu avec plaisir que tous les citoyens se sont réunis à nous et *on crier vive le premier consule* (sic) et de suite nous nous sommes rendus à la mairie à 5 heures de l'après midi où nous avons rédigé le présent procès verbal qui de suite sera envoyé au citoyen Conseiller d'État préfet de police et avons dressé le présent à six heures du soir et avons signé le jour et an que dessus.

« HANOT, LACROIX, adjoints ; BELLIN, maire. »

Cette lecture suggère quelques réflexions. La Révolution versa dans la violence et dans le sang ; elle dépassa en certaines choses le vœu général ; elle dégénéra en tyrannie. L'éducation des masses ne se fait pas en un jour et la libre pensée par exemple ne s'impose pas par la violence. Aussi voyons-nous le grand mouvement révolutionnaire commencer par le massacre des prêtres et finir par l'ouverture des églises, passer en peu de temps de la *guillotine* au *Te Deum*.

Exercice du culte.

Les emblèmes religieux et même l'exercice du culte furent d'abord proscrits. Le 19 floréal an III, apprenant que la Croix-Souris a été « exposée et mise en place », le Conseil ordonne que cette croix sera enlevée dans le plus bref délai et que « l'agent national prendra des renseignements sur ceux qui tenteront d'élever de pareils *signals* » (1).

Comme toutes les églises, celle de Saint-Maur fut d'abord fermée, puis consacrée au nouveau culte révolutionnaire, issu des idées philosophiques du temps.

---

(1) Nous avons trouvé ce nom de Croix-Souris dans un bail du 3 février 1740 (Arch. nat., ZZ¹ 361) ; mais le plus souvent cette croix était dite la Belle-Croix. (*Terrier*, fol. 67.) Nous ignorons d'où lui vient son nom actuel. Les anciens prétendent que, dans le bois vermoulu de son piédestal, nichaient de nombreuses souris. Peut-être est-ce de là que lui serait venu ce nom que la tradition populaire a imposé depuis.

Elle fut rendue au culte catholique le 18 prairial an III, par cette annonce : « les citoyens de la commune sont prévenus que le libre usage de l'église leur est provisoirement accordé » ; mais, conformément au décret du 14 mai 1790, les biens des deux paroisses furent vendus au profit de la nation. On lit dans les actes de vente que les terres provenant de la ci-devant fabrique de Saint-Nicolas furent adjugées le 9 germinal an III, à Verguet, secrétaire de la municipalité et instituteur, et à Bouclet, marchand boucher à Saint-Maur (1).

Celles de la ci-devant fabrique de Saint-Hilaire, qui étaient plus considérables, furent adjugées le 23 ventôse an III à trois acquéreurs, Aubert (de l'Hay), Hanot (de Saint-Maur), Bellanger (de Choisy). La municipalité dut désapprouver cette dernière vente, car les actes mentionnent l'absence des commissaires que la commune devait nommer pour procéder à l'adjudication (2).

A l'ouverture de l'église, une déclaration civique avait été exigée des prêtres. Trois d'entre eux ont signé sur le registre municipal la déclaration suivante : « Je reconnais que l'universalité des citoyens français est le souverain et je promets soumission et obéissance aux lois de la République. »

Le 9 floréal an X, le registre des délibérations note l'inventaire des objets contenus dans l'église. Cet inventaire est signé par le curé Ricard (3) et mentionne, entre autres, 6 tableaux et de nombreux objets du culte donnés en grande partie par Mme de Saint-Cyr (4).

Rien ne donne une idée du peu d'importance de la commune à cette époque, comme la comparaison de son mince budget avec celui de nos jours qui va bientôt atteindre deux millions. Voici la délibération du 23 pluviôse an XIII sur le budget proposé pour l'an XIV (1806) :

Budget pour l'an XIV (1806).

Monsieur le Maire a proposé d'arrêter et de fixer les dépenses communales pour l'an XIV.

---

(1) Arch. de la Seine, 865.
(2) Arch. de la Seine, 866.
(3) Voy. registre de police, 2 messidor an IX, déclaration de résidence de Guillaume-Urbain Ricard, ministre du culte catholique, venant de Sucy-en-Brie.
(4) Mme Prévost de Saint-Cyr habitait près de l'église la propriété qui porte actuellement le n° 1 de la rue de la Révolution-Française.

Sur quoi le conseil délibérant a déterminé la somme convenable pour le service de chaque objet ci-après :

1° Frais de maison de dépôt (prison)	0	livres
2° Instituteur commun avec la municipalité de Saint-Maur	120	—
3° Traitement de l'architecte voyer	0	—
4° Location de la maison commune	50	—
5° Abonnement au Bulletin des loix	6	—
6° Registre de l'état civil, confection et timbre	50	—
7° Frais de mairie	100	—
8° Afficheur et tambour	50	—
9° Entretien de l'horloge	50	—
10° Entretien des chemins et rues de la commune	70	—
Total	496	livres

Les ressources propres de la commune étaient nulles; ses biens communaux avaient été vendus sans profit pour elle. En 1816, sa part de l'impôt était la suivante :

Centimes communaux sur la contribution foncière	258	95
Centimes communaux sur la contribution mobilière	52	50
Total	311	45

Les délibérations du conseil sont à cette époque l'occasion de plaintes et de difficultés dues à l'horloge. Cette machine, probablement très vieille, est confiée aux soins de l'instituteur qui doit la remonter tous les jours ; elle se détraque souvent et exige des réparations réitérées pour des sommes importantes (25 francs en une fois), que le conseil trouve ruineuses. Les grosses réparations sont cependant faites par l'instituteur lui-même avec le concours d'un forgeron du village. Puis un jour la commune de la Branche-du-Pont, qui avait accepté de payer une partie des dépenses du culte, refuse d'acquitter cette dette sacrée en ce qui concerne l'horloge « que les habitants n'entendent point ». Il y a parfois, dans cet ordre d'idées, des situations gaies dont un Boileau aurait pu tirer des sujets aussi spirituels que celui du *Lutrin*.

Les pièces qui ont servi à la confection du cadastre de 1808 à 1813 montrent la nature des propriétés et leur nombre. Un tableau comparatif avec l'état actuel du nombre et de l'évaluation des propriétés foncières nous donnera une idée du peu d'importance de notre commune au début du XIXᵉ siècle (1) :

	1808—1813	1912—1913
Nombre de maisons..	121	8.300
Évaluation	284.268 fr.	5.325.000 fr.

Les malheurs de la patrie pendant le siège de Paris, en 1814, furent supportés en partie par le village de Saint-Maur.

Troupes alliées (1814).
Troupes françaises (1815).

Après les désastres de Russie et les grandes pertes d'hommes subies par les armées françaises, Napoléon songea à se faire offrir de la cavalerie par les départements. Dans la répartition des dépenses qu'avait engagées à cet effet le département de la Seine, la commune de Saint-Maur fut taxée à 646 fr. 80 pour permettre à l'arrondissement de Sceaux d'équiper trente cavaliers. Mais le maire fit savoir au sous-préfet qu'il n'avait pas établi un rôle de répartition parce que cette contribution n'aurait frappé que des manouvriers et qu'il avait réuni la somme indiquée au moyen de dons volontaires (2).

Pendant la malheureuse campagne de France, Napoléon ne put arrêter la marche des alliés sur Paris ; il fallut mettre rapidement la capitale en état de défense.

Le 20 février 1814, la garde nationale est constituée à Saint-Maur avec les hommes de 20 à 60 ans. Nous comptons 79 officiers ou fusiliers pour les deux communes sœurs.

Le 20 mars, le maire, baron de Caylus, arrête que les bateaux ou batelets qui font le service du bac de La Varenne et ceux des pêcheurs seront conduits au pont de Saint-Maur. Les troupes étrangères se présentaient par le nord et l'est ; il fallait les priver de tout moyen de passage. Seul, le bac de Créteil, disait l'arrêté, pourra continuer à passer, de jour, des personnes connues, mais il sera percé et coulé s'il y a lieu au moindre danger (3).

Le 30 mars 1814, pendant que les habitants se réfugiaient dans les carrières de Joinville et Saint-Maur, 400 conscrits avec huit pièces de canon défendirent héroïquement le pont de Joinville contre les forces alliées commandées par le prince royal de Wurtemberg, mais durent se replier devant le nombre. Piérart

---

(1) Arch. de la Seine, Pⁱ.
(2) Arch. de la Seine, DR⁶.
(3) Registre de police de Saint-Maur, II, fol. 78.

fait remarquer que les Wurtembergeois devaient se présenter encore de ce côté, en 1870, et prendre part à la bataille de Champigny.

A la suite de la bataille du 30 mars et le même jour, les Cosaques entrèrent à Saint-Maur où ils séjournèrent jusqu'au 5 juillet. Il subsiste un souvenir de leur cantonnement ; le long du vieux mur d'enceinte de l'Abbaye, à droite de l'impasse qui conduit à la propriété Maujan, se voient des anneaux scellés de distance en distance où 'ils attachaient leurs chevaux. De là ils n'avaient que quelques pas à faire pour les conduire à l'abreuvoir et lavoir communal situé primitivement au bas de la rue de l'Abbaye, puis transporté au bord de la Marne et supprimé à la suite du redressement des berges. Le lit de ce bras de Marne est encore marqué de nos jours par deux rangées de vieux saules qui se voient dans un pré au bas de la rue Beaubourg.

Ces militaires étrangers se livrèrent ici aux pillages et aux excès qui les rendirent partout si redoutables. Les états des pertes subies par les habitants de Saint-Maur sont singulièrement instructifs à ce sujet. Nous allons en citer quelques-uns parmi les plus typiques, en respectant leur titre et leur orthographe.

« Objets enlevés à M. Terrasse, desservant de Saint-Maur, par les troupes alliées :

« Une montre, argent comptant et argenterie, 500 francs environ ;

« Linge de toute espèce, *fayance* et bouteilles brisées, couteaux de table, habits et divers autres objets, 400 francs ;

« Note du pillage faite ché Blanchot, deux pièces de vin à 60 francs la pièce, foin, paille, 267 francs ;

« Bouillon. — État de ce qui m'a été pris le 10 avril 1814 par la troupe Russiène, 228 fr. 40. »

Suivent sous cette forme une vingtaine d'états ; nous ne donnerons que celui de M. Barré qui constitue un véritable document historique. Tout en évaluant ses pertes à 51.716 francs ramenées à 14.454 francs par les commissaires vérificateurs, l'auteur fait un exposé des faits sous une forme saisissante qui donne une idée fort précise des excès auxquels se livrèrent les troupes étrangères :

« Dans la matinée du 30 mars les troupes coalisées sont entrées à Saint-Maur et de suite chez le déclarant quoiqu'il eut arboré le drapeau blanc et fait préparer d'avance des vivres en abondance, elles se sont livrées à tous les excès qui ont forcé de quitter la maison pour se soustraire à une mort certaine. Ces troupes ont établi partout des bivouacs qui ont duré plusieurs jours à la suite desquels des détachements de Cosaques et autres des camps de Charenton et de Vincennes venaient dix fois par jour enlever fourrages et grains. Ces excès ayant un peu commencé à s'apaiser le 7 avril, le déclarant a dû se procurer des fourrages pour ses chevaux et quelques semences de mars ; de nouveaux meubles et linge pour regarnir sa maison ; lorsque le jour de Pâques, 10 avril 1814, à 10 heures du matin et sans que la commune de Saint-Maur en fut prévenue trente mille hommes de cavalerie autrichienne et bavaroise y sont arrivés. Ne trouvant pas de provisions d'aucune sorte ils ont dû nécessairement chercher à s'en procurer et l'habitation du déclarant se trouvant la plus grande, située sur la place publique et au milieu du village, étant la plus approvisionnée a dû souffrir davantage, mais les troupes de l'artillerie bavaroise commandées par le général Briard de Colonge ayant eu séjour à Saint-Maur ont commis après le départ des Autrichiens des ravages que ce général n'a pas même pu arrêter et tels qu'il est impossible de les décrire. Ainsi du 30 mars au 12 avril il en est résulté pour le déclarant les pertes suivantes (1), etc. »

Le séjour des troupes alliées avait coûté, au budget communal, 3.401 fr. 85. M. de Caylus, maire, avait avancé de ses deniers 1.238 fr. 45. Constatant que la commune n'avait aucun revenu, qu'il n'y avait pas de fonds en caisse, il renonça à la somme qui lui était due et pria le préfet de solder le complément.

A noter qu'à cette époque la commune comptait 550 habitants seulement et que le conseil, en exposant aux autorités la pauvreté de la commune, déclare que beaucoup de maisons ne sont habitées que l'été.

L'année suivante, c'est l'occupation de l'armée française qui devait encore une fois éprouver la malheureuse commune de Saint-Maur. Le 1er juillet 1815, les troupes de l'armée de Vandamme et les lanciers de la division du général Jacquinot séjournèrent à Saint-Maur et enlevèrent tous les approvisionnements restants, bestiaux, fourrages, etc.

Mais le pauvre village devait encore subir la dure loi étrangère, en 1871, pendant le grand drame militaire qui laissa la patrie vaincue et mutilée.

---

(1) Arch. de la Seine, DR⁶.

Bien que le canal se trouve presque tout entier sur le territoire de Joinville, il n'est pas sans intérêt d'en faire en passant un bref historique.

Le canal de Saint-Maur. Dès 1774, l'ingénieur Bralle avait eu l'idée de percer un canal pour éviter à la batellerie le long trajet du circuit de la Marne. En 1781, Frère de Montizon mettait en avant un projet semblable, et un peu plus tard, le 10 janvier 1791, le citoyen Dunoui renouvelait la proposition auprès de la municipalité de Paris (1). Ce projet empruntait aux circonstances un caractère d'opportunité tout spécial, car il s'agissait également, dans l'esprit du promoteur, de faire œuvre utile et philanthropique en employant un grand nombre d'ouvriers tombés à la charge du Comité de mendicité.

Le plan fut repris et mis à exécution par Napoléon Ier, mais la construction traîna en longueur. Les terrains furent achetés en 1808 et le canal, ouvert à la navigation dès 1822, ne fut inauguré que le 10 octobre 1825, après complet achèvement.

Nous apprenons par les journaux de l'époque que Napoléon vint se rendre compte de l'état des travaux, le 15 janvier 1811, et qu'à cette occasion, il chassa dans le bois de Vincennes.

Faisons remarquer ici que les ingénieurs eurent à traverser la couche dure de calcaire grossier et qu'ils ne signalèrent aucun vestige de travaux antérieurs, que certains auteurs pourraient être tentés de supposer avoir existé là pour la défense de la presqu'île au temps gallo-romain. L'ingénieur Belgrand, qui perça, en 1865, le canal parallèle de l'usine des eaux de Paris, ne trouva pas non plus trace de travaux anciens dans la couche calcaire, à *cerithium giganteum*, qu'il traversa.

Le canal de Saint-Maur perdit sa dénomination à la Restauration. En 1825, le conseil municipal de Saint-Maur, « reconnaissant envers la famille de Bourbon-Condé qui lui a montré tant de sollicitude, demande que le canal de Saint-Maur soit appelé de Marie-Thérèse », du nom de Mme la Dauphine. La requête fut exaucée.

Ce nom lui fut conservé pendant cinq ans ; mais, à la suite des plaintes des habitants et surtout des bateliers, tous les canaux, débaptisés un moment par l'esprit de courtisanerie du temps, reprirent leurs anciennes dénominations, sur un rap-

---

(1) Sigismond Lacroix, *Actes de la Commune de Paris*, II, p. 96-114.

port de Guizot, ministre de l'intérieur (1830), auquel le roi donna son approbation.

Cette sotte disposition à l'adulation, la jalousie de voir la Branche-du-Pont-de-Saint-Maur obtenir, par ordonnance royale en date du 19 août 1831, l'autorisation de porter le nom de Joinville-le-Pont, déterminèrent même la municipalité de Saint-Maur à solliciter du roi le nom de d'Aumale. Mais le sous-préfet de Sceaux rendit heureusement ce vœu stérile en émettant un avis défavorable.

Ce canal, d'une longueur totale de 1.072 mètres, rachète 12 kilom. 626 de rivière composant cette boucle de la Marne que, de temps immémorial, remontant aux *nautes* de la *Civitas Parisiorum*, la batellerie était obligée de doubler. Son complément, le canal latéral de Gravelle à Charenton fut exécuté en 1848 par les ouvriers des ateliers nationaux.

La construction du canal partagea l'île des Saints-Pères en deux parties. Les propriétaires avaient autrefois accès sur leurs terres par un pont dit de Porte ou des Portes qui faisait suite à la rue du Pont de ou des Portes (1). Mais, depuis 1794, époque où il fut emporté par une débâcle de glaces, ils étaient obligés de demander passage au moulin des Corbeaux, à Gravelle. La commune, trop pauvre pour rebâtir ce pont devenu indispensable, finit par donner à un propriétaire, Berson, l'autorisation de le construire à ses frais en 1828, mais avec cette servitude qu'une clef en serait déposée à la mairie. Comme il est bâti partiellement en briques, on l'a souvent appelé depuis le pont Rouge.

L'île des Saints-Pères (villa Schaken).

En aval du bras de Gravelle ou des Saints-Pères et sur la rive droite, près du pont, se trouvait, de temps immémorial, un abreuvoir-lavoir communal qui faisait pendant à celui du versant nord du village. On y accédait également par la ruelle des Portes (2) qui existe encore, bouchée aux deux extrémités par le poste d'octroi de la rue Maurice-Berteaux et par le viaduc du chemin de fer. Cette ruelle délimite la commune sur ce

---

(1) Ce pont était fermé de portes et se trouvait presque à l'emplacement actuel du ponceau de la rue Pinet. Les portes de ce pont particulier ne sont pas l'origine de son nom qui figure au *Terrier de Saint-Maur* (1682). Il n'y a là que simple coïncidence.

(2) Qui finissait à l'*île des Portes* dont le bras septentrional a été comblé, mais qu'on voit sur de nombreux plans.

point ; la chaussée, plusieurs fois contestée par la commune de Saint-Maurice, appartient tout entière à la commune de Saint-Maur. En octobre 1826, le maire, M. de Caylus, fit abattre le restant de l'ancien pont pour donner plus de place aux laveuses (1).

A propos du lavoir, disons qu'en 1857 un sieur Allaine obtint du préfet de police l'autorisation d'y faire stationner un bateau-lavoir de 20 mètres de long, à la condition d'en permettre l'entrée gratuite à 6 indigents deux fois par semaine.

Ce bras de Marne, dit des Saints-Pères — en souvenir des bénédictins de Saint-Maur, les premiers propriétaires de la presqu'île, — amenait autrefois l'eau aux moulins du marquis de La Touanne, de Darblay, des Corbeaux, de Saint-Maurice et à l'usine élévatoire de la Ville de Paris; mais il n'a plus aucune utilité. Pour les moulins de Charenton-Saint-Maurice, il est remplacé par un aqueduc qui passe sous le canal ; la Ville de Paris a également creusé un chenal direct à la Marne; aussi est-il question de le supprimer en partie et d'en aménager l'emplacement en un boulevard central desservant la villa Schaken. Sa disparition assainira le quartier et permettra l'exécution de travaux sur le front de Marne, en vue de protéger ce quartier, à faible altitude, contre les inondations très fréquentes dont il est victime.

A l'île des Saints-Pères a été rattachée la petite île Rose, ainsi appelée du nom d'un ancien propriétaire. A côté se trouve l'île Mâchefert qui a changé son nom en celui d'île Fleurie. D'autres îles ont été, à diverses époques, incorporées au quartier que nous appelons aujourd'hui villa Schaken.

Ce nom de *Mâchefert* a une origine inconnue ; il figure au *Terrier* et au registre de police de Saint-Maur (2).

En l'an V, le citoyen Poisson en était propriétaire.

On serait tenté de lui donner comme origine le dépôt des scories de la forge anglaise de Gravelle. Ce serait une erreur.

Ces scories furent cependant, à un moment donné, dirigées sur les chemins de la commune dont le sol défoncé était impraticable. Le 3 août 1839, la commune signa un traité avec le maître de forges, Doë, pour la fourniture de ces scories. Une

---

(1) Par décret du 2 mai 1868, la partie de Gravelle appartenant à Saint-Maurice, jusqu'au canal, fut rattachée à la commune de Joinville-le-Pont, selon le vœu des habitants qui se plaignaient de l'éloignement où ils se trouvaient de l'église et de la mairie. Arch. de la Seine, M 7.

(2) Registre de police de Saint-Maur, I, 30 frimaire an V.

seule de nos voies avait été établie convenablement et solidement par M. Caffin, propriétaire à La Varenne, suivant le système de l'ingénieur Mac Adam. Elle est devenue la rue du Bac et le boulevard National. Pour les besoins de la mise en état de viabilité des routes ouvertes sur son lotissement, M. Caffin employa, pour la première fois en France, le rouleau mécanique dont l'inventeur serait un de ses employés, notre compatriote, M. Ballaison. Ce dernier détail m'a été donné par un membre de la famille Caffin, M. Boissonneau.

La Restauration. L'avènement de la royauté fut fêté à Saint-Maur avec enthousiasme, si l'on s'en rapporte à une déclaration officielle transcrite sur le registre de police : « Ce jourd'hui 17 avril 1814 à une heure de relevée nous Maire avons publié et proclamé la constitution décrétée par le gouvernement provisoire dans toutes les places et carrefours de notre commune aux acclamations des habitants et aux cris mille fois répétés de « Vive le roy ». Déclarant tant en notre nom qu'en celui des habitants que nous donnons notre adhésion entière à tous actes émanés du gouvernement provisoire et du Sénat ».

Avec les Bourbons, Saint-Maur voyait revenir son ancien seigneur, S. A. S. Monseigneur le Duc qui est nommé audit registre à la date du 7 janvier 1815. Les biens non vendus venaient de lui être rendus par ordonnance royale, en date du 24 mai 1814, et il allait avoir part au milliard des émigrés pour les parties qui avaient été aliénées comme biens nationaux.

Il vint souvent à Saint-Maur chasser sur ses terres et sur celles des habitants qui, du moins, étaient indemnisés pour les dégâts causés aux propriétés. La Révolution avait aboli cet exorbitant droit de chasse qui avait fait l'objet de la juste plainte des cultivateurs de Saint-Maur. « S'ils semaient du blé pour voir pousser des lapins, ils récoltaient au moins des indemnités », sous la Restauration.

La guerre avait causé un grand préjudice au bourg de Saint-Maur, sans parler des réquisitions faites par les troupes. Une somme de 3.500 francs fut allouée aux habitants qui se trouveraient dans l'impossibilité de supporter les pertes matérielles. La misère y était grande si l'on en juge par la taxe du pain qui se payait alors 1 fr. 30 les 4 livres.

Pendant la période révolutionnaire, les passions politiques

portèrent la haine et la terreur jusque dans les moindres bourgades ; mais, au lendemain du 9 thermidor, les petits tyranneaux du village devinrent à leur tour des victimes. L'an V, un maître maçon de Saint-Maur, du nom de Paquet, était injurié par le secrétaire du juif Cerf Berr qui le traitait de scélérat, de monstre, en lui disant : « Votre roi Robespierre est mort », suivant une plainte portée au registre de la commune.

La Restauration ne fit qu'accentuer la réaction par des mesures vraiment tracassières. Le 27 septembre 1818, « l'adjoint Marchand, faisant sa tournée d'agent de police pendant l'office divin, a trouvé des individus qui buvaient chez un cabaretier à qui il a dressé procès-verbal, conformément à la loi et aux règlements de police qui défendent de donner à boire pendant la messe (1) ». L'Église était donc revenue, avec la royauté, dans les *bagages* des alliés.

Le 13 février 1820, le duc de Berry, en sortant de l'Opéra, tomba sous le poignard d'un fanatique, Louvel. A cette occasion, le maire de Saint-Maur associa les habitants à la douleur de la famille royale. « Habitants de la commune de Saint-Maur. — Un crime horrible a frappé le duc de Berry ; ce prince a succombé sous le fer d'un monstre que l'enfer a sans doute vomi pour le malheur de la France. » Il les invita, en ces jours consacrés à des plaisirs d'usage (le carnaval), à s'abstenir de toute manifestation qui serait contraire « à ce que veut l'intégrité de leurs devoirs ».

Le duc disparu, la race des Bourbons devait s'éteindre ; mais la duchesse allait être mère. A l'occasion de la naissance du duc de Bordeaux, en 1821, la commune de Saint-Maur prend part aux réjouissances publiques. Le 14 janvier, le conseil vote 50 francs pour la souscription nationale destinée à l'acquisition du domaine de Chambord. Le 1er mai, à l'occasion du baptême, des réjouissances sont ordonnées, et des vivres, pour une somme de 200 francs, sont distribués aux pauvres par les soins du comité de bienfaisance où siègent le maire et le curé.

Des pauvres, il n'en manquait pas à Saint-Maur, à côté de quelques riches qui n'habitaient la localité que l'été et de quelques gros propriétaires qui se partageaient le territoire de la commune. L'état nominatif des élèves fréquentant l'école

---

(1) Registre de police de Saint-Maur.

pendant l'année 1837 est sur ce point un document certain. Sur 37 élèves, 25 sont déclarés gratuits, 12 seulement étaient payants (1). Tous les habitants du village, artisans, journaliers, cultivateurs, vivaient autrefois du service au Château ; mais la Révolution avait tari leurs ressources en les libérant des servitudes seigneuriales. Les habitants de Saint-Maur exprimèrent à plusieurs reprises leurs regrets sur ce point.

Mais l'attrait de ces rives de Marne ombragées et ravissantes, aimées des poètes et des artistes, devint, vers le milieu du siècle, un élément nouveau de prospérité pour Saint-Maur. Des restaurants renommés pour leurs bonnes matelotes et fritures connurent un moment de vogue. Déjà, vers 1836, Alphonse Karr naviguait sur la Marne au Port-Créteil, et Édouard Corbière, neveu d'un ancien ministre, se plaisait à faire l'office de passeur au bac de La Varenne. Enfin, parmi les célébrités qui ont habité Saint-Maur au dernier siècle, nous citerons le général de Saint-Cyr, le comte de Mondésir, maréchal de camp, Perrier de Saint-Domingue, l'ingénieur Emmery, le marquis de Sainte-Croix, le baron de Basancourt, Mme Valfresne de Bray, amie de Mme de Récamier qui la vint souvent visiter, Frédéric Soulié, le colonel Ragani et beaucoup d'autres dont la liste serait trop longue. Rappelons, en terminant, que c'est à La Varenne qu'eut lieu, en 1843, la première course de yoles en France.

Lorsqu'à la Restauration le prince de Condé revint à Saint-Maur, les biens non vendus lui furent rendus ; mais il trouva sur ses terres de La Varenne un intrus qui, sans droit et sans autorisation, s'était installé près de la maison du bac. C'était *le Père la Ruine*, de son vrai nom François Guichard, un aventurier dont Alexandre Dumas père s'est fait l'historiographe (2).

Le Père la Ruine.

Déserteur de l'armée de Mayence, il était venu planter là sa tente en 1794. Au lieu de suivre l'armée qui devait prendre part à la pacification de la Vendée, il se cacha au passage sous une arche du pont de Lagny, changea d'habits et suivit le cours de la Marne. Deux jours après, « il était assis au

---

(1) Instituteur Gatin, institutrice Mlle Lebour.
(2) Alexandre Dumas a recueilli l'histoire du braconnier pendant un séjour qu'il fit à La Varenne, 13, quai de La Varenne, sur les lieux mêmes des exploits de son héros, le Père la Ruine, en 1860.

pied du saule que l'on voit encore (1846), en avant du bac de La Varenne, les deux mains autour d'un roseau de moyenne grandeur et les yeux fixés sur un bouchon qui semblait valser à fleur d'eau (1) ».

Fils d'un braconnier pendu pour avoir tué un garde, son atavisme avait fait naître en lui un irrésistible besoin de liberté et d'aventures. Il vécut là de braconnage et se construisit une cabane avec des matériaux dérobés dans les environs.

Un jour, le prince de Condé, qui chassait sur ses terres, fut mis au courant de la situation par ses gardes particuliers qui n'avaient pu faire déguerpir ce redoutable usurpateur. Le prince eut la générosité de ne pas l'inquiéter et de lui donner même la maisonnette et le clos du bac de La Varenne.

Le Père La Ruine perdit ses deux fils à la guerre ; puis sa femme, sa fille et enfin le dernier être qui le retenait à la vie, sa petite-fille Huberte. La nuit qui suivit les obsèques de la petite, les habitants des environs virent une lueur sinistre sur l'eau. Ils coururent à la maison du pêcheur qu'ils trouvèrent vide ; le Père la Ruine avait amoncelé ses filets et verveux sur son bachot et y avait mis le feu.

Mais le mystère de sa vie devait se continuer ; nul ne l'avait vu quitter La Varenne ; nul ne l'y vit revenir jamais. Que devint-il ? On l'ignore.

Précisons en disant que sa maison était celle qui porte le n° 120 de la rue du Bac. De cet endroit, la berge descendait en pente douce à la Marne pour le passage du bac et l'abreuvoir ; ce profil a été modifié par la construction du pont, de 1865 à 1867. Sur la façade de restaurant « au Père la Ruine » se voyait l'effigie du braconnier, en terre cuite. Nous ignorons ce qu'est devenue cette œuvre d'art signée peut-être du nom d'un de ces grands artistes que la pêche, le canotage et la nature attiraient en foule à La Varenne.

Par lettre du 22 février 1815, le sous-préfet de Sceaux demande au maire si la commune se trouve dans le cas de reprendre les armoiries anciennes, ou, à défaut, si elle en demande pour l'avenir. Le conseil, consulté, observa que jamais la commune n'avait eu d'armoiries particulières ; qu'avant la Révolution, la commune de Saint-Maur et celle du Pont formaient un bailliage dépendant de la baronnie

Armoiries.

---

(1) ALEXANDRE DUMAS, *le Père la Ruine*.

de Saint-Maur, dont Son Altesse le prince de Condé, et par suite le duc de Bourbon, étaient seigneurs ; qu'on n'y connaissait d'autres armoiries que celles du prince, et, quant à l'avenir, l'établissement des armoiries lui paraissait un objet inutile, à moins que, par suite de l'attachement que les habitants portaient à la maison de Condé, il ne leur fût permis d'adopter celles du prince, avec son agrément.

Nous donnons les armes de la baronnie de Saint-Maur, que nous avons trouvées, une seule fois, dans les papiers du bailliage. Mais nous ferons remarquer que, pendant la Révolution, la municipalité de Saint-Maur avait adopté comme armes une guivre (couleuvre) ondée, tortillée, mise en pal qui symbolisait la rivière de Marne. L'ignorance du conseil municipal, touchant ces armes, s'explique. Elles ne figurent sur aucune pièce des archives de Saint-Maur, mais nous les avons trouvées souvent dans les papiers de correspondance avec les assemblées législatives ou les districts. Nous en donnons la reproduction photographique.

Nos contemporains ont pensé différemment et se sont donné du blason. Les armes de Saint-Maur sont assez parlantes, mais elles ne mentionnent pas le Château de l'illustre famille des Condé. Elles sont d'un écusson d'azur à la bande d'or, accompagnée en chef d'un glaive antique d'argent en bande, contourné d'une anguille d'argent, et, en pointe, d'une abbaye surmontée d'un coq, le tout d'argent ; l'écu posé sur un cartouche sommé d'une couronne murale de trois tours et entouré de branches de chêne.

La boucle de la Marne est figurée par l'anguille, le glaive romain et le coq gaulois attestent l'antique origine de la commune, et l'abbaye sa suprématie ancienne sur le pays.

Les fondateurs de la ville moderne. Vente des biens du duc d'Aumale (1831).

En conformité de la loi municipale du 15 mai 1818, le conseil devait convoquer aux séances les douze propriétaires les plus imposés. Parmi ceux-ci, nous trouvons, dans le cours de l'année 1833, Caffin, Adam, Moynat, Barré, etc., qui sont devenus les fondateurs de la ville actuelle

En 1838, sont convoqués les propriétaires suivants : Caffin d'Orsigny, Adam, Moynat, Barré père, Didier, Jacolet, Tarin, Hubert, Levasseur, Périer, Lenoble, Loysel.

En 1831, les biens appartenant au dernier des Condé, mort mystérieusement et tragiquement à Saint-Leu, passaient

Adam, Jacques-François

Caffin d'Orsigny,
Jean-Louis-Pierre

Didier, Maurice

Moynet, Jean-Marie

à son neveu, le duc d'Aumale, par testament olographe du 30 août 1829. Ils furent mis en vente à l'audience des criées du tribunal de la Seine le 24 décembre 1831. Le Grand Parc, d'une contenance de 159 h. 18, fut adjugé à Jean-Claude Moynat, demeurant à Paris, 18, rue Laffitte, pour le prix de 228.050 francs. Celui-ci le transmit à son fils, Jean-Charles Moynat, et les héritiers de ce dernier le cédèrent à la Compagnie des chemins de fer de l'Est, le 6 décembre 1853.

A la même vente, Adam se rendit acquéreur de 240 hectares au lieu dit plus tard Adamville ; Moynet eut 120 hectares, à l'endroit où s'est développé le quartier de la Pie ; Caffin acheta les terrains de La Varenne-Saint-Hilaire et de Champignol, mais il revendit ces derniers, d'une contenance de 120 hectares, à Didier, le 8 décembre 1835. Moynet devait également céder une partie de son lot, en 1853, à Estibal, fermier d'annonces à Paris, et à Mme de Labatut de La Tortue, épouse de ce dernier.

Au début de ce siècle, le vieux Saint-Maur constituait la seule agglomération importante de la commune, *le bourg;* la plaine était mise en culture par quelques gros fermiers ou propriétaires. La délibération du 18 mars 1836 nous en fera connaître l'état et le rapide développement :

« On est sur le point de construire un pont sur la Marne qui doit faire communiquer Créteil avec Saint-Maur. L'endroit où le pont sera élevé est appelé le port de Créteil ; il n'était, il y a 20 ans (1816), qu'un rendez-vous de pêche où il y avait à peine 5 à 6 maisons ; en ce moment on en compte plus de 50 et d'autres sont sur le point de s'y élever ; il y a de plus une ferme qui occupe beaucoup de monde (ferme de Beaujeu).

« La plaine de Lavarenne *(sic)* Saint-Maur qui n'avait qu'une seule ferme il y a 10 ans (1826) en possède aujourd'hui 5 à 6, plus une raffinerie de sucre, une plantation de mûriers et une briqueterie. Son vaste territoire va posséder encore de nouvelles fermes qui sont sur le point de s'y édifier. »

**La grande culture.
Raffinerie de sucre.**

A l'époque du blocus continental, en 1811-1812, Napoléon résolut de se passer des produits de l'Angleterre. Il encouragea notamment la culture de la betterave saccharigène dont les chimistes venaient de démontrer les propriétés.

Cette culture eut lieu sur divers points du pays et par ordre de l'autorité supérieure. C'est ainsi que, par lettre du 22 mars 1812, le sous-préfet de Sceaux prévient le maire de Saint-Maur que, dans l'arrondissement, 500 hectares de terrain devront être ensemencés en betteraves pendant le cours de l'année 1812. Il lui fait également connaître que, dans ce contingent, sa commune figure pour 20 hectares.

A la suite de cette lettre, le maire, de Caylus, répartit ainsi l'étendue assignée aux principaux propriétaires :

 1° M. de Malet, propriétaire à La Varenne . .   8 hectares

 2° M. Barré, propriétaire à Saint-Maur. . . .   6 hectares

 3° M. le baron de Casal, propriétaire, demeurant à Charenton-Saint-Maurice. . . . .   2 hect. 5

 4° Mme Ve Jacolet, propriétaire à Saint-Maur .   2 hect. 5

 5° M. Courtay, propriétaire à Saint-Maur . . .   1 hectare

        Total. . . . . . .   20 hectares

Le traitement de la betterave se faisait sur les lieux mêmes ; aussi voit-on, au registre de police, de nombreux passeports délivrés à des ouvriers raffineurs. Le célèbre chimiste Dubrunfaut dirigea, un moment, la raffinerie de La Varenne ; on trouve, en effet, au même registre, qu'à la date du 23 juin 1830, « Dubrunfaut Auguste-Pierre, fabricant de sucre de betteraves à La Varenne-Saint-Maur, déclare élire domicile dans la commune ». Il s'agit sans aucun doute du chimiste, né en 1797 (ce sont les mêmes prénoms), et qui quitta l'enseignement de la chimie pour se consacrer tout spécialement à l'industrie sucrière (1).

Par les renseignements fournis au sous-préfet de Sceaux, par le maire, nous connaissons l'état de la culture de la betterave dans notre commune, et son faible rendement en sucre, suivant les procédés imparfaits de l'époque. Ce document est daté du 3 novembre 1838 :

Manufacture de sucre de betteraves de M. Bonnet :

 1° Produit par arpent (34 a. 19) de betteraves : 14.000 à 15.000 ;

 2° Sucre obtenu par 100 kilogrammes pesant : 4 kilogrammes ;

 3° Quantité probable de la récolte de 1839 : 2 millions et demi à 3.000.000.

Caffin d'Orsigny (2), un des fondateurs de l'école de Grignon,

---

(1) Dans son ouvrage *De la Fabrication du sucre de betterave,* DUBRUNFAUT parle d'une raffinerie située au château de Petit-Val, à Sucy-en-Brie, et appartenant à un sieur Bernard.

(2) Henri-Pierre Caffin, dit d'Orsigny, naquit à la ferme d'Orsigny, près de Jouy-en-Josas (S.-et-O.) en 1781 et mourut à Paris le 9 mars 1870. Fon-

devint propriétaire de la raffinerie de sucre. Il cultivait sur une grande échelle la betterave sucrière et la traitait par des moyens rudimentaires du temps. On trouve, aux registres des délibérations (1), qu'à la date du 2 janvier 1832, il est l'objet d'une condamnation pour avoir jeté les betteraves pourries dans les fossés de sa propriété, ce qui était une cause d'insalubrité et de mauvaises odeurs. Sa raffinerie était située dans sa propriété, derrière l'église, 33, rue Saint-Hilaire, et la briqueterie, qui fournissait ainsi les matériaux de construction sur place, se trouvait sur le quai Saint-Hilaire entre le boulevard de la Marne et l'avenue Félicie. Les briques faites avec des matériaux tirés du sol de la presqu'île et des coteaux de Chennevières n'étaient pas de bonne qualité ; elles se fendaient à la gelée et la fabrication en fut bientôt abandonnée.

Caffin, qui faisait de la culture scientifique au moment où les progrès de la chimie donnaient une impulsion à notre agriculture routinière, essaya même de faire du café de betterave (1835-1840) ; le produit était offert aux consommateurs dans une maison de vente située boulevard du Temple, à Paris, mais il n'eut aucun succès.

Les grands propriétaires de la plaine se livraient, en même temps qu'à la culture, à l'élevage des moutons. Barré, qui n'était point le plus grand propriétaire, en possédait un troupeau de 400 têtes de l'espèce mérinos.

Le *Dictionnaire topographique de Paris et ses environs,* de Charles Oudiette (1812), mentionne qu'il n'y avait à La Varenne, à cette époque, qu'une ferme (le Mesnil), possédant également un troupeau de moutons mérinos (M. de Malet).

Postérieurement à 1815, s'établit, au lieu dit, depuis, les Mûriers, une ferme qui essaya sans succès l'élève du ver à soie ; elle appartenait à Bernier. Les beaux mûriers qui s'y trouvent encore n'ont donc point une origine très ancienne ; il faut bien se garder, comme certains habitants de ce quartier, de supposer qu'ils sont contemporains de Sully ou d'Olivier de Serres.

La construction du canal eut pour effet d'augmenter la popu-

---

dateur de l'école de Grignon, agronome distingué, il était chevalier de la Légion d'honneur. Il avait acheté une grande partie de La Varenne de Saint-Maur, les quartiers de Champignolle, des Mûriers, de la Pie, jusqu'au boulevard Rabelais et la rue des Remises. Il céda une partie de la Pie à Estibal. Sa maison de vente pour ses terrains était située, 2, avenue du Mesnil, à La Varenne.

(1) Séance du 4 mars 1834.

lation de Saint-Maur et de Joinville. Leur cimetière commun, qui longeait le côté droit de l'église, devint insuffisant. Il fallut en ouvrir un autre plus spacieux. En 1826, on inaugurait ce nouveau cimetière qui se trouvait à Joinville, rue de Créteil, n° 18. Le vieux cimetière abandonné subsista jusqu'en 1832. Il était devenu pour les voisins un foyer d'infection ; les habitants ne se gênaient pas pour y jeter leurs ordures, car il n'y avait pas à cette époque de service d'enlèvement des boues (1). Les murs tombaient en ruine, des plantes de toute espèce l'envahissaient ; le maire fit déblayer et niveler le sol.

Cimetières.

Il était évidemment insuffisant, si l'on considère le peu de place qu'il occupait, le contingent considérable de noyés que lui apportait le voisinage de la Marne, et si l'on note qu'en 1834-1835 son emplacement avait été encore diminué pour la construction d'un petit bâtiment, servant de corps de garde et de sacristie, et dont l'entrée donnait sur la place de l'Église (2).

Mais, le 16 février 1837, des éboulements se produisirent au nouveau cimetière ; les murs s'écroulèrent en partie et des tombes s'enfoncèrent dans le sol. Des carriers du village avaient, malgré défense, poussé leurs excavations jusqué sous la nécropole. Le danger devint si grand qu'il fallut l'interdire ; on inhuma, dès lors, dans celle de Charenton-Saint-Maurice. Les deux communes, copropriétaires, intentèrent un procès aux auteurs responsables des éboulements, et un jugement rendu le 5 février 1843 condamnait Malice et Demont, exploitants carriers, à payer 11.447 fr. 67, pour indemnité dans l'affaire des fontis du cimetière.

En 1837 eut lieu l'achat d'un terrain pour y établir un troisième cimetière. C'est celui du boulevard Rabelais qui est resté commun avec la commune de Joinville jusqu'en 1861 (3).

---

(1) Un crédit de 5o francs, pour cet objet, figure pour la première fois au budget de 1835.

(2) La garde nationale comptait, en 1831, 86 hommes; en 1838, 105. Hacar, ancien maire, en a été longtemps capitaine.

(3) On lit dans le *Moniteur* du 31 décembre 1837 : « L'inauguration du nouveau cimetière que les communes de Saint-Maur et de Joinville doivent à la munificence du gouvernement royal s'est faite avec la solennité et le recueillement les plus louables, en présence des autorités locales, de la garde nationale qui s'était spontanément offerte à accompagner le cortège et d'une nombreuse population. M. l'abbé James, grand-vicaire de Paris, a bien voulu prêter son ministère et son talent oratoire à cette cérémonie civile et reli-

On y transporta les tombes du cimetière précédent qui en occupent une partie du pourtour. Voilà pourquoi certaines familles de Joinville y possèdent encore un caveau. Aucune n'a un caractère historique ; les plus vieilles ont disparu ; on n'en trouve pas d'antérieures à 1800.

Que sont devenues les tombes armoriées de l'Abbaye qui furent transportées, en 1750, dans l'église ou dans le cimetière attenant ? Dans le bas côté de l'église étaient inhumés quelques notables du pays. Nous n'avons retrouvé que la tombe de Jacques-Roch Vingdlet, né le 12 mai 1755, décédé le 3 septembre 1824.

Ce cimetière était vaste pour l'époque, puisque trois carrés furent mis en culture en attendant de les livrer aux inhumations.

Mais avec l'augmentation rapide de la population, le cimetière du boulevard Rabelais devint à son tour insuffisant, quoique doublé le 7 juillet 1879 par l'acquisition d'un terrain Mahieu, situé de l'autre côté de la rue Bourdignon ; et, en 1881, la commune acquit de la princesse Ruspoli, ex-veuve Mahieu, un autre terrain de 8.000 mètres, à raison de 4 fr. 50 le mètre, sur lequel a été établi le cimetière du Nord.

Nous croyons utile de donner ici un document très important pour notre commune : c'est l'état nominatif de tous les habitants de l'agglomération de Saint-Maur, à l'exception des isolés, des quelques fermiers qui mettaient la *plaine* en culture et des habitants de La Varenne. Nos compatriotes y trouveront peut-être des ascendants et, en tout cas, des précisions qui leur seront fort utiles dans le cours de notre exposé. Nous le ferons suivre de quelques éclaircissements nécessaires.

Saint-Maur en 1833.

Conformément à la délibération du conseil municipal de la commune de Saint-Maur, en date du 24 août 1832, qui prescrit le numérotage des maisons de ladite commune, M. le Maire, assisté de MM. Gautier et Debacq, membres du conseil, ont procédé aujourd'hui, 26 avril 1833, à cette opération ainsi qu'il suit :

---

gieuse ; et M. le maire de Saint-Maur, tant en son nom qu'en celui de son collègue, a vivement exprimé les profonds sentiments de gratitude dont chacun était pénétré pour le monarque vivificateur des communes et pour les autorités administratives qui secondent ses vues tutélaires avec tant de sollicitude. »

Rue de Paris

Cette rue commence à droite par la maison de M. Desterne, boulanger, et à gauche par celle de M. Delcamp, touchant l'église :

1	Delcamp	2	Desterne
3	Gelot	4	Veuve Lemaire
5	Veuve Jacolet	6	Douradou
7	Veuve Jacolet	8	Veuve Périer Franck
9	Huardeau	10	Emmery
11	Huardeau	12	Lambert
13	Peltier père	14	Lambert
15	Héritiers Verrier		
17	Louis		

Rue Petit-Beaubourg

2 Chameau
4 Bainville
6 Émery

Rue de l'Abbaye

1 Hanot
3 Hanot
5 Chameau
7 Auguste Jacolet
9 Auguste Jacolet
11 Gelot
13 Veuve Bonnaire
15 Veuve Bonnaire

Place de l'Église

2 Veuve Jacolet
4 Taupin
6 Veuve Marchand
8 Bernachot

Avenue du Jeu-d'Arc

1 Caylus
3 Royer

Impasse de l'Abbaye

1	Caylus	2	Échard
3	Loisel	4	Verneuil

Rue de la Pelouse

1	Veuve Jacolet	2	Bouclet
3	Bonnand	4	Barré

Rue de la Procession

1	Mlle Brisard	2	Delcamp
3	Mme Defresnay	4	Veuve Simon
		6	Huardeau
		8	Héritiers Verrier

Place d'Armes

- 2 Mlle Brisard
- 4 Simon Richard
- 6 Simon Richard
- 8 Veuve Desproyart
- 10 Veuve Voisard
- 12 Veuve Voisard

Rue du Four (1)

1	Debacq	2	Veuve Marchand
3	Gautier	4	Maligne
5	Veuve Hacar	6	Huardeau
7	Lenoble	8	Albaret
9	Malice	10	Chevalier
11	Sonnais	12	Chevalier
13	Pignot	14	Gautier
15	Bitterlin	16	Gautier
17	Héritiers Chéret	18	Baron de Marinville
19	Veuve Jacolet	20	Vidy
21	Veuve Jacolet	22	Diot
23	Veuve Jacolet	24	Clément
25	Veuve Jacolet	26	Veuve Jacolet
27	Veuve Jacolet		
29	Maligne		
31	Maligne et Verrier		
33	Berthault		
35	Grin Michel		
37	Grin et Kultler		
39	Fournier		
41	Orbelin (1)		

Rue des Tournelles

1	Veuve Desfroyart	2	Simon Richard
3	Albaret	4	Belancet
5	Albaret	6	Gautier
7	Chevalier		
9	Gautier		
11	Gautier		

Impasse Malaquais

- 1 Pignot
- 2 Pignot

---

(1) Les numéros commencent maintenant en sens inverse, c'est-à-dire à la rue Maurice-Berteaux.

(2) Le ministre de la guerre, Maurice Berteaux, tué par la chute d'un aéroplane le 14 mai 1911, est né dans cette maison, chez sa grand-mère maternelle, Mme Orbelin, le 5 juin 1852. — Un autre ministre est né à Saint-Maur; c'est Bourdon de Vatry, ministre de la marine pendant la Révolution, qui naquit le 24 novembre 1761, de Louis-Joseph-Bourdon, sieur Desplanches, bourgeois de Paris, intéressé dans les affaires du roi, et de Thérèse Joly, sa femme.

Rue Saint-Honoré

1 Hoquet
3 Clément
5 Veuve Jacolet
7 Veuve Jacolet
9 Benoist
11 Héritiers Vinkelle

2 Mme Hassoutière
4 Berson
6 Barré

Chemin de la Varenne

1 Gobert
3 Gobert
5 Nivelle
7 Leduc
9 Jardin Breton
11 Dartois fils
13 Dartois père
15 Verrier
17 Verrier
19 Veuve Voisard
21 Moynat

2 Ribert
4 Jean Carisse
6 Blin

Ruelle du Pont-de-Porte

1 Barré
3 Barré

Le Marais

2 Gaignerez
4 Grin Michel
6 Grin Michel
8 Clément
10 Grin Michel
12 Rome
14 Le marquis d'Espinay

Rue du Port-de-Créteil

1 Bourdier
3 Levasseur
5 Levasseur
7 Legort
9 Dhennin
11 Lemaître
13 Piot
15 Sédille
17 Sédille
19 Gelot

2 Levasseur

Rue Traversière

1 Lefèvre

2 Michel

Rue des Jardins

1	Richard	2	Sédille
3	Gelot	4	Gelot
5	Bainville	6	Gelot
7	Bainville	8	Parvilliers
		10	Gelot

Rue de la Varenne

1	Armand	2	Levasseur
3	Veuve Touchard	4	Levasseur
5	Decan	6	Mme Patin
7	Adam	8	Frédéric Mayer
		10	Gélot
		12	Boudet
		14	Osmond
		16	Veuve Robin
		18	Veuve Robin
		20	Dupont
		22	Decan
		24	Moynet

Les anciens noms des rues, qui semblent s'être perpétués à travers des siècles, furent presque tous conservés, sauf celui de *rue aux Vaches* qui devint la rue de la Pelouse, et qui est aujourd'hui la rue Mahieu. Elle conduisait dans le Petit Parc à un lieu appelé le *Parc aux Vaches*. Ces dénominations anciennes rappelaient toujours des lieux ou des événements d'un caractère bien déterminé, d'une signification fort juste. Une inscription lapidaire qui se trouve dans l'église de Saint-Maur a trait justement à une fondation de messes par une rente sur une « masure sise rue aux Vaches ». La rue de la *Poste* devint la rue de Paris.

Quelques-unes ont reçu depuis d'autres dénominations : ainsi, la rue de la *Procession,* dont le nom évoquait les étranges processions que nous avons décrites, a vu le sien remplacé, au grand regret des amis de l'histoire, par celui de la *Révolution-Française.* Un nom de lieu est un souvenir, une sorte de relique qu'il faut toujours vénérer, quel qu'il soit, car il est l'expression fort juste de la pensée de nos pères et le lien de nos traditions.

Le chemin de La Varenne est devenu le boulevard Rabelais. Il empruntait à cette époque la rue courbe de La Varenne qui était à l'origine le rond-point de l'entrée de la grande avenue du Château. Sur le côté nord de sa chaussée se voyait encore à cette époque un large saut-de-loup. En 1880, le boulevard Rabelais fut rectifié et prolongé en ligne droite.

La ruelle du Pont-de-Porte est devenue la rue Pinet, du nom d'un bienfaiteur et conseiller municipal de la commune. A côté se trouvait la ruelle de Porte qui ne figure pas ici parce qu'elle n'avait pas d'habitants.

La rue du Port-de-Créteil comprenait la rue de Créteil et la rue Chevreul actuelles.

La rue de La Varenne est remplacée par le boulevard de la Pie ; au bout de cette ancienne rue nous trouvons Moynet (1), propriétaire de la ferme, dite de la Pie, et de l'autre côté Adam, propriétaire de la ferme de Beaujeu (2) qu'il avait fait bâtir six ans avant celle de Bellechasse.

Complétons la description topographique de la presqu'île en donnant les lieux dits et en faisant remarquer que ces noms sont d'origine fort ancienne. Il n'est pas téméraire de leur assigner la plus haute antiquité, car ils n'ont sans doute jamais varié et ont été consacrés par l'usage et les conventions écrites.

Les lieux dits.

Nous les trouvons au *Terrier* de la baronnie de Saint-Maur (1682) et sur tous les anciens documents.

Le Petit Parc. — Ce nom correspond à la dénomination actuelle du Petit Parc. Il était séparé du Grand Parc par un mur et une grille, sur l'emplacement desquels se trouve l'avenue de l'Écho. Au fond de certaines propriétés, côté impair, se voit encore ce vieux mur.

Le Marais. — Contrairement à ce qu'avance Piérart, ce lieu

---

(1) Moynet (Jean-Marie) (1786-1861), ancien jardinier-fleuriste de la rue de la Roquette, à Paris.

(2) Dans les papiers du bailliage de Saint-Maur, nous avons trouvé le procès-verbal de l'apposition des scellés à la mort de Jean de Lafaye de Beaujeu, lieutenant des plaisirs de Son Altesse (régisseur), décédé le dimanche 16 novembre 1738 en sa maison sise dans la cour de la capitainerie. C'était en effet le capitaine du Château. Ses frères venus à sa succession le dénomment simplement Lafaye, dit Beaujeu, parce qu'il était de cette ville ; ils étaient laboureurs. Il fut sans doute inhumé dans l'église de Saint-Maur, car nous lisons dans son testament «... veut son corps mort être enterré dans l'église de Saint-Nicolas, devant la chapelle de la Sainte Vierge ...» — Nous trouvons un autre de Beaujeu qui, le 14 avril 1765, porte, devant le bailli, une plainte contre son jardinier et sa cuisinière, les époux Ducotté. Il est ainsi dénommé : Messire Alexandre-Nicolas-Joseph, comte de Beaujeu, maréchal de camp des armées du Roy, demeurant à Saint-Maur des Fossés. — La rue des Remises traverse le lieu dit les Remises de Beaujeu, non loin de cette ferme de Beaujeu qui fut plus tard fondée par Adam et dont le nom rappelle celui d'un de ces soldats de fortune qui furent au service du prince de Condé. — Les remises étaient des réserves de bois ou de taillis pour le gibier.

ne fut point un marécage, mais l'endroit où se trouvaient les jardins maraîchers des habitants et le potager du Château. La culture maraîchère y est encore prospère et les vieux murs qui séparent ces jardins sont peut-être contemporains de Condé (1).

Le Port de Créteil, entre le pont et le bac qui se trouvait à peu près à l'emplacement de la passerelle.

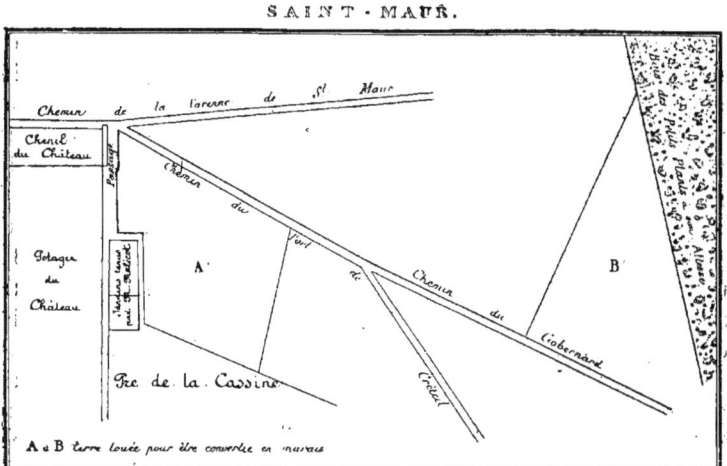

Les Petites Remises, lieu traversé par la rue des Remises et rappelant les anciennes remises de chasse. La rue s'appelait anciennement rue des Poulots. C'était le sentier qui menait du Château au port de Créteil; elle a été ouverte en 1830 par Caffin, en bordure de son terrain.

L'Épinette, autour de la ferme de Beaujeu.

Le Gors Bernard, en amont du pont de Créteil, sur la Marne.

La Conche, dont le nom rappelait sa configuration en coquille, se trouvait vers le commencement du boulevard de la Pie.

Les Quarante Arpents, devenu plus tard la ferme de la Pie.

---

(1) Il existe aux Archives nationales un plan de 1766, d'une pièce de terre louée pour 27 ans, *pour être convertie en marais*. Cette terre était située près du chemin dit du Port de Créteil, comme on peut le voir par ce plan dont nous donnons une reproduction.

L'Ormeau, aux environs de la mairie et de la rue Louis-Dupré qui, jusqu'en 1909, s'est appelée rue de l'Ormeau.

Le Champ Renier, vers la rue du Port-au-Fouarre.

Le Plant, bande de terrain planté limité par l'avenue Beaurepaire et la Marne.

Le Port au Fouarre, sur la Marne, aux environs de l'avenue Villette.

Le Champ des Moines, vers l'avenue de Bonneuil et la rue du Bois-des-Moines.

Le Trou Javeau, ainsi nommé parce qu'il occupait la dépression de terrain des Mûriers. Nous ne sommes pas éloigné de croire qu'on a tiré là beaucoup de sable, autrefois. Il se trouve en cet endroit une sorte de cuvette ; la cote 35 partant du pont du chemin de fer va jusqu'à la rue Saint-Louis en embrassant les rues des Moines, des Moulins et Chevalier. La partie la plus basse de ce quartier, le carrefour de l'avenue des Moulins et de l'avenue Denfert-Rochereau, descend à la cote de 33 m. 81. Primitivement toute cette partie de notre presqu'île devait être traversée par des bras de rivière qui y formaient les îlots des Falonières et, aux hasards des inondations, des atterrissements ou *javeaux* variables d'où sera venu son nom. Si notre remarque est juste, le lit de la Marne était donc sur ce point étendu et peu profond ; c'est là que devait se trouver le gué dont nous avons parlé au début de cet ouvrage. Si l'on se rappelle que les découvertes préhistoriques que nous avons signalées ont toutes eu lieu sur ce point, on admettra que ce gué dut être souvent disputé par les combattants aux temps où l'homme primitif avait trouvé un refuge naturel dans notre presqu'île.

Le Port de La Varenne était situé quai de La Varenne, à gauche de la rue du Bac. L'abreuvoir de Saint-Hilaire se trouvait également en cet endroit.

Les Vieux Moulins. — Ce lieu était situé en face des îles de Chennevières et des Vignerons. On sait que les moulins étaient établis sur des bras de rivière ; il n'est donc pas téméraire de supposer qu'il s'est trouvé là des moulins, sur la rive gauche de la Marne probablement.

Les Caves. — Ce lieu longeait le boulevard de Champigny. Il rappelle une exploitation de carrière souterraine. Il en existait encore une en 1841 qui figure au plan cadastral. C'est vers ce point que dut avoir lieu la revue de la garde féodale que nous avons décrite.

Le Fonds de Champignol comprenait tout le quartier actuel de Champignolle, le long de la Marne.

Le Parc.— Le grand parc du Château, d'une contenance de 159 h. 18 était clos de murs. Il reste quelques vestiges de cette clôture ordonnée par François Ier. Le long de la rue Viala court encore le vieux mur, ainsi que dans certaines propriétés des bords de la Marne. Le boulevard National en est la limite ; on trouverait encore les fondations de ce mur de clôture dans le milieu de son trottoir septentrional.

La Croix Boissée, au bout du mur du grand parc, où se trouvait une croix, marquée sur la carte de Delagrive, exactement au rond-point de la rue Francis-Garnier et de la rue du Bac.

Ces quelques détails topographiques et historiques sont de la plus haute importance pour l'intelligence de notre histoire locale ; c'est pourquoi nous n'avons pas hésité à couper ici notre récit pour les mettre sous les yeux de nos lecteurs.

La commune n'avait pas d'immeuble pour y loger les services municipaux ; elle louait à cet effet, pour 50 francs, la maison Lagneau (cordonnier), place d'Armes, dont le derrière donnait en partie dans le cimetière, et qui faisait saillie sur la place, rétrécissant encore la route départementale n° 63 qui contournait l'église pour descendre la rue du Four. Profitant de l'obligation de construire des écoles, imposée par la loi du 28 juin 1833 sur l'instruction primaire, elle résolut d'édifier une maison commune pour y loger tous les services, mairie, école (logement de l'instituteur), pompe, afin de se libérer de l'obligation de payer annuellement pour 500 francs environ de locations. Cette mairie fut édifiée par l'architecte Molinos, au commencement de l'année 1839, sur le terrain communal provenant de la désaffectation du cimetière entre la maison Lagneau et l'église. C'était une toute petite construction à laquelle on accédait par un petit perron ; le terrain de l'ancien cimetière entouré d'un mur devint le jardin de l'instituteur (1)

Mais cette mairie fut bientôt insuffisante ; d'ailleurs, elle

Maison commune.

---

(1) On lit dans le *Moniteur* du 5 octobre 1839 que cette nouvelle mairie de Saint-Maur fut brillamment inaugurée et qu'il y eut, à cette occasion, bal au bénéfice des pauvres.

avait été si mal bâtie qu'en 1860 on reconnut la nécessité de l'abandonner. Le conseil acheta la maison qui portait le n° 8 de la place de l'Église (1), ainsi que deux immeubles attenants pour l'ouverture de l'avenue de Condé, ceux de Malice et de Topin, portant les n°s 6 et 4.

La construction de la première mairie et l'amélioration des chemins et services communaux ont été opérées sous l'impulsion d'un maire intelligent et dévoué, le baron de Marinville (2), qui administra la commune du 11 juillet 1837 au 18 juin 1843. Le conseil municipal, reconnaissant de son zèle et de son activité, lui vote des félicitations « pour l'amélioration phisique (sic) et morale de la commune et l'encourage à persévérer l'assurant d'avance de son concours franc et sincère (3) ».

Municipalité du baron de Marinville (1837-1843).

Les ponts.

Il fit bâtir la nouvelle mairie, fit mettre des poteaux indicateurs aux abords du bourg et porta de six à dix le nombre des réverbères, avec lampes à huile, qui constituaient, avant 1839, l'éclairage de la commune.

De temps immémorial, la vieille Compagnie du jeu d'arc de Saint-Maur se livrait à ses exercices de tir sur l'emplacement qui en rappelle le nom ; mais les voisins se plaignirent, des accidents étaient à craindre, et, par délibération du conseil municipal, en date du 7 février 1841, la jouissance de cet emplacement lui fut retirée.

Le cadran de la vieille horloge de l'église fut changé en 1842 « par un cadran neuf qui marquera l'heure par deux

---

(1) Elle porte actuellement le n° 1 de l'avenue de Condé, à l'entrée de la place de la Pelouse. Cette amorce de rue s'appela rue de Paris prolongée. Elle fut ouverte en 1862.— Dans un acte d'avril 1730, nous lisons que cette maison était autrefois le corps de garde du Château, puis qu'elle fut dite du *Coq* à cause d'une enseigne, et qu'à cette époque elle était « occupée par les sœurs de charité de Saint-Maur ». Nous retrouverons dans le courant du siècle dernier des sœurs installées, 5, rue Mahieu, où elles dirigeaient une école communale de filles, dans les bâtiments où se trouve aujourd'hui l'usine des plaques photographiques marque *As de Trèfle*. — Les maisons du bourg étaient dites de l'enseigne placée sur leur porte ; il y avait les maisons « où pend pour enseigne le heaulme, l'épée, le plat d'étain, l'entonnoir, la croix blanche, la corne, l'image Saint-Maur, le mouton, etc. ».

(2) Étienne-Jules Cousin, baron de Marinville, ancien secrétaire des commandements du roi de Westphalie, ancien archiviste du Sénat de France, décédé le 5 mars 1861 à l'âge de 81 ans, inhumé dans le cimetière du boulevard Rabelais.

(3) Séance du 13 mai 1838.

aiguilles ou rouage de minuterie et l'ancien sera abandonné ». Ce cadran était placé sur la façade de la rue du Four.

L'initiative de ce maire ne fut pas étrangère à la construction des deux ponts les plus nécessaires à l'époque, pour la commune ; celui de Créteil en 1839, celui de Champigny en 1842. Ces ponts mettaient ainsi en communication, par une route stratégique, des voies très importantes, celles de Bourgogne et de Champagne, avec celles de la Brie et d'Allemagne par Choisy, Créteil, Saint-Maur Champigny, Nogent, Bry. La maisonnette, bâtie au milieu du pont de Champigny, et servant actuellement de bureau d'octroi, était la maison du péager.

Ces ponts ouvraient également aux habitants de Saint-Maur des relations plus faciles et plus étroites avec les communes voisines. On sait qu'avant cette date il fallait traverser la Marne à bac, en un point situé à l'emplacement de la passerelle de Créteil. Ce moyen de communication onéreux et incommode n'existait même pas pour les habitants de Champigny, obligés pour leurs rapports avec Saint-Maur d'emprunter le pont de Joinville ou le bac de La Varenne-Chennevières.

Soucieux de développer l'instruction primaire et considérant que la majorité des élèves étaient des non-payants, le conseil porta au budget de 1838 une somme de 1.030 francs pour le payement de l'instituteur, de l'institutrice et l'achat de livres de récompense. Les élèves payants parfaisaient le traitement des maîtres par une contribution déterminée. Pour répandre encore davantage les bienfaits de l'instruction, il fonda même des cours d'adultes.

L'accroissement de la population était encore fort lent ; cependant la grande culture et quelques industries occupaient déjà, dès cette époque, de nombreux ouvriers. Il se trouvait à Saint-Maur une usine de broyage de couleurs appartenant à Lange-Desmoulins et située 1, rue Pinet, dans l'immeuble Berson, qui a été démoli de nos jours pour l'élargissement de la rue Saint-Honoré, depuis rue Maurice-Berteaux. La maison où sont installés les bureaux de la Compagnie des Tramways est la maison d'habitation de Lange.

En faisant opposition à l'ouverture de cette fabrique, le baron de Marinville déclare qu'il se propose d'établir sur le bras des Saints-Pères « un simple bateau à roue hydraulique pour alimenter la commune en eau potable et saine qui lui manque (1) ».

---

(1) Délibération du 14 mai 1839.

Une usine de calcination d'os, appartenant à Caffin, était exploitée par un sieur Duchargé sur le bord de la Marne, en face de la rue de Beaujeu prolongée. A La Varenne, il y avait une fabrique de tuiles et briques, une féculerie de pommes de terre, une raffinerie de sucre, le tout à Caffin. Les habitants se plaignirent longtemps que certaines de ces usines empoisonnaient l'eau et l'air par leurs résidus ou leurs émanations et ils finirent par en obtenir la fermeture. En 1843, celle de calcination d'os fut interdite.

A ces inconvénients se joignaient celui des odeurs insupportables dégagées par les détritus animaux employés comme engrais par les grands cultivateurs. Une sommation est faite à Caffin, de La Varenne, qui, malgré les ordonnances et injonctions contraires, continue à se servir comme engrais « de tripailles, issues, animaux morts qui par leur état incessant de putréfaction répandent au loin des exhalaisons fétides » (1).

A la même époque les habitants demandaient déjà la suppression des barrages de Champigny et de Créteil qui gênaient la batellerie servant à acheminer vers Paris leurs récoltes, ou le sable, les pierres provenant de leurs carrières. Le barrage de Villette ou de Créteil avait été construit en 1834 pour alimenter le bras du Chapitre où se trouvaient des moulins (2) et des usines ; l'ancien barrage de Bonneuil, au-dessus du Moulin Bateau, avait déjà disparu ; celui de Champigny, dérivant l'eau au moulin situé sur la rive gauche, en aval du pont, n'a disparu qu'en 1910 au moment du dragage de cette partie de la Marne.

L'exploitation des carrières était alors très active ; elle nécessita le pavage de quelques-unes de nos rues. Il se faisait dans la commune de grands transports de pierres et de moellons pour la construction des fortifications de Paris. C'est des entrailles de notre sol qu'est sortie une partie de la ceinture de murailles et de forts qui environnent la capitale. Un ancien garde du génie de l'armée, M. Mahieu, exploitant et entrepreneur, a édifié avec la pierre de Saint-Maur tout le front Est, de la porte de Bercy à la porte de Romainville,

---

(1) Délibération du 20 septembre 1835.

(2) Incendie du moulin de Créteil, en octobre 1842. La pompe de Saint-Maur a été très endommagée dans ce sinistre.— Délibérations, séance du 1ᵉʳ novembre 1842.

ainsi que les forts avancés de ce secteur. Il fut maire de la commune, de 1853 à 1870 (1).

A la date de 1841, un propriétaire, M. Debussy, fit des démarches auprès de la Compagnie des Eaux pour l'amener à pousser ses canalisations jusque dans Saint-Maur. Le village n'avait alors aucune fontaine, aucun établissement de bains ; des puits fournissaient l'eau aux habitants. Indépendamment des puits particuliers qui se rencontrent encore dans beaucoup d'immeubles, le village possédait un puits communal à poulie, bouché aujourd'hui, et qui se trouvait dans la façade de la maison où est établie une pharmacie, 32, rue du Four. Ce puits avait environ 22 mètres de profondeur. Plus tard, un commerçant avisé se mit à vendre de l'eau qu'il allait puiser à la rivière avec des tonneaux.

L'eau. Les moyens de communication.

M. Mahieu installa, vers 1860, une pompe à feu pour élever l'eau de la Marne et la distribuer aux habitants. Il céda ses droits à la Compagnie parisienne en 1879.

Vers le milieu du XIXe siècle, nos concitoyens devaient se contenter de moyens de communication avec Paris, lents et onéreux, l'antique patache, qu'il fallait parfois encore retenir plusieurs jours à l'avance. En 1844, c'était l'administration de voitures Moreau, Feuillant et Cie, la *Régie,* qui assurait un service régulier, trois ou quatre fois par jour, à raison de 1 franc par voyage (2). Les voitures, dites jumelles, coucous,

---

(1) Louis-Désiré Mahieu, né à Créquy (Pas-de-Calais) le 1er janvier 1800, décédé à Paris le 23 mai 1880. Il acheta le Petit Parc à la veuve Barré, en l'audience des criées de la Seine, le 7 mai 1845, pour la somme de 400.000 francs. Il gagna par la suite une grande fortune comme entrepreneur des grands travaux de Paris et exploitant de carrières. Indépendamment d'une partie de l'enceinte de Paris, c'est lui qui a exécuté le boulevard Haussmann et les boulevards Saint-Marcel, de Port-Royal, des Gobelins, etc. Il s'était marié à une cantinière fort commune qui ne lui donna pas d'enfants ; mais il se lia avec une demoiselle Peynaud, fort jolie, dont il eut quatre enfants adultérins. A la mort de sa femme, il épousa sa maîtresse.
Devenue veuve, celle-ci se laissa éblouir par les belles manières d'un prince italien, descendant d'une vieille famille romaine, mais qui n'avait ni fortune, ni titre, et qui s'appelait don Romolo Ruspoli, de la famille des anciens princes. Elle en fit son légataire universel ; ce dernier est mort le 28 septembre 1912 en son château de Romaine (Seine-et-Marne). Il était chevalier de la Légion d'honneur, consul général du roi de Grèce à Rome, député du Parlement italien, etc.

(2) Voy. *Étude historique et statistique sur les moyens de transport à Paris,*

cabriolets, omnibus, partaient de la rue du Faubourg-Saint-Denis, n° 25 (Plat d'Étain) et stationnaient à Saint-Maur, sur la place de l'Église, le long du mur du préau de l'école (ancien cimetière). A cette époque, ladite Compagnie payait à la commune un droit de stationnement de 200 francs par an pour deux voitures et une troisième, tolérée le dimanche.

Ce service fut complété, plus tard, par celui que créa la Compagnie parisienne des Omnibus, entre l'ancienne barrière de Charenton et Gravelle (canal), par Saint-Maurice. Cette ligne mettait ainsi Saint-Maur en communication, non seulement avec Paris, mais avec Charenton, chef-lieu du canton à cette époque.

Vers 1858, pour desservir La Varenne, dont les habitants devaient venir à pied jusqu'au vieux Saint-Maur, la diligence partant du Plat d'Étain porta son terminus, de la maison Guden, place de l'Église (1), jusqu'aux *Quatre Chemins*, à l'établissement Fromageot (2).

Lorsque le chemin de fer de Vincennes eut ouvert la gare de Joinville, une voiture fit le service journalier de la gare à Saint-Maur.

Mais n'anticipons pas.

En 1841, le général baron Dommanget avait conçu le projet d'un chemin de fer partant de la barrière du Trône, allant vers Vincennes et de là sur Saint-Maur. Le conseil municipal consulté par l'auteur, le 4 août 1841, « témoigne de sa sympathie pour l'exécution de ce projet d'utilité publique ».

Le 19 septembre de la même année, une nouvelle lettre du général faisait connaître que le chemin de fer contournerait le bois de Vincennes pour desservir Fontenay, Nogent, Joinville et Saint-Maur ; mais le conseil municipal, apprenant que la traction devait être animale, retira son adhésion au projet en faisant ressortir que ce nouveau mode de transport n'aurait,

---

par ALFRED MARTIN, 1894, p. 166. — Heures de départ, dimanches, 9 et 10 heures du matin, 2 heures du soir ; semaine, 7 et 10 heures matin, 4 h. 1/2 et 7 heures soir.

(1) La maison Guden, vins et liqueurs, existe encore, mais occupe l'immeuble voisin de celui dont il s'agit ici ; le premier a été démoli lors du percement de l'avenue de Condé.

(2) Le refrain d'une chanson populaire de l'époque exhalé à peu près ainsi les plaintes des malheureux voyageurs contre la lenteur de la voiture, dite *coucou* :

On n'arriv'ra pas d'sitôt
Avec la voiture à Fromageot.

pour la commune, aucun avantage au point de vue de la rapidité des communications.

Le 6 février 1842, un nouveau projet de chemin de fer fut présenté par le sieur Arnoux. Il fallut attendre que la Compagnie de l'Est poussât ses rails de Joinville jusqu'à La Varenne ; la ligne fut livrée à la circulation le 22 septembre 1859. Avec ses quatre gares sur le territoire de la commune, elle allait provoquer le morcellement des grandes propriétés, la construction de nombreuses maisons. En 1855, Saint-Hilaire comptait 30 maisons et 100 en 1857 ; des lotissements par sociétés y attiraient déjà des Parisiens prévoyants.

La statistique des recensements que nous publions plus loin montrera l'accroissement rapide de la population. Mais c'est surtout depuis l'établissement de la carte d'abonnement ouvrière, que les bonds de la statistique ont été prodigieux. Une autre cause contribua à l'exode vers la banlieue : ce fut le renchérissement des loyers à Paris, après 1860, à la suite des travaux d'embellissement du baron Haussmann, préfet de la Seine.

Dans une lettre communiquée au conseil municipal, le 21 novembre 1847, nous voyons déjà se dessiner le développement de la section dite depuis Adamville. Le propriétaire, Adam, fait connaître qu'il a opéré la division de son terrain en rues et avenues et qu'il a déjà 85 propriétaires. Il fait part de son intention de donner à cette section le nom d'Adamville et ceux de ces 5 enfants aux principales avenues : ce sont nos rues Léon, Lucie, Joséphine, Aline, Léonie.

A cette époque, le maire était Moynat (de 1845 à 1853), propriétaire du Grand Parc. Il succédait à Louis Barré, de cette famille qui avait acquis le Petit Parc et ses dépendances et avait, de père en fils, fourni deux administrateurs à la commune. Aussi, le 9 mai 1845, le conseil municipal exprime-t-il sa reconnaissance à Barré en lui accordant une concession gratuite pour sa sépulture, « vu sa longue résidence dans la commune, où sa présence était signalée par les nombreux et continuels bienfaits envers les malheureux et les services qu'il a rendus à la commune ». Son tombeau est situé dans le cimetière du boulevard Rabelais et se compose d'une grande pyramide avec une inscription qui rappelle la vie de cet homme de bien (1).

---

(1) Marie-Louis-Joseph Barré, propriétaire, maire de Saint-Maur, décédé le 23 décembre 1844, à l'âge de 49 ans. Son tombeau porte l'inscription suivante : « Ci-gît un homme de bien, un chrétien. »

Avant de quitter cette époque, faisons la description précise de Saint-Maur en nous référant au plan cadastral de 1841.

<small>Saint-Maur en 1841. Le cadastre.</small>

La ferme située au lieu dit les Quarante Arpents ne s'appelait pas encore *la Pie*, ce qui prouve, contrairement aux assertions de Piérart, que cette dénomination n'est pas ancienne. Nous ne l'avons trouvée dans aucun document antérieur. Elle appartenait à Moynet (Jean-Pierre). On voyait, au-dessus de la porte cochère, une pie aux ailes étendues. D'autre part, il y avait beaucoup de nids de pies en cet endroit, sur les grands peupliers des bords de la Marne. C'est là, tout simplement, sans remonter au celtique ou au roman, comme le fait Piérart, l'origine de ce vocable, devenu celui d'un quartier florissant de notre commune.

Plus à l'est se trouvait la *maison des Mûriers,* qui appartenait à Bernier, comprenant l'îlot formé par les rues de la Banque, Vermouth, Béranger et boulevard des Mûriers. Mais ce propriétaire n'était pas seul à cultiver le mûrier. On en trouvait de nombreuses plantations, notamment dans la propriété aux vieux murs qui fait l'angle des rues du Bac et Balzac, appartenant alors à Hubert (Jean-Louis), propriétaire de la maison qui passe, sans preuves, pour être un ancien château de Marie de Médicis, et dont il fit, à sa mort, un legs irréalisable à ses amis politiques, les socialistes de l'époque.

On trouvait encore le mûrier à l'emplacement des écoles de La Varenne, au même propriétaire, et en face, dans le terrain non bâti appartenant aujourd'hui à la Compagnie de l'Est ; entre les rues Michelet, des Piliers, boulevard Voltaire et Saint-Hilaire, sur des terrains appartenant à Caffin ; entre les rues Edgar-Quinet et Louis-Blanc, sur des terrains appartenant à Adam. On voit que l'élève du ver à soie dut, à un moment donné, être une industrie importante de La Varenne. En 1862, M. Garnier s'y adonnait dans sa maison de l'avenue du Rond-Point ; mais son entreprise n'eut pas de succès. Cet industriel était le père de Francis Garnier, tué au Mékong en 1869. Le conseil municipal, pour honorer la mémoire du jeune héros, donna son nom à l'avenue du Rond-Point, où se trouvait sa maison paternelle.

On remarque au cadastre deux vignes, derniers vestiges des vignobles importants datant d'une époque fort ancienne : l'une dans la rue des Remises, l'autre en face du château actuel

Bac de La Varenne-Chennevières en 1864 avec la voiture de Sucy.
(Voy. p. 225.)

de Saint-Hilaire, emplacement traversé aujourd'hui par la ligne de Vincennes.

Ce château appartenait à Caffin ainsi qu'un groupe important de maisons, du boulevard Voltaire à la rue du Bac (côté pair).

La ferme du Mesnil appartenait à Didier (1), celle de Champignolle au lieutenant-colonel Boileau (2). A la Porte Blanche, ancienne porte du parc de Condé, se trouvaient deux ou trois bâtiments, une grange et un château, le tout à Moynat. Un pavillon attenant à la grange de la Porte Blanche, et dont l'entrée est 2, rue de Curti, a été habité par M. Hanotaux et c'est là qu'il a commencé d'écrire son *Histoire de Richelieu*. Dans cette partie du parc on a conservé les quatre pins qui dominaient le rendez-vous de chasse du prince de Condé. Nous ne serions pas éloigné de placer là le mail que Catherine de Médicis fit construire « dans l'allée des Pins », comme on l'a vu plus haut. A l'entrée de l'avenue de l'Écho, dans le Petit Parc, on remarquait une caserne, une écurie, une forge et une cantine.

La révolution de Février 1848 amena l'avènement de la seconde République. Nous ne savons si la garde nationale de Saint-Maur (3) prit une part active à ce grand mouvement populaire, qui fit trembler les rois d'Europe sur leurs trônes, mais nous en connaissons la répercussion au sein du conseil, par les registres des délibérations.

La République de 1848.

« L'an 1848, le 12 mars à midi, le conseil municipal de Saint-Maur réuni pour la première fois depuis les glorieux événements du mois de février, s'empresse de déclarer, à l'unanimité, qu'il a vu avec la plus vive satisfaction l'Ère nouvelle

---

(1) Maurice Didier, avoué de Paris, se défit de sa charge pour se livrer à l'exploitation de la ferme du Trou qu'il avait acquise de Caffin (120 hectares environ) le 8 décembre 1835. Il mourut en 1868. D'un esprit élevé et averti il dota ses terrains de voies bien comprises et, par un acte de générosité qui devait avoir des conséquences très heureuses, il amena la Compagnie de l'Est à renoncer à faire passer la voie ferrée sur la rive gauche de la Marne en lui abandonnant gratuitement les terrains nécessaires à l'ouverture de la ligne.

(2) Jean-François Boileau, lieutenant-colonel, chevalier de Saint-Louis et de la Légion d'honneur, né à Longuyon (Moselle) le 4 février 1773, décédé à Champignolle le 7 décembre 1848. Les terrains de cette ferme formaient une enclave dans ceux de Didier.

(3) Elle formait le 3e bataillon de la 4e légion avec la garde des communes de Nogent, Champigny, Joinville et Bry-sur-Marne.

qui vient de s'élever pour le bonheur et la gloire de notre patrie ; aussi, animé du patriotisme le plus pur, il donne son adhésion la plus complète à la République comme étant la forme de gouvernement la plus capable de maintenir l'honneur et la tranquillité de la France. »

Le dimanche, 26 mars 1848, le conseil est d'avis d'adresser une proclamation aux habitants de Saint-Maur :

« Citoyens. Une ère nouvelle commence. La République proclamée dans toute la France a été accueillie avec transport et enthousiasme par toute la France.

« Tous les peuples suivent notre exemple ; tous veulent jouir comme nous des bienfaits de la liberté...

« Nous nous occupons à trouver des travaux pour les ouvriers de la commune...»

On sait qu'une des causes du mécontentement populaire était la misère et le manque d'ouvrage qui sévissaient à l'époque et qui donnèrent l'idée malheureuse d'ouvrir des ateliers nationaux ; essai légitimé par les circonstances, par les théories sociales du jour, par une pensée de philanthropie, mais qui faillit avoir des suites graves, l'insurrection. Un atelier national fut installé à Gravelle et Charenton pour le creusement du canal de Saint-Maurice.

Le conseil municipal de Saint-Maur profita de la circonstance pour exécuter des travaux souvent votés et réclamés depuis longtemps. Avec un secours de l'État, il mit à exécution un plan d'abaissement de la *montagne,* d'adoucissement des pentes de la rue du Four et de la rue de Paris. Les réclamations de la population se justifiaient par le développement de la propriété et de l'industrie, par les difficultés du transport des pierres et moellons, et par les accidents qui se renouvelaient trop fréquemment. Une souscription volontaire des principaux intéressés s'éleva à la somme de 4.500 francs. C'est à ce moment que le sommet de la butte fut abaissé d'un mètre environ, comme on peut s'en rendre compte aisément par le seuil surélevé de toutes les maisons où on n'accède depuis que par quelques marches d'escalier. C'est au cours des travaux que furent découverts, près du chevet de l'église, les ossements humains dont nous avons parlé et que nous avons attribués à des corps de suppliciés.

C'est également à ce moment que fut démolie une construction légère, située sur l'alignement du chevet de l'église, et qui servait de sacristie et de corps de garde.

Le 19 novembre 1848, une messe de *Te Deum* est célébrée

solennellement à l'église pour la proclamation de la constitution. En ce temps-là, les deux pouvoirs spirituel et temporel s'unissaient pour la célébration des fêtes populaires ; le clergé bénissait les arbres de la liberté et l'aurore des régimes nouveaux.

Une contestation s'éleva en 1851 entre les communes de Saint-Maur et de Joinville au sujet de la rue de l'Abreuvoir, située effectivement sur le territoire de Joinville, mais Saint-Maur se croyait fondé à en réclamer la propriété de par l'usage immémorial et en se basant sur la charte de Clovis II. Cet abreuvoir inutile à Joinville était, au contraire, absolument indispensable à Saint-Maur. Il se trouvait au point de rencontre des rues de l'Abbaye et de l'Abreuvoir, sur un bras de Marne qui a été comblé depuis et qui a servi de limite aux deux communes sœurs.

Les deux communes avaient déjà connu des difficultés graves le 9 août 1834 pour le partage des rentes indivises du bureau de bienfaisance constituées en 1720 et 1721, dont Joinville revendiquait les 2/5 ; mais leur rivalité a cessé depuis longtemps et elles sont devenues deux communes sœurs poursuivant leurs destinées dans les meilleures relations de bon voisinage.

Coup d'État du 2 décembre 1851. Sous l'Empire.

Après le coup d'État du 2 décembre, une grande partie de la nation, lassée de l'agitation révolutionnaire, se résigna à subir un pouvoir personnel qui lui promettait, en ce temps, l'ordre et la paix.

Le conseil municipal de Saint-Maur approuva ce coup de force par l'adresse suivante :

« Les soussignés, maire et conseillers municipaux de la commune de Saint-Maur, déclarent par ces présentes donner leur pleine et entière adhésion à l'acte du 2 décembre 1851. Par cet acte, M. le Président de la République, en délivrant la France du foyer des conspirations, l'a sauvée de la guerre civile et a réalisé ses espérances.

« Gloire et honneur à lui ; il a anéanti les misérables fauteurs de l'anarchie et du désordre ; il a rendu la sécurité à la société entière.

« Gloire et honneur à l'armée toujours si admirable de courage et de dévouement.

« Saint-Maur, 18 décembre 1851. »

La prospérité de Saint-Maur profita de la prospérité générale qui fut le résultat d'une sage administration gouvernementale. Nous en aurons une idée en constatant l'augmentation de la population. En février 1852, on comptait 1.561 habitants à Saint-Maur, dont la population ira croissant de façon rapide (1). En 1856, on y compte 2.431 habitants non compris la population d'été que le conseil estimait à 1.500 ou 1.600 personnes ; en 1861, la population sédentaire atteint le chiffre de 4.000 habitants et celui de 5.621, en 1866 ; enfin celui de 7.000 environ, à la chute de l'Empire.

La spéculation avait livré au lotissement les terrains de la Varenne-Saint-Maur-Adamville ; en 1858, on y comptait plus de 400 maisons. En 1859, l'ouverture des gares devait en augmenter rapidement le nombre. La Compagnie de l'Est faisait à cette époque remise de 5 centimes à tous les voyageurs de Seine-et-Oise obligés d'emprunter le bac de Chennevières. Par ses démarches et ses écrits, Caffin avait obtenu de la Compagnie de l'Est des tarifs réduits pour les voyageurs quotidiens. Tous ces avantages et les sociétés populaires de lotissement favorisèrent et accélérèrent le mouvement ascensionnel rapide de la population.

Nous donnerons ici l'énumération des travaux ou des vœux importants du conseil durant cette période. Le 13 mai 1852, le conseil demande une revision de ses limites territoriales à cause des enclaves que les communes ont les unes sur les autres ; elle renouvelle cette demande en mai 1866 en faisant ressortir les inconvénients de l'ancienne délimitation (2).

Le 10 mai 1858, M. Gatin (3) résigna ses fonctions d'instituteur qu'il occupait depuis 35 ans pour se consacrer au secré-

---

(1) 997 à Joinville, 1.619 à Champigny.

(2) Procès-verbal de délimitation du territoire de Saint-Maur, 30 novembre 1811. Malgré des demandes réitérées, le bornage est resté le même. Une nouvelle tentative est sur le point d'être faite près de la commune de Joinville.

(3) Ce modeste serviteur de la commune mérite une mention spéciale pour la durée de ses services et sa belle et laborieuse carrière qui lui valurent d'être décoré de la Légion d'honneur en 1878. Gatin (Nicolas), né à Pisseloup (Haute-Saône) le 17 messidor an V (14 juillet 1797), vint à Saint-Maur en 1822 où il remplit les fonctions d'instituteur et de secrétaire de mairie. Il succédait à Verguet qui remplissait également ces fonctions depuis la Révolution. Sa situation d'instituteur d'une aussi petite commune n'était pas enviable, malgré l'appoint de son petit traitement de secrétaire. Il cumulait encore les fonctions d'horloger de l'horloge communale, de facteur-boîtier et même de chantre à l'église. Il démissionna en 1877, à l'âge de 80 ans, et mourut le 1er décembre 1881. — Ses successeurs au secrétariat de la mairie furent son petit-fils Gatin (Germain), Meunier (Louis-Florentin) et Conac (Georges), actuellement en fonctions.

tariat de la mairie. En août de la même année, il cédait, dans de bonnes conditions pour la commune, une partie de terrain en pointe pour l'agrandissement de la place de la Croix-Souris.

En novembre 1864, l'ancienne mairie mitoyenne à l'église est abandonnée et les bureaux transférés, 1, avenue de Condé, dans l'immeuble acheté à la veuve Mayet. L'année suivante, la mairie abandonnée est démolie ; les matériaux servirent à construire les murs de clôture de l'école de Saint-Maur-Centre qui avait été édifiée en 1860 pour 200 enfants, suivant de larges prévisions que l'essor du pays devait promptement dépasser. A l'ouverture, en 1862, elle comptait déjà 150 élèves (1).

C'est en 1861 qu'une société se constitua pour bâtir le théâtre, dit municipal, sur un terrain vendu par Adam au prix de 1 franc, mais avec cette destination précise. Les actionnaires sont dispersés ou disparus, et le théâtre, entretenu par la municipalité, a perdu de l'éclat que lui avaient valu autrefois des troupes excellentes, même celle de la Comédie-Française qui y venait souvent jouer. Il est vrai qu'à cette époque, et longtemps après, le théâtre était l'objet, de la part de la commune, d'une subvention annuelle de 500 francs.

Demande de séparation du quartier de La Varenne.
Les origines de cette question de séparation du quartier de La Varenne remontent à 1856. Les habitants se plaignaient, à bon droit, de n'avoir ni école, ni église. Les enfants qui voulaient fréquenter une école étaient obligés d'aller à Chennevières, ce qui était fort coûteux aux parents à cause du droit de passage du bac. M. Caffin offrit un local à un instituteur libre qui s'installa rue Saint-Hilaire, le 1er octobre 1857, et, plus tard, 18 et 20, avenue Chanzy.

Mais le conseil, préoccupé des besoins de ce quartier, cherchait à lui donner satisfaction. Le 19 novembre 1860, il votait la construction d'une école et d'une église à La Varenne, distante d'environ 5 kilomètres de l'agglomération principale. Après maintes recherches il achetait, en 1863, la propriété Adam, dite la ferme de Bellechasse, pour y installer les écoles de garçons (2). Puis l'école des filles, tenue par des sœurs, fut

---

(1) Directeurs successifs : J. Dupré, 1857-1881 ; S. Chauchot, 1881-1899 ; L. Roy, 1899...

(2) C'est aujourd'hui le bâtiment occupé par l'orphelinat de la Seine, rue

transportée de la rue Mahieu, 5, dans un local voisin de ladite ferme. Les élèves augmentèrent si rapidement qu'il fallut transformer en classes et préau couvert les écuries et la bergerie de l'ancienne ferme.

Un souvenir douloureux se rattache à cette école : la mort de l'élève Rucheton, tombé accidentellement dans le puits et noyé, accident qui fut commenté avec passion par l'opinion publique et par la presse parisienne.

Malgré cet effort de la municipalité pour désarmer les mécontents, les habitants de La Varenne adressèrent en février 1858 une pétition au ministre de l'intérieur, à l'effet d'obtenir la création d'une nouvelle commune. Cette pétition, signée par une dizaine d'habitants notables, Adam en tête, était accompagnée d'une lettre du général Bourbaki, gendre de ce dernier. Les pétitionnaires demandaient le nom de La Varenne, Bourbaki proposait celui d'Adamville.

Le conseil municipal rejeta la demande avec des observations qui n'étaient pas tendres pour Adam. Il lui reprochait d'avoir gagné des millions à la spéculation des terrains et de ne songer qu'à ses intérêts. La chapelle, les rues ouvertes sans autorisation ont donné, disait-il, une grande plus-value à ses terrains. Cependant il reconnaît que la section de La Varenne est très éloignée de la maison commune ; c'est ainsi qu'est née l'idée d'un nouveau déplacement de la mairie et son transfert au centre du pays.

En 1869, nouvelle tentative des habitants de La Varenne. On lit au *Journal officiel* du 29 juin 1870 le rapport de M. Le Roy de Saint-Arnaud, sénateur, sur une nouvelle pétition en séparation :

« Messieurs les sénateurs, 120 habitants de la section de commune dite La Varenne Saint-Hilaire dépendant de la commune de Saint-Maur-des-Fossez, s'adressaient au Sénat en janvier 1869 pour obtenir, par son intervention, que l'administration supérieure voulût bien procéder à l'érection en commune distincte de cette section, que l'étendue et la configuration de son territoire, le nombre de ses habitants, l'éloignement de l'église, de la maison d'école et de la mairie autorisaient à

Louis-Blanc. Cette rue s'appelait alors Ancienne Route de Chasse jusqu'à la rue de la Ferme et rue de Belle-Chasse jusqu'à la rue du Bac, qui s'appelait chemin de Saint-Maur au port de La Varenne.

solliciter cette situation prévue par la loi, et dont les préliminaires sont fixés par des dispositions spéciales... »

Mais les administrations municipale et préfectorale n'avaient mis aucune diligence à procéder à l'enquête nécessaire et le Sénat renvoya la demande au ministre pour cette formalité préalable. Elle n'en est sans doute jamais revenue. Mais il devenait urgent d'empêcher ce démembrement.

Le conseil prit la décision nécessaire en mai 1869 en jugeant qu'il fallait « donner satisfaction aux justes plaintes de la nouvelle population sans trop nuire aux droits acquis des anciens habitants de Saint-Maur ». Il rejeta, comme étant trop élevées, les conditions de Caffin pour la cession de sa chapelle à la commune.

Mais les malheurs de la guerre allaient faire ajourner ce déplacement reconnu nécessaire; aussi le 8 mars 1871 voyons-nous se renouveler la demande de séparation des habitants de La Varenne et même des autres quartiers. Ceux de Saint-Maur voulaient par là protester contre le projet qui leur retirait la mairie.

Le 9 novembre 1874, le conseil consulté par le maire sur une autre demande de division de la commune formée par quelques habitants du quartier Saint-Hilaire et de Saint-Maur, déclare, à l'unanimité, protester énergiquement « contre cette demande qui n'a plus sa raison d'être attendu que la mairie projetée devant être établie très prochainement sur un point central du territoire, donnera satisfaction aux intérêts de tous les quartiers ».

Dans cette demande, nous relevons une prévision singulière, qui ne s'est pas réalisée, à savoir que, dans un avenir rapproché, « le groupe de Saint-Maur fera partie de la commune de Joinville-le-Pont », disaient les pétitionnaires à la tête desquels se trouvaient l'abbé Delpy, desservant, et Nicaise de Budé.

Une nouvelle tentative fut faite en 1888 par un horticulteur de La Varenne, Pernel, qui réunit de nombreuses adhésions; mais la pétition présentée au conseil municipal n'eut aucune suite légale.

De nos jours, malgré les concessions réclamées à l'époque et l'amélioration des moyens de communication, la demande a été de nouveau formulée et un référendum des habitants du quartier lui a donné, le 29 octobre 1911, le caractère d'un vœu presque unanime; car, sur 1.215 votants, 1.132 se sont déclarés partisans de cette séparation. L'enquête est terminée, les formalités préalables se poursuivent en ce moment au sein d'une commission mixte composée de conseillers municipaux et de représentants du syndicat séparatiste.

Cette dernière tentative, poursuivie avec ténacité par le nouveau syndicat, présidé par M. Bandin, commerçant, laissera du moins quelque trace dans notre histoire municipale, si elle n'amène le résultat escompté. Il est donc du devoir de l'historien de noter l'importance particulière de cette revendication, sans préjuger de son avenir, laissant aux autorités compétentes le soin de solutionner la question selon le vœu des habitants et l'intérêt de la ou des communes.

Mais la déclaration de guerre à l'Allemagne et les charges de l'occupation étrangère devaient encore faire ajourner le projet d'érection d'une autre mairie.

Guerre de 1870-1871.
A la nouvelle de la rupture qui devait déchaîner tant de calamités sur notre malheureuse patrie, le conseil municipal fut convoqué le 25 juillet 1870 et le maire, Mahieu, fit la déclaration suivante :

« Mes chers collègues,

« La France est debout pour défendre son honneur. Placés par l'âge en dehors de la lutte, nous n'en devons pas moins apporter à notre pays notre part d'action.

« Si notre commune est appelée à fournir des défenseurs à la Patrie, elle a le devoir d'adoucir, autant qu'il dépend d'elle, les dures épreuves qui les attendent.

« Il faut que ces enfants sachent, en partant, que tous les êtres qui leur sont chers, vieux parents, femmes et enfants, qu'ils auront laissés derrière eux, restent confiés à votre sollicitude. »

Et le conseil donna immédiatement une preuve de sollicitude en votant 1.000 francs pour être distribués à titre de secours aux familles des militaires qui en auraient besoin, et 1.000 francs pour la caisse des secours aux victimes de la guerre. Ainsi, avant toutes choses, le conseil municipal de Saint-Maur, s'inspirant de sentiments élevés, manifestait le louable souci d'adoucir les maux de la guerre.

En six semaines, du 19 juillet au 4 septembre, la belle armée française, au glorieux passé, et qui faisait l'orgueil de la nation, fut détruite ou immobilisée. Napoléon capitulait dans Sedan avec la dernière armée régulière, le 1er septembre. Alors ce fut

Bac de Chennevières et château de l'étape en 1865. (Voy. p. 225.)

l'effondrement de l'Empire, et un gouvernement provisoire, sous la présidence du général Trochu, s'installa à Paris.

Le lundi 5 septembre 1870, le conseil municipal de Saint-Maur, ne s'inspirant que de son patriotisme et de sa foi républicaine, se réunit à la mairie sous la présidence du citoyen Collombel, adjoint au maire.

« Après avoir salué de ses acclamations l'ère nouvelle qui commence pour la France, il a nommé au scrutin secret et à la majorité relative une commission de cinq membres chargés provisoirement des intérêts de la commune. »

Cette commission se composait du docteur Taillefer, président, maire provisoire (1), Lemaître, Debry, Coutard et Collombel. Les conseillers, régulièrement élus le 7 et 14 août, avaient prêté, deux jours avant, le 3 septembre, le serment « d'obéissance à l'empereur et fidélité à la constitution ». Molin avait été nommé maire par décret du gouvernement éphémère de l'impératrice, mais ses sentiments bonapartistes étaient connus ; il ne voulut pas reconnaître la République, et ses collègues du conseil le remplacèrent par la commission exécutive de cinq membres. Ses protestations furent mal accueillies ; il fut même traité comme un prisonnier et conduit debout dans une charrette à Paris ; mais les portes de la prison ne s'ouvrirent pas devant lui.

Les progrès de l'armée allemande, l'envahissement de la région parisienne déterminèrent les habitants à se réfugier à Paris. Le 13 septembre, le tambour de Saint-Maur publia l'ordre de quitter le pays, et, pendant quelques mois, la population partagea les dangers et les épreuves du siège, sous la surveillance de la commission exécutive qui s'était établie 49, boulevard Voltaire (passage Saint-Pierre).

Dans sa première séance, le 19 septembre, cette commission votait d'importantes distributions de pain aux indigents réfugiés à Paris. Collombel donna sa démission ; il fut remplacé par Cannet. Ces distributions furent souvent répétées ; du mois de septembre au mois de décembre, la mairie de Paris avait distribuée 22.014 kilogrammes de pain.

Malgré la détresse, un des membres de la commission, Coutard, proposa, à la suite de la campagne menée par *le Siècle*, de voter une somme de 5.000 francs pour l'achat d'un canon

---

(1) Taillefer donna sa démission le 28 mars 1871 et fut remplacé par Coutard, maire provisoire également.

qui s'appellerait *Saint-Maur*. On rejeta la proposition en regrettant le manque de ressources ; mais le citoyen Cannet proposa à son tour, pour atteindre le but, de fondre les cloches paroissiales, ce qui fut adopté. Nos cloches historiques qui avaient traversé la tourmente révolutionnaire, heureusement oubliées dans leur clocher roman, l'échappèrent belle encore une fois. Sans doute l'impossibilité d'aller les chercher sous le feu de l'ennemi les sauva d'une destruction certaine et regrettable.

Les Prussiens tenaient Paris dans un cercle de fer que le général Trochu essaya de rompre plusieurs fois, notamment à Champigny. Des batteries avaient été établies à Saint-Maur pour soutenir l'action de l'armée de Ducrot. L'une d'elles se trouvait près de l'église d'Adamville, à l'extrémité d'un retranchement qui courait par le boulevard de Bellechasse, les Mûriers jusqu'au quartier de Champignolle. Des épaulements existaient aussi dans la villa Bourbaki, non loin de la gare de Champigny.

Près du réservoir hydraulique du Parc de Saint-Maur, à l'angle de l'avenue de Condé et de la rue du Petit-Parc, se trouvait une redoute importante, munie de forts canons qui pouvaient balayer les hauteurs de Champigny et Villiers.

Sur la place de La Pelouse, le général Favé, commandant l'artillerie, avait établi quelques pièces de marine. Ce sont ces batteries qui canonnèrent les crêtes de Champigny avant et pendant les journées du 30 novembre et 2 décembre ; elles attirèrent le feu de l'ennemi dont les obus vinrent endommager plusieurs maisons. L'ambulance, établie au Parangon, dut être évacuée. On compte que plus de 7.000 projectiles tombèrent à Saint-Maur et Joinville pendant vingt jours de bombardement. Les réservoirs de la Compagnie des Eaux, avenue de Condé, portent encore les traces des trous pratiqués par les obus prussiens, qu'on enleva par tombereaux à cet endroit, où se trouvait la grande redoute.

Collombel écrivait le 23 septembre 1870 : « Paris est, dit-on, d'un calme admirable, je ne saurais trop vous en féliciter ; il n'en est pas de même ici. Nous sommes dans la plus cruelle perplexité. Toutes les rues du plateau sont barricadées et les murs crénelés. On s'attend, d'un jour à l'autre, à une attaque des plus sérieuses. Nous y sommes résignés. »

Les blessés de ces journées de combat étaient dirigés sur Paris par les bateaux parisiens qui venaient les prendre à Joinville par la voie du canal ; mais d'autres étaient relevés sur le champ de bataille ou dans la presqu'île et soignés à Saint-Maur même, où le docteur Élie Bitterlin, médecin-major du 5e bataillon de la garde nationale (1), et quelques citoyens dévoués (2), avaient installé un hôpital temporaire dans l'école des religieuses du Saint-Sacrement, rue Saint-Honoré, 16, aujourd'hui rue Maurice-Berteaux.

Les Allemands firent leur entrée à Saint-Maur, le 31 janvier 1871, et s'installèrent dans presque toutes les maisons. Le conseil municipal siégeant à Paris décida d'envoyer à Saint-Maur trois de ses membres, qui y séjourneraient huit jours, pour être relevés par trois autres, et à l'effet de faire fonctions d'officiers de police et d'état civil. Ils étaient logés à la mairie, éclairés et chauffés. Entre temps, les Bavarois avaient délégué le docteur Bitterlin pour représenter l'autorité municipale ; mais le conseil lui fit savoir qu'il ne lui reconnaissait aucun droit et lui défendit de s'immiscer dans les affaires de la commune.

Les délégués eurent à obtempérer aux ordres et réquisitions de l'autorité allemande pour travaux de voirie et fournitures de pain, bois, chandelle, etc. Dans ce but, ils allèrent jusqu'à couper une partie des arbres de la Pelouse et de l'impasse du Jeu-de-l'Arc, puis bien d'autres, comme on va le voir.

Le maire Taillefer écrivait au ministre de la guerre pour lui demander quelque soulagement à l'obligation de subvenir aux charges de l'occupation allemande : « Le génie a coupé une certaine quantité de bois destinée aux travaux de défense. L'occupation étant survenue, nous avons coupé les quelques arbres qui nous restaient pour satisfaire aux réquisitions de l'armée allemande ; mais, depuis ce temps, nous avons dû acheter le bois, la paille et l'éclairage nécessaires. Un bataillon réclame, tous les 8 jours, 500 bottes de paille et par jour 3 stères de bois, 3 kilos de chandelle, 1 kil. 1/2 de bougie. La dépense à ce jour étant considérable et la commune n'ayant pas de fonds disponibles, j'ai l'honneur de vous prier de vouloir bien me renseigner exactement sur les obligations de la commune envers l'armée allemande ; car si cet état de choses devait se prolonger la commune se trouverait dans l'impossibilité d'y faire face. »

Le maire se plaint, dans une autre lettre, de la répartition

---

(1) Saint-Maur fournissait les 3e et 7e compagnies de ce bataillon, capitaines Cossé et Michaëlis, en 1870.
(2) Bitterlin, médecin ; Sallefranque, pharmacien ; P. Collomb, curé de la paroisse ; Molin, maire ; Collombel, adjoint ; Chauré, etc.

des troupes allemandes qui n'occupent que le quartier du vieux Saint-Maur, à l'exclusion des maisons plus éloignées.

La presqu'île fut occupée par les troupes françaises du 15 septembre 1870 au 29 janvier 1871, puis par les troupes allemandes jusqu'au 23 septembre 1871. Pendant cette période, les dégâts aux écoles s'élevèrent à plus de 11.000 francs. Le séjour des chevaux avait pourri les parquets, et le matériel avait été emporté ou détruit. Aussitôt sa réinstallation, le conseil s'occupa de rassembler les épaves éparpillées sur le territoire. Il fit vendre tous ces objets au profit du Domaine: pianos, meubles, matelas, etc., après en avoir restitué une partie aux légitimes propriétaires qui purent fournir leurs titres de propriété.

L'état récapitulatif des dommages causés par la guerre et l'occupation allemande (1) montre l'importance des pertes supportées par notre malheureuse commune.

Dégâts fonciers, 1.194.192 francs;
Dégâts mobiliers, 954.228 francs;
Réquisitions à la commune, 13.500 francs.

Les Allemands avaient rétabli les ponts, coupés trop hâtivement, sans raison, par l'armée française, et construit à La Varenne un pont de bateaux en aval du pont de Chennevières. Ces réparations de fortune durèrent assez longtemps; c'est ainsi que le pont de Champigny resta détruit pendant 26 mois.

Ainsi, dans le même siècle, Saint-Maur avait supporté deux fois l'occupation étrangère pendant que Paris subissait deux fois l'humiliation, la honte de la capitulation, de la défaite.

Après la libération du territoire communal, le conseil adopta le vœu que la mairie serait déplacée. Déjà, le 8 mars 1871, les habitants demandaient même la séparation en plusieurs communes. Il fallait éviter ce démembrement regrettable en votant le déplacement immédiat de la mairie. On choisit d'abord un emplacement situé vers le boulevard de Champigny.

La mairie. Historique et description.

Le 12 juin 1872, le conseil s'arrêta à un autre projet, l'érection de la mairie au quartier d'Adamville, sur un terrain offert par la famille Adam au prix de 0 fr. 25 le mètre.

---

(1) Archives de Saint-Maur, D IV, 12 août 1871.

Il devait enfin accepter une proposition plus avantageuse de Mahieu, ancien maire, offrant gratuitement 6.500 mètres de terrain et s'engageant, en outre, à ouvrir deux voies perpendiculaires à celles qui existaient déjà, c'est-à-dire l'avenue de la Station (Émile-Zola) et la rue Aline (avenue de la République). Il compléta un peu plus tard ses offres par la promesse d'ouvrir une avenue de la mairie à la gare, avec place demi-circu-

laire, trottoirs, bordures, plantations, moyennant, de la part de la commune, une contribution de 8.000 francs. Ces propositions fort avantageuses furent acceptées avec empressement.

Les plans de cette nouvelle mairie avaient été mis au concours en novembre 1872 ; le premier prix fut attribué à Ratouin, architecte, 13, avenue de Beaujeu ; le deuxième à F. Marin, architecte, 23, rue du Four ; mais les travaux ne commencèrent qu'en 1876 sous la direction des architectes Pliot et Ratouin.

Une discussion s'éleva au sein du conseil au sujet de l'orientation de cet édifice. Quelques conseillers demandaient que la façade fût tournée vers l'ouest ; cette manière de voir était appuyée par des raisons de topographie d'alors: la Pie, le Port-Créteil, le vieux Saint-Maur auraient ainsi pu contempler de face l'édifice communal. L'orientation actuelle prévalut enfin grâce aux offres de Mahieu d'ouvrir l'avenue de la Mairie. Ne blâmons pas trop les édiles d'alors; il leur était difficile de prévoir l'attraction qu'exerce dans un pays une gare de chemin de fer et les modifications que son emplacement fait inévitablement subir aux villes anciennes, qui ont été bâties suivant des conceptions particulières où le souci de la défense primait celui de la commodité des communications.

Les habitants d'Adamville protestèrent contre ce projet, mais le conseil passa outre.

Durant les travaux, la Compagnie de l'Est offrit à la ville les terres provenant de la construction de la gare des marchandises de la station du Parc, et paya même une redevance de 0 fr. 25 le mètre cube pour l'enlèvement de ces déblais qui formèrent le terre-plein actuel de la mairie.

Les sculptures sont de Barthélemy; elles coûtèrent 1.500 francs; les peintures qui ornent la salle des mariages sont de Paul-Albert Beaudoüin et portent la date de 1886. Elles figurèrent au Salon et furent payées au moyen d'une subvention de 40.000 francs du département et d'une contribution de 8.000 francs de la commune. Ces fresques marouflées représentent la Vie humaine : *les Fiançailles, la Famille, la Maternité* et une *Sentinelle* pendant la guerre; elles évoquent les souvenirs ou l'industrie du pays. Des ouvriers carriers, le torse nu ou en chemise, soulèvent de grosses pierres; leur effort est superbe d'impulsion et de vérité. Comme pendant à cette activité, l'artiste a symbolisé la famille, la maisonnette, le jardin où des enfants jouent dans un parterre fleuri. Un souvenir de la guerre de 1870 a guidé l'auteur dans une de ses compositions : une sentinelle, dans une attitude énergique, monte la garde près d'une batterie tirant sur les côteaux de Chennevières, à gauche; on voit des soldats qui vont au combat et, au premier plan, une femme raidie dans sa douleur semble attendre le mari près d'un berceau, tandis qu'un enfant pleure auprès d'elle.

Une autre toile, fort gracieuse, représente *les Fiançailles*. Près d'un puits deux jeunes gens se rencontrent et se serrent la main comme pour sceller une promesse de fidélité; à droite, on voit un forgeron au travail. Deux autres petits panneaux représentent un maraîcher déchargeant une voiture de légumes et un bateau halé par un cheval. Ces compositions sont fort belles, mais on soupçonne l'artiste de s'être quelque peu inspiré du *Chantier de Suresnes* de Roll. Les sujets choisis par l'artiste sont d'ordre général, mais l'histoire de Saint-Maur était assez riche en souvenirs pour inspirer un peintre d'un tel talent. Nous avons souvent exprimé ce regret, que ne partagerait certainement pas l'auteur, puisqu'il a pu placer sa composition à l'hôtel de ville d'Amiens. Le commerce est l'ennemi de l'art.

Terminons en disant que le gros œuvre de cette mairie avait coûté 199.378 fr. 83 et que les autres dépenses étaient montées à 75.289 fr. 98. L'ancienne mairie de la rue de l'Abbaye qui depuis longtemps ne servait plus à rien, et dont l'état était fort délabré, fut mise en vente en 1886.

Inondations.

La faible altitude du sol, l'impétuosité du flot d'un affluent de la Marne, le Grand Morin, sont les causes des inondations qui ont si souvent dévasté la presqu'île de Saint-Maur. Elles ont été si nombreuses qu'il nous est impossible de les citer toutes, mais voici les principales du siècle dernier jusqu'à nos jours : 1844, 1850, 1861, 1872, 1876, 1883, 1897, 1910. Celle-ci détient le lugubre record de hauteur des eaux ; voici les cotes maxima relevées sur divers points de la Boucle : au pont du chemin de fer de Grande Ceinture, 37 m. 698 ; au pont de Champigny, 37 m. 519 ; au pont de Chennevières, 36 m. 887 ; au pont du chemin de fer de Sucy, 36 m. 67.

Sur ce point, le quartier des Mûriers fut le plus éprouvé, malgré sa digue dont la cote du niveau atteint 35 m. 42, et à cause de sa faible altitude qui descend jusqu'à 33 m. 81 au carrefour de l'avenue des Moulins et de l'avenue Denfert-Rochereau. L'étiage de la Marne sur ce même point est de 31 m. 90. On voit qu'à la moindre crue ce territoire a dû être envahi par les eaux.

Pour obvier à l'inconvénient de sa faible altitude et se protéger, ce quartier édifia la digue avec une faible contribution de la commune. Les travaux commencèrent en 1879. Dans sa séance du 11 août 1879, le conseil vota une subvention de 500 francs à la Société qui s'était formée à cet effet, la *Société du Val de la Prospérité* (1). Le 20 novembre il y ajouta 300 francs. Un an après, les travaux étaient achevés ; ils avaient

---

(1) M. Caffin avait vendu des terrains à cette Société et à celle du *Succès* dont les noms se retrouvent dans le quartier de La Varenne.

coûté 8.720 francs. Mais, en novembre 1883, des travaux de consolidation, jugés nécessaires, furent également entrepris par la Société *la Prospérité*. Le devis se monta à 3.100 francs ; les propriétaires versèrent une contribution de 1.200 francs et la commune une subvention de 1.600 francs ; la Société compléta la somme.

Pour mettre enfin la commune à l'abri des inondations, le conseil vota en 1885 la mise en état des quais et le relèvement général des berges.

Voies de communication

Cette rivière calme, délicieusement ombragée, dont les artistes viennent en foule goûter le charme et le pittoresque, cette traîtresse qui a si souvent porté la désolation sur notre territoire, a failli redevenir, comme autrefois, une grande route mobile pour les agglomérations riveraines. Le quartier Saint-Hilaire, celui de la Pie, celui du Port-Créteil étaient dépourvus de communications ; c'est pourquoi le 30 septembre 1875 le Conseil, à l'unanimité, émet le vœu que le service des bateaux-omnibus qui dessert Charenton soit prolongé jusqu'à Port-Créteil. Le 2 mai 1882, le maire soumet au Conseil une lettre de M. Calvet-Rogniat, directeur de cette Compagnie, qui sollicite la concession d'un service de bateaux-omnibus entre Paris et La Varenne-Saint-Hilaire et demande une subvention à la commune pour faciliter l'entreprise. Les escales devaient être : canal de Saint-Maur, pont de Créteil, avenue de l'Alma, pont du chemin de fer de Vincennes et pont de Chennevières. En ce qui concerne Saint-Maur, le conseil juge que ce service répond à un besoin urgent pour les habitants de Port-Créteil, la Pie, Adamville, les Mûriers, Saint-Hilaire, qui sont dépourvus de communications avec Paris. Ce vœu est renouvelé le 8 octobre 1875.

Mais il fallait rendre la Marne navigable dans la Boucle ; les deux prises d'eau de Joinville la mettaient presque à sec, surtout depuis la construction du nouveau barrage de Joinville (1867-1869). Cette situation, défavorable aux intérêts des habitants de Saint-Maur et dangereuse pour la salubrité publique, fit l'objet de nombreuses plaintes. Des épidémies se déclarèrent qui n'avaient d'autre cause que la stagnation et la pollution des eaux de Marne consommées par les habitants. Trois pompes puisaient cette eau pour la distribuer dans les différents quartiers : celle de M. Mahieu, située un peu en aval du pont du Parc,

Le restaurant « Au Père la Ruine » et le Chalet de La Varenne. (Voy. p. 225.)

pour le Petit Parc ; celle de la Compagnie de l'Est qui est devevue l'usine municipale, pour le Grand Parc; celle de Caffin qui subsiste encore, transformée en une villa dont l'aspect rappelle quelque tour de château fort et qui se trouve sur le quai Saint-Hilaire, non loin de la rue de la Pompe, à laquelle elle a donné son nom. Celle-ci distribuait l'eau dans le quartier de Saint-Hilaire (1). Les basses eaux obligèrent le gouvernement à relever le niveau de la Marne de 1 m. 50, en moyenne, par la construction du barrage de Créteil, en 1886.

Pour rendre la Marne navigable, le conseil vote le 9 novembre 1876 la création d'un chenal afin de permettre un service de bateaux jusqu'au Port-Créteil, tout d'abord. Ces projets n'ont jamais été mis à exécution ; mais il sont l'objet d'une étude approfondie de la municipalité actuelle qui déjà procède à l'établissement d'un port au lieu dit anciennement Port-Créteil, afin de rendre à ce quartier une animation qu'il a connue aux beaux jours des seigneuries des princes de Condé ou des bénédictins de Saint-Maur. C'est pourquoi la rivière vient d'être draguée et l'ancien barrage de Villette supprimé.

La Compagnie des chemins de fer de l'Est a ouvert la ligne de Joinville à La Varenne en 1859 et a construit le tronçon jusqu'à Brie en 1871. Pour rattacher à la gare du Parc le quartier de la Pie qui en est le plus éloigné, le Conseil vota, le 21 mai 1883, une subvention de 2.500 francs pour une voiture qui faisait le service de la correspondance. Mais, par suite du développement de ce quartier, cet omnibus à traction animale était devenu insuffisant et la municipalité a mis en service le 15 août 1910 des voitures automotrices, *l'autobus,* qui rendent de plus grands services et assurent une meilleure régularité. Malheureusement l'exploitation en régie de cette ligne est devenue une lourde charge pour la commune et il a fallu songer à la remplacer par un tramway à voie étroite dont le projet est à l'étude en ce moment.

---

(1) Caffin, pour procurer une eau abondante et pure aux propriétaires établis sur son lotissement de La Varenne, eut l'idée de faire forer un puits artésien dans sa propriété dite le Château Saint-Hilaire, mais à 120 mètres n'ayant pas de résultat, il abandonna les travaux. Suivant les calculs des ingénieurs, il aurait fallu aller jusqu'à 250 mètres pour trouver la nappe d'eau. C'est à ce moment qu'il établit la pompe à feu dont nous venons de parler. Adam fit également forer un puits artésien dans sa ferme de Bellechasse, mais il ne put atteindre l'eau jaillissante. — Il existait une 4e pompe à feu sur la Marne, celle que Schaken avait édifiée pour distribuer l'eau dans son quartier et dont la cheminée existe encore sur le quai, à droite de la rue Pinet.

Une ligne de tramways électriques traverse les quartiers du Sud-Ouest, les plus éloignés de la voie ferrée. Elle a été mise en service en 1904 et va être complétée par une autre ligne, actuellement en construction, qui reliera la gare de La Varenne au Métropolitain en passant par la gare de Champigny et l'avenue de Condé.

Cette question des voies de communication est des plus importantes pour une région aussi étendue ; le développement de son réseau facilitera les constructions et stimulera l'essor de la commune, surtout si une administration intelligente réussit à obtenir l'électrification de la voie ferrée.

Nos trois plus anciens ponts, celui de Créteil, celui de Champigny et celui de Chennevières furent reconstruits après la guerre de 1870. Ces deux derniers étaient à péage, mais le payement de ce droit, qui entravait la liberté de la circulation et du commerce, donna lieu à tant de difficultés que les péages durent être rachetés. Celui de Champigny fut rendu à la libre circulation le 27 avril 1894, après le vote du Conseil général, en date du 24 avril de la même année, qui stipulait qu'une somme de 480.000 francs serait versée au fermier. Pour celui de Chennevières, la perception n'a cessé que le 13 mars 1900, après versement d'une indemnité de rachat s'élevant à 114.822 francs. Ce pont a été construit de 1865 à 1867 ; il est, en entier, entretenu par le service des ponts et chaussées de Seine-et-Oise.

L'administration départementale a ajouté à ces ponts celui de Bonneuil, inauguré le 27 mai 1894 par M. Poubelle, préfet de la Seine, et, récemment, ceux du Petit Parc et de Charentonneau, inaugurés le 5 novembre 1911 par M. Delanney, préfet de la Seine.

Une passerelle relie depuis 1897-1898 une partie de Créteil avec le quartier de la gare de Saint-Maur. Quoiqu'elle soit sur le territoire des deux communes, elle appartient exclusivement à Créteil. Enfin, une autre passerelle qui fait communiquer le quartier de la Pie avec une partie de Créteil, éloignée de son centre, vient d'être jetée sur la Marne. C'est un ouvrage en ciment armé, une des premières œuvres de ce genre de construction.

Ces ponts et passerelles étaient nécessaires pour assurer les communications entre des communes dont la population s'accroît tous les jours et pour faciliter leurs relations administratives, surtout depuis que Saint-Maur est devenu chef-lieu de canton, en vertu de la loi du 12 avril 1893.

L'augmentation rapide de la population scolaire eut pour effet de rendre insuffisantes les deux grandes écoles de Saint-Maur, celle du Centre et celle de Bellechasse. Celle-ci recevait les enfants d'Adamville, du Parc et de Saint-Hilaire, et le Conseil « considérant que cette école où 400 enfants reçoivent l'instruction est isolée au milieu d'une plaine et d'un difficile accès, l'hiver comme l'été, qu'il y a du danger pour les enfants à faire un long chemin », vote, le 26 juillet 1876, la création de trois autres groupes : Adamville, le Parc, La Varenne. Cette école, ancienne ferme, mal appropriée à sa nouvelle destination, était un bâtiment très vieux, très bas de plafond et d'une aération difficile. Il était urgent de construire les groupes votés.

Nouvelles écoles.

Le 18 juillet 1879 furent adjugés les travaux des groupes d'Adamville et du Parc en spécifiant que l'exécution de ce dernier groupe commencerait six mois après celle du premier. M. Frédéric Marin, architecte communal, en fit les plans. Le premier groupe fut ouvert le 1er janvier 1881.

Le projet des écoles de Saint-Hilaire fut mis à exécution en 1881 par l'achat des deux terrains appartenant à Gueugnier et Bessault ; mais les bâtiments ne furent inaugurés que le 28 novembre 1886. L'ancienne école de Bellechasse avait déjà été vendue à M. Salicis, président de l'Orphelinat de la Seine, pour la somme de 50.000 francs, le 12 décembre 1881.

Enfin, l'école des filles de l'avenue Marinville ne date que de 1889. Elle a été élevée sur le terrain provenant de la succession de la princesse Ruspoli.

Par suite de l'augmentation de la population, ces grands groupes scolaires sont devenus insuffisants ; d'autre part, ils sont très éloignés de certains quartiers.

Dans un avenir très rapproché, la municipalité sera obligée de donner satisfaction aux justes revendications de ces quartiers périphériques qui demandent des écoles à proximité de leurs habitations.

L'avenir de Saint-Maur est facile à prévoir. Son développement a été si rapide, sa croissance est si constante, qu'une administration sage doit baser ses actes sur de larges prévisions. Dans le cas contraire, elle s'exposera à voir ses efforts, ses sacrifices insuffisants, et les bâtiments publics, par exemple, devenir exigus à peine construits.

On suivra cette rapide progression en consultant le tableau des divers dénombrements qui ont été faits à Saint-Maur depuis 1801, tableau que nous avons complété par les chiffres ressortant de la lecture des archives communales :

Population.

1801	558 habitants		1871	7.438 habitants	
1817	655	—	1876	8.433	—
1831	825	—	1881	10.492	—
1836	1.073	—	1886	15.802	—
1841	1.609	—	1891	17.333	—
1846	1.561	—	1896	20.503	—
1851	1.565	—	1901	23.035	—
1856	2.431	—	1906	28.238	—
1861	3.944	—	1911	33.852	—
1866	5.621	—	1916	»	—

Ainsi qu'on peut s'en rendre compte, le développement des voies de communication a accéléré de façon très sensible les mouvements de la population ces dernières années. Complétons ce tableau par celui de la répartition de la population par quartiers, en 1880 :

Saint-Maur	2.460	habitants
Le Parc et Champignolle	2.370	—
Adamville et la Pie	2.820	—
Saint-Hilaire et les Mûriers	2.520	—

Comme on le voit, ces quatre quartiers étaient à peu près de même importance. L'histoire de leur rivalité est inscrite dans les délibérations parfois mouvementées des conseils municipaux qui se sont succédé. Nous détachons des registres des délibérations les dates des fêtes annuelles de chaque quartier, dates que le conseil fut amené à fixer, le 20 juin 1885, pour éviter les inconvénients de rivalités fâcheuses :

1º Adamville, dimanche précédant et suivant l'Ascension ;
2º La Pie, 2e et 3e dimanches de juin ;
3º Saint-Maur, 3e et 4e dimanches de juillet ;
4º La Varenne, 1er et 2e dimanches d'août ;
5º Le Parc, 3e et 4e dimanches d'août.

L'augmentation de la population rendait insuffisantes les églises paroissiales et les chapelles de secours qui avaient été édifiées par Adam et Caffin ; il fallut bâtir celle du Parc qui, dans l'esprit des promoteurs, devait devenir l'église paroissiale. Les héritiers Adam firent l'abandon de la chapelle d'Adam-

ville à la commune ; l'acte de cession porte les signatures de :
 1° Veuve Adam (François-Jacques), née Feuillet ;
 2° Adam (Léon) ;
 3° Adam (Léontine-Trinité), femme Debette ;
 4° Adam (Lucie-Sébastienne) ;
 5° Mme Bourbaki (Charles-Désiré-Soher), née Adam, femme du général (1).

Mais la donation ne fut pas acceptée par le conseil qui ne voulut pas assumer les charges de l'entretien de cet édifice, bâti assez peu solidement. L'église est restée la propriété de la famille Adam qui s'oppose à tout agrandissement pour ne pas consentir au déplacement du tombeau du chef de cette famille. Comme elle est devenue insuffisante, M. le Curé projette d'en faire construire une autre dans un terrain voisin.

Édifiée vers 1880, elle renferme le tombeau en marbre du créateur du quartier d'Adamville (par Duret), et plusieurs tableaux signés de Mme Bourbaki, sa fille.

Elle fut consacrée, le 12 juin de cette année-là, par l'évêque de Carcassonne.

Celle de La Varenne, édifiée par Caffin en 1865, fut d'abord desservie par l'abbé Delpy, prêtre du diocèse de Périgueux, ancien militaire qui avait eu des difficultés avec son évêque, et dont l'esprit libéral avait déplu à l'autorité épiscopale. Les héritiers du fondateur abandonnèrent leurs droits à la fabrique moyennant une indemnité de 16.000 francs. Depuis la loi de séparation elle est devenue l'église de la nouvelle paroisse Saint-Hilaire.

Mais la plus récente et la plus importante des chapelles de Saint-Maur est celle de la place des Marronniers, malheureusement inachevée. Le 29 mai 1886 eut lieu la pose de la première pierre par le nonce du pape. C'est un édifice en pierre de taille, dans le style roman-auvergnat, et qui, par suite du manque de ressources de la fabrique, n'a pu être continué ; le chœur et le transept sont encore à construire. Elle a été édifiée sur un terrain appartenant à la Compagnie des chemins de fer de l'Est.

L'opération de la vente du terrain Gatin, pour l'agrandissement de la place Croix-Souris, votée en 1858, ne fut réalisée qu'en 1881. Le 15 juin de la même année, le Conseil vota l'appropriation de cette place pour donner un peu d'air à ce

---

(1) Délibération du 2 mai 1885.

quartier populeux et adopta le projet d'une fontaine monumentale dont le plan fut exécuté par l'architecte M. Frédéric Marin, un enfant du pays, issu d'une vieille famille saint-maurienne, et qui a contribué, pendant plus d'un demi-siècle, à l'embellissement de notre ville.

Il est cousin de cet autre enfant du pays, M. Auguste Marin, maire actuel de Saint-Maur, et dont l'œuvre remarquable et vaste s'imposera à l'admiration et à la reconnaissance de nos concitoyens.

Il a conçu de grands projets qui mettront les services de la ville de Saint-Maur à la hauteur des besoins d'une aussi grande agglomération. Pour l'assainissement général, il est question d'un grand égout circulaire, suivant les quais, et passant sous la Marne à Créteil pour aller déverser les eaux usées, refoulées par une pompe, dans les bassins filtrants de Mesly. Un projet d'agrandissement de la mairie est à l'étude, et la construction d'une nouvelle justice de paix, avec bibliothèque municipale et poste de police, vient d'être adjugée le 12 avril 1913. L'architecte en est un de nos concitoyens, M. Caniel, habitant quai de la Pie.

*
* *

Nous arrêterons ici notre exposé historique par un scrupule que nos lecteurs comprendront. Mêlé depuis quelques années à la vie politique de la commune, mais soucieux, avant tout, de livrer au public une œuvre sans passion, nous ne hasarderons aucun jugement sur les dernières municipalités, laissant le temps accomplir son œuvre de justice et d'apaisement en rejetant dans l'oubli les incidents grossis ou dénaturés par l'antagonisme éphémère des partis politiques.

Comme nous l'avions promis au début de cet ouvrage, nous avons puisé aux sources sûres ; nous n'avons hasardé aucune appréciation personnelle sans l'appuyer d'un document contrôlé. Nous avons fait en sorte de ne blesser aucune personne, aucun sentiment politique ou religieux, en nous confinant étroitement dans le rôle de l'historien qui est d'exposer, de prouver, d'éclairer avec la seule passion de l'impartialité, de la vérité. Puisse cet ouvrage faire mieux connaître à nos concitoyens leur ville très ancienne, très glorieuse, pour la leur faire aimer davantage.

Liste des Maires de la Commune

1. RICHARD (Jean-Hubert). 1790-1791.
2. GAUTIER (Pierre). 1792.
3. HACAR (Jean-Nicolas). 14 janvier 1793.
4. BELLIN (Jean-Charles). 8 frimaire an IV (1795).
5. CAYLUS (Louis-Clément de). 1er mai 1808.
6. GOGUET (Marcel). 21 avril 1816 ; démissionnaire.
7. CAYLUS (Louis-Clément de). 27 janvier 1820.
8. BARRÉ (Louis-Joseph-Marie). 10 mai 1828.
9. MARINVILLE (Étienne-Jules, baron de). 11 juillet 1837.
10. BARRÉ (Louis-Joseph-Marie). 18 juin 1843 ; mort en fonctions en 1844.
11. MOYNAT (Jean-Charles). 29 avril 1845 ; mort en fonctions.
12. MAHIEU (Louis-Désiré). 14 octobre 1853.
13. MOLIN (Charles). Septembre 1871 ; quelques jours.
14. TAILLEFER (L., docteur). 5 septembre 1870 (maire provisoire) ; démissionnaire le 28 mars 1871.
15. COUTARD (Théodore-Armand). 28 mars 1871 ; maire provisoire.
16. DEHAIS (Pierre-Marie-Napoléon). 8 septembre 1871.
17. COTTENET (Eugène-Jean-Baptiste). 7 avril 1874 ; démissionnaire le 11 mai 1876.
18. DEHAIS (Pierre-Marie-Napoléon). 13 mai 1876.
19. PIETTRE (Léon-Marie, docteur). 8 octobre 1876 ; maire élu en vertu de la loi du 12 août 1876.
20. LAFFONT (Bertrand-Georges, docteur). 20 mai 1888.
21. AUREAU (Adolphe). 13 juillet 1890 ; démissionnaire en avril 1894.
22. MAXANT (Louis). 6 mai 1894.
23. SALLEFRANQUE (Jean-Louis-Marie, docteur). 19 mai 1900.
24. MARIN (Auguste-Frédéric). 16 mai 1908.

Appendice

Extrait du décret rendu en la Cour du Parlement de Paris, la Chambre lors séant à Chaalon, par lequel la terre et Seigneurie de Saint-Maur a été adjugée à Madame Charlotte-Catherine de la Trémouille, princesse de Condé. — Exposé de tous les biens, droits et privilèges attachés à cette seigneurie.

Henri, par la grâce de Dieu, roy de France et de Navarre, a tous ceulx, etc. ; Nostre dite Cour, par son décret et arrest, a vendu, adjugé, baillé ou délivré a nostre très chère et très aimée cousine Charlotte-Catherine de la Trémouille, princesse de Condé, comme plus offrant et dernier encherisseur, le *chasteau*, parc et seigneurie de Saint-Maur-des-Fossés, la *maison parc de la Cassine,* la ferme de *Champigneau,* leurs appartenances et dépendances quelconques, sans rien reserver en quelque sorte et moindre que ce soit, consistant en autres choses ladite terre et seigneurie de Saint-Maur, enchassant un grand parc clos de murailles, estant pres ledit chasteau, au bout d'iceluy une galerie a mettre orange, couverte d'ardoises, une maison, cour, jardin clos de murailles, une autre maison, le tout couvert d'ardoises ; estant assez près et au dedans la basse-cour dudit chasteau, leurs appartenances et dépendances ainsi qu'elles se comportent, en terres labourables. En droit de justice, moyenne et basse, cens, rentes, deffaux et amendes, quand le cas y échet ; droit de pressoir banal, dixmes de vin, four à ban et dixmes prises sur la Varenne, à la charge de payer le gros au curé de Saint-Hilaire, ainsi que de tout temps il a esté accoutumé ; en droit de présentation et de nomination aux prebendes, chanterie, chanoinerie, vicairerie et chappellenie de l'église de Saint-Maur, en une ferme appelée ferme de la *Conche* et droit de pescherie sur la rivière de Marne, un port appelé le port de Chenevières ; en plusieurs isles sur ladite rivière, savoir est : l'isle de la Royne, antiennement appelée l'isle l'Évesque, avec les terres qui en dépendent, l'isle de la Rondelle, l'isle de Beaubourg, l'isle de la Heronnière, le javeau (ou atterissement), Ondin, le javeau du gord Vielz, le pré des marais du gord Bernard et saulsaye d'iceluy, l'endroit à port et passage appelé le port de Créteil, avec une maison et demeurance estant sur ledit port et dependances d'iceluy, et plusieurs terres labourables qui sont sur ledit port et dependantes d'iceluy et plusieurs terres labourables assises à la Varenne de Saint-Maur, y compris soixante-dix arpents ou environ, dont soulloit jouir, à titre de *ferme*, Claude Mesnage, et depuis Denis Nefflier, et ce, non compris touttefois deux arpens de terre du nombre desdits soixante-dix, ci devant delaissés à sire Jean Petipas ; en un petit bois taillis appelé le bois Guimier, contenant vingt arpens, servant de retraite au gibier, estant assis en ladite Varenne de Saint-Maur, en droit et ban à vendre vin audit Saint-Maur, depuis le jour et feste de Pentecoste jusqu'au jour de Saint-Jean ensuivant, en droit d'estage et d'estalonnage de pot et mesure, de grains, vins et autres denrées ; en deux moulins à eau sur la rivière de Marne, ou pour iceux une rente annuelle de 23 escus un tiers que doibvent payer les possesseurs desdits moulins ; en droit de greffe et tabellionnage, les javeaux (aterrissements) qui sont nouvellement faits en la rivière de Marne et quy si peuvent encore faire ; la maison, cours, jardin, bassecour, clos et appartenances d'icelle appelée la Cassine, ensemble un pré clos de fossé appelé le pré de la Saulsaye du Port, huit a neuf arpents de terres labourables, compris une petite vigne appelée la terre des Clapiers, et une autre petite ferme, maison et appartenances d'icelles, ensemble les terres, prés et isles de ladite maison et ferme de Champigneau, assise au bout du parc de Saint-Maur, prés la rivière de Marne, qui a esté cy-devant admodiée à Jean Tibault, le tout dependant de ladite terre et seigneurie de Saint-Maur, y compris un petit pavillon estant sur la porte comme l'on va de la Varenne à Saint-Maur, et un petit clos de vignes joignant ledit pavillon, et généralement tout ce qui est dépendant de ladite terre et seigneurie de Saint-Maur, fors et excepté la maison ancienne abbatiale, assise au bout joignant, et les environs de ladite église, réservés par contrat du 28e de janvier mille cinq cents soixante-trois, laquelle demeurera à l'Evesque de Paris.

Le tout saysi et mis en criée par Phillippe Antoine curateur aux biens vacants, de ladite defunte royne nostre très honorée dame et belle-mère; a la requeste de notre bien aimé et maistre d'hostel Helye Dutillet, sieur de Goix; syndic des creanciers de ladite defunte, à la charge de l'usufruit Magdelaine Delettre, sa vye durant seulement de la maison de la Cassine et pré de la Saulsaye-Port, terre des Clapiers, suivant l'arret du 5 septembre 1597, pour en jouir conformement à l'iceluy. Aussi à la charge des droits seigneuriaux et feodaux, frais et mises de criées et moiennant la somme de 25.000 ecus, une fois payé, à distribuer a qui il appartiendra. En temoin de quoy, nous avons fait mettre notre scel à ces presentes.

Donné à Paris le 27e jour de novembre l'an de grace mil cinq cents quatre vingt-dix-huit, et de notre regne le dixième. Aussy signé par decret et arrest de la cour. Dutillet.

La terre et baronnie de Saint-Maur-des-Fossés Varenne et rivières en dépendantes, relèvent nûment du roy, à cause de son chasteau du Louvre, à Paris.

Les droits et la seigneurie de Saint-Maur consistent en haute, moyenne et basse justice, érigée en baillage, de laquelle justice les appellations relèvent au présidial de l'ancien Chastelet de Paris.

Et à ladite haute justice de Saint-Maur, ressortissent et relèvent les appellations des sentences rendues, jusqu'à trois livres quinze sols en matière civile et sept sols six deniers en matières criminelles, par les juges et maires des justices et maireries qui ensuivent, savoir :

Le maire de Maisons-sur-Seine ;
Le maire de Mesly, près Creteil ;
Le maire de Valenton ;
Le maire de Sucy-en-Brye, dit la Hutte aux Moynes
Le maire de Boissy-Saint-Léger ;
Le maire de Ferolle ;
Le maire de Nogent-sur-Marne ;
Le maire de Neuilly-sur-Marne ;
Le maire d'Ozoires-Laferière ;
Le maire d'Yverneau ;
Le maire de Chastre-soubz-Montlhery (Arpajon) ;
Le maire de Noisy-le-Sec ;
Le maire de Torcy-en-Brye ;
Le maire de Montry ;
Le maire de Courceaux ;
Le maire de Moisens.

Et quant aux actions qui s'instruisent dans le ressort desdites justices et maireries, au-dessus de trois livres quinze sols en matière civile et sept sols six deniers en matières criminelles, elles sont traitées en première instance au bailliage dudit Saint-Maur ; et à cet effet, les seigneurs desdites justices et maireries sont tenus de faire recevoir et installer leurs officiers esdites justices pardevant le bailly de Saint-Maur comme juge supérieur. Comme pareillement les seigneurs des susdites maireries sont tenus et obligés de faire comparoir, en habist decent, les maires et gardes desdites justices pour réiterer le serment et rendre leurs hommages à Monseigneur le prince par chacun an, la veille Saint-Jean-Baptiste aux assises qui se tiennent dans le chasteau seigneurial dudit Saint-Maur, sous peine contre chacun d'yceux et pour chacune contravention, de six livres d'amende ; sont pareillement tenus et obligés les vassaux et habitants, tant du bourg de Saint-Maur que de la paroisse de Saint-Hilaire, en la Varenne, et du pont de Saint-Maur et lieux adjacents estant de la paroisse de Saint-Germain de Fontenay, dependant de ladite baronnie, et justiciables en première instance en la justice dudit Saint-Maur, de comparoir auxdites assises, en armes offensives et defensives sous peine contre chacun des contrevenants de trois livres d'amende.

Appartient à mondit seigneur a cause de la haute justice de Saint-Maur et dans l'étendue et ressort de ladite baronnie, le droit de deffaux, amendes, confiscations, deshérence, épaves, greffe, tabellionnage, scel aux jugements, sentences, contracts et obligations.

Appartient à mondit seigneur le droit de voirie en toute l'étendue de ladite baronnie, lequel droit de voirie consiste en ce qu'aucune personne de telles qualités et conditions qu'ils soient ne peuvent faire bastir ni faire ouvertures, portes ny saillies sur les voies sans avoir au prealable adverty et pris alignement du voier, commis et preposé par mondit seigneur le prince, et pour cet effet paier les droits suivant les reglements de la ville, prevosté et vicomté de Paris.

Appartient à mondit seigneur le prince les droits de censives sur tous les héritages dependants de la haute justice de Saint-Maur, lequel cens, ports, lods, ventes, saisines, defaut et amendes, quand le cas y eschet aux termes de la coustume de Paris, et est ledit cens payable par chacun an aux octaves Saint-Denys, dans le chasteau seigneurial dudit Saint-Maur, sur peine de l'amende portée par la coustume.

Le droit de banalité des moulins dans toute l'étendue de la haute justice de Saint-Maur, qui consiste en ce que tous les vassaux de ladite seigneurie sont obligés de porter et faire moudre leurs grains dans le moulin de mondit seigneur, déposer lesdits grains dans ledit moulin l'espace de vingt-quatre heures et de payer pour la mouture de chacun septier de grains, mesure de Paris, la somme de six sols, le tout sur peine de soixante-quinze sols d'amende, confiscation des grains, bestiaux et harnois pour chacune contravention.

Le droit de four banal, qui consiste en ce que lesdits hosteliers et cabarettiers de ladite seigneurie et haute justice de Saint-Maur, ne peuvent vendre ni debiter en leurs cabarets, autre pain que du petit pain d'assiette marqué aux armes de mondit seigneur, lequel pain ils sont obligés d'achepter du boullanger preposé par mondit seigneur ; lequel pain doibt estre le poids convenable et à proportion du prix des bleds, et pour cet effect, les officiers de ladite justice sont obligés d'y mettre le taux de trois mois ; consiste en outre le droit de banalité en ce qu'aucunes personnes ne peuvent vendre ny debiter du gros pain dans l'estendue de ladite seigneurie sans la permission de mondit seigneur ; et néantmoins peuvent lesdits vassaux faire du gros pain, chacun en leurs maisons, pour leur usage et leurs familles, serviteurs et domestiques seulement. Comme aussi consiste ledit droit de banalité, en ce qu'aucunes personnes ne peuvent vendre ny debiter en gros ou en détail, dans l'estendue de ladite seigneurie, de la farine sans la permission de mondit seigneur, sinon es places, jours et heures de marché, le tout à peine de 24 livres d'amende, confiscation des marchandises, bestiaux et harnois pour chacune contravention.

Le droit de pressoir banal, qui consiste en ce que tous les vassaux et tenanciers de vignes, dans l'estendue de ladite seigneurie sont tenus et obligés d'apporter et faire presser leurs vendanges au pressoir banal de mondit seigneur, et pour ce payer cinq sols pour chacun muids de vin, tant tiré à clair que pressorages ; le tout à peine de 24 livres d'amende et de la confiscation des vins en vendanges pour chacune contravention.

Nul ne peut s'immiscer à la récolte des vendanges sans que l'ouverture du ban soit donné par mondit seigneur ou par ses officiers de la justice de Saint-Maur, sur peine d'amende et de punition corporelle.

Mondit seigneur a droit de marché publicque audit Saint-Maur le jour de mardi de chacune semaine, auxquels lieux et heures de marché se peuvent vendre toutes sortes de marchandises, hormis du pain, et audit mondit seigneur a droit de hallage, chargeage, déchargeage et mesurage.

Le droit de hallage, tant audit marché qu'autres places dans le bourg dudit Saint-Maur, consiste en ce que chacun marchand estallant paie 2 sols, 6 deniers, soit avec table ou charge de cheval a somme. Et pour l'estallage d'une charge d'homme ou autres personnes est due 12 deniers, lequel droit de hallage ne se paie que les jours de Saint-Jean, Saint-Pierre et Saint-Maur.

Pour le droit de chargeage de chacun septier de grains audit marché est deubz par le marchand achetcur 12 deniers.

Pour le déchargeage de chacun septier de grain audit marché est deubz par le marchand vendeur de 12 deniers.

Pour le droit de mesurage de chacun septier de grain, tant audit marché que dans le bourg de Saint-Maur, est deubz par le marchand vendeur, 15 de niers, et doibt le mesureur preter serment de fidélité devant le bailly dudit Saint-Maur.

Pour le mesurage de chacune corde de bois est deubz 2 sols.

Appartient audit seigneur le droit de languaiage des porcs, tant audit marché qu'en aucuns lieux de ladite seigneurie, et pour le languaiage de chacun porc est deubz 2 sols 6 deniers.

Appartient à mondit seigneur le droit d'étalonnage, tant de pots a vendre vin que boisseaux et toutes autres sortes de mesures. Et pour chacun étalon où sont empreintes les armes de mondit seigneur est deubz 15 deniers. Il est fait defence a tous hosteliers, cabaretiers, marchands, laboureurs et à toutes autres personnes de vendre ny debiter aucunes marchandises dans des mesures qu'au préalable ne soient marquées et étalonnées aux armes de mondit seigneur, sur peine de 30 livres d'amendes sans deport et de confiscation des mesures.

Appartient à mondit seigneur le droit de ban à vendre vin depuis le jour de la fête de la Pentecôte jusqu'au jour de la Saint-Jean-Baptiste de chacune année.

Et pour la liberté que mondit seigneur donne aux hosteliers et cabaretiers demeurant à ladite baronnie de vendre vin pendant le susdit temps, iceux hosteliers et cabaretiers de lui payer chacun an, le jour Saint-Jean-Baptiste, chacun la somme de 32 sols.

Les cabaretiers et gens vendant vin dans les places publicques dudit Saint-Maur, doibvent à mondit seigneur 10 sols par chacun an pour le droit des places, et doibvent pareillement le droit de ban à vin comme il est dit ci-dessus.

Mondit seigneur a droit de faire faire visite par les officiers de la justice de Saint-Maur, toute fois que bon lui semble, chez les hosteliers, cabaretiers, marchands, laboureurs et autres, vendant à pot, autres mesures et fléaux dans l'estendue de ladite baronnie, et pour chacunes visites qui sont faites les jours de Saint-Jean-Baptiste, Saint-Pierre et Saint-Maur, il est deubz par lesdits hosteliers, cabaretiers, marchands, laboureurs et autres, chacun 2 sols 6 deniers.

Appartient à mondit seigneur le droit de port des marchandises que l'on decharge sur les bordages et port et la rivière selon et à l'endroit de ladite baronnie, lequel droit consiste, pour chacun muid de grain, 5 sols : pour chacun muid de vin, 1 sol ; pour chacun cent fagots et cotterets, 6 deniers.

Pour chacune toise de moellon, 1 sol, et pour les libages, carreaux et marches, à proportion.

Pour chacun millier de tuilles, 2 sols.

Nul ne peut decharger aucunes marchandises ny denrée sur lesdits ports sans permission de mondit seigneur, sur peine de 20 livres d'amende.

Appartient à mondit seigneur le droit general de la pesche en toute la rivière de Marne et bras dependants d'icelle, selon ce à l'endroit des terres dependantes de la seigneurie de Saint-Maur, qui commence à la tête du pré d'Hirondelle, situé au-dessus des isles qui sont au-delà du pont de Saint-Maur et se continuant jusqu'à la fosse des ports au-dessoubs de la Cassine, à l'exception, néantmoins, quelques portions de ladite rivière, de quelques gords sur icelle qui ont été ci-devant baillées à titre d'eschange ou à bail a cens et rentes a divers particuliers, par les seigneurs dudit Saint-Maur, dont les tenanciers ont passé titre nouvel inscript au present papier terrier.

Sur toute laquelle rivière et bras dependant d'icelle, mondit seigneur a pareillement droit de haute, moyenne et basse justice, et a cause de ladite haute justice appartient à mondit seigneur les atterrissements qui se font sur ladite rivière.

Comme pareillement appartient à mondit seigneur le droit de censive, haute, moyenne et basse justice sur toutes les isles et islots situés dans toute l'estendue de ladite rivière dependant de ladite seigneurie.

Appartient à mondit seigneur le droit de mettre bacqs et autres basteaux pour passer et repasser sur la rivière de Marne en toute l'estendue de ladite seigneurie, et pour le passage sont deubs les droits qu'y ensuivent, savoir : pour le passage de chacun carosse à six chevaux, 10 sols ; 8 sols pour le passage d'autre carosse ; pour passage de chaque chariot, 8 sols ; charrette chargée de vin, blé et autres grains, bois, charbon, paille, pierres, 8 sols ; pour le passage d'autres charrettes, 5 sols ; pour le passage de chaque cheval, mulet, beste azine et chacune personne qui les conduisent, 1 sol 6 deniers ; pour chacun passage d'homme ou femme à cheval, 1 sol 6 deniers ; pour le passage de chacune personne a pied, 6 deniers.

Avec defense à toutes personnes de quelque qualité et condition et soubs quelque prétexte que ce soit de passer et repasser dans l'estendue de ladite rivière et baronnie, dans autres bâteaux, nancelles et bachots que ceux de mondit seigneur, ny avoir et tenir sur ladite rivière, dans l'estendue de ladite baronnie, aucuns basteaux, nancelles et bachots pour passer et repasser eux, leurs enfants domestiques et autres personnes, à peine contre chacun des contrevenants de 50 livres d'amende et de confiscation desdits basteaux, nancelles et bachots.

Appartient à mondit seigneur le droit de dixmes grandes menues et vertes, dans l'estendue de ladite baronnie, à l'exception de ce qui est dependant de la paroisse de Saint-Germain de Fontenay quy appartient au sieur curé dudit Fontenay, lequel droit de dixmes appartenant à mondit seigneur, consiste en la troisième gerbe de toutes sortes de grains et sainfouin qui se recueillent dans l'estendue de ladite baronnie, hormis la dixme des pois, qui se paie à raison de 20 sols pour chacun arpent ainsi qu'elle a esté appréciée du consentement des tenanciers et qu'il a esté jugé par plusieurs sentences rendues au bailliage de Saint-Maur, fondées sur ce que la dixme des pois ne se peut percevoir en gerbes, d'autant que les tenanciers cueillent lesdits pois en vert pour les vendre journellement en la ville de Paris. Comme pareillement ledit droit de dixme consiste au treizième aneau, cochon et oyson. A l'esgard de la dixme des vins, elle se payait antiennement, lorsqu'il y avoit des vignes dans l'estendue de ladite baronnie, où la dixme appartient à mondit seigneur, à raison de huit pintes, mesure de Saint-Maur, pour chacun muids. Et pour la perception et paiement desdites dixmes, sont tenus les tenanciers de gerbes endizeler leurs grains et sainfouin et les laisser sur les champs jusqu'à ce que le receveur de mondit seigneur ait pris la dixme, du moins l'espace de vingt-quatre heures, sous peine, en cas de contravention, de 75 sols d'amende, confiscation desdits grains, sainfouin, chevaux et harnois ; et quant à la dixme des pois, elle se paie par les tenanciers le jour de Saint-Jean-Baptiste par chacun an, et pour la dixme des aneaux, cochons et oysons, elle se perçoit le 1er jour de may, la veille duquel jour sont tenus les propriétaires et redevables desdites dixmes d'avertir le receveur de mondit seigneur et de se purger par serment devant le bailly dudit Saint-

Maur, sy bon lui semble, sur la recolte desdits aneaux, cochons et oysons pendant le cours de l'année.

Pour raison dexquelles dixmes, en ce qui concerne la paroisse de Saint-Hilaire, mondit seigneur paie par chacun an au sieur curé dudit lieu la somme de 230 livres en gros et portion congrue, ainsi qu'il est porté par la transaction passée entre mondit seigneur et le sieur Levalois, curé à ladite paroisse de Saint-Hilaire, pardevant Lange et son compagnon, notaires au Chastelet de Paris, en date du 16 février 1572.

Appartient à mondit seigneur le droit general de la chasse, tant de la Varenne de Saint-Maur que sur ce quy est es paroisse de Fontenay, dependant de ladite seigneurie de Saint-Maur, etc., etc.

(Extrait du registre terrier de la seigneurie de Saint-Maur, reposant aux archives communales.)

Arrêt du Conseil qui distrait le hameau de la Branche-du-Pont-de-Saint-Maur de la paroisse de Fontenay-sous-Bois. 7 juin 1723.

Sur la requeste présentée au Roy par les habitans de la Branche du Pont de Saint Maur

Contenant que, suivant l'ancien usage d'entre les habitans de la parroisse de Fontenay sous le bois et ceux de la Branche du Pont de Saint Maur, distraite de la ditte parroisse de Fontenay par décret solemnel de séparation *rendu par le sieur archevesque de Paris le vingt deux juin mil six cent quatre vingt treize portant union pour le spirituel de la ditte Branche à la parroisse de Saint Maur, pour les causes y contenues*; les tailles de tous les habitans tant de la parroisse de Fontenay que de la ditte Branche s'imposoient de manière que les rolles faits par les habitans de Fontenay portoient une distinction des impositions de ceux de Fontenay d'avec ceux de la Branche comprenant séparément ceux de la Branche à la fin de leur rolle sous le titre de Branche du Pont de Saint Maur, que leur usage estoit aussy de n'imposer sur les habitans de la ditte Branche que le quatorzième au plus de l'imposition totale de Fontenay; et que s'estant trouvé quelques années des collecteurs de Fontenay mal intentionnez lesquels s'estoient ingérez d'imposer les habitans de la Branche à une plus forte somme que le quatorzième de l'imposition totale, les habitans de la ditte Branche se sont pourveus en l'élection de Paris en laquelle es intervenu sentence contradictoire avec les dits habitans de Fontenay le vingt un février mil six cent quatre vingt seize qui a fixé la cotte part de la ditte Branche au quatorzième de l'imposition générale de la ditte parroisse de Fontenay, laquelle règle a esté observée pendant plusieurs années, mais les mauvaises années survenues depuis la mortalité et la stérilité arrivée successivement les unes aux autres en mil sept cent neuf et depuis ayant emporté ou ruiné une partie des meilleurs habitans de Fontenay, il a été rendu une sentence en la ditte élection qui a permis, attendu l'état lors présent de la ditte parroisse, de ne faire qu'un seul rolle *pour toute la ditte paroisse y compris la Branche du Pont de Saint Maur*. Les habitans de cette branche s'étant d'abord cru lézez par la ditte sentence en ont interjetté appel, mais depuis ayant reconnu que ce jugement ne touchoit que l'etat lors présent dans la ditte parroisse causé par une mortalité considérable et une stérilité qui ont été reparées dans les années suivantes et que d'ailleurs les dits habitans de Fontenay avoient toujours continué de se séparer de la Branche du Pont de Saint Maur et s'estoient contentez de se decharger de sommes considérables depuis l'année mil sept cent onze et d'en augmenter la ditte Branche si exorbitament, que s'en étant plaints au département de l'imposition de mil sept cent vingt deux. L'état des habitans de Fontenay et de Branche examiné ; l'imposition de la ditte Branche a été fixée comme d'ancienneté au quatorzième du total de l'imposition actuelle du dit Fontenay, ce que les dits habitans de Fontenay ayant eu peine à supporter, ils ont fait beaucoup d'instances pour détruire la ditte séparation de taille mais attendu que *tant la ditte Branche séparée pour le spirituel ne le sera pas pour le temporel*, cela conservera une division entre les habitans préjudiciable aux intérêts de sa Majesté et au repos des dits habitans, joint qu'il y a près d'une lieue de tour de Fontenay à la ditte Branche pour aller faire le recouvrement des dittes impositions au lieu que *cette branche tient à Saint Maur sa parroisse, et que pour procurer encore plus de repos* aux dits habitans, les dits habitans de la Branche peuvent bien faire seuls un corps de rolle dont le recouvrement sera plus facile et moins périlleux pour Sa Majesté. A ces causes requerroient les suppliants qu'il plût à Sa Majesté sur ce leur pouvoir favorablement, Veu la ditte requeste qui a esté communiquée tant aux habitans de la paroisse de Fontenay sous le bois qu'aux officiers de l'élection de Paris et au receveur des tailles de la ditte élection, Veu aussy leurs repliques les extraits des rolles des tailles du dit Fontenay sous le bois des années mil six cent soixante dix sept, mil six cent soixante dix huit, mil six cent quatre vingt onze, mil six cent quatre vingt dix sept, mil sept cent onze, mil sept cent douze, et de l'année mil sept cent vingt deux, les sentences des années mil six cent quatre vingt seize et mil sept cent onze, l'extrait du département général de la taille de l'année mil sept cent vingt deux, copie du rolle des tailles de la présente année mil sept cent vingt trois portant la fixation de la ditte Branche au quatorzième de l'imposition totalle de Fontenay, le décret de distraction des dits habitans de la Branche d'avec ceux du dit Fontenay pour le spirituel du quatre juillet mil six cent quatre vingt treize, pour les causes y contenues et autres pièces ensemble l'avis du sieur Bignon intendant et commissaire départy en la généralité de Paris, Ouy le rapport du sieur Dodun conseiller ordinaire au Conseil royal Controlleur général des finances

Le Roy en son Conseil ayant égard à la ditte requeste a ordonné et ordonne conformément à l'avis du dit sieur Bignon qu'à l'avenir et à commancer en mil sept cent vingt quatre le hameau de la Branche du Pont de Saint Maur sera et demeurera désuny (1) *distrait et séparé* de la parroisse de Fontenay sous le bois de Vincennes pour la taille et autres impositions, et que les habitans du dit hameau seront imposez aux tailles et autres contributions en vertu de commissions et mandement séparez, fait

Sa Majesté très expresses déffenses aux habitans et collecteurs de la ditte paroisse de Fontenay sous le bois de Vincennes de comprendre à l'avenir le dit hameau dans leur rolle, Enjoint Sa Majesté au dit Sieur Intendant et commissaire départy en la généralité de Paris de tenir la main à l'exécution du présent arrest.

A Meudon le sept juin mil sept cent vingt trois (2).

---

(1) Les mots *distrait et séparé* sont écrits dans la minute à la place d'autres mots qu'il est impossible de lire parce qu'ils ont été grattés.
(2) Arch. nat., E. 970 [21].

Liste des Souscripteurs

Il a été tiré cinquante exemplaires numérotés sur papier vergé de Hollande dont partie attribuée aux souscripteurs suivants:

1. M. Doiteau, 45, rue du Petit-Bois, à Saint-Maur ;
2. M. Gatin (G.), 30, avenue Victor-Hugo, à Saint-Maur ;
3. M. Gauché, 6, avenue du Nord, à Saint-Maur ;
4. M. Delbosque, 28, rue Saint-Hilaire, à Saint-Maur ;
5. M. Pouvereau (H.), 24, avenue de Marinville, à Saint-Maur ;
6. M. Bardin (C.), 63, rue Oberkampf, à Paris ;
7. M. Henry, 8, avenue du Grand-Chêne, à Saint-Maur ;
8. Mme Durez-Danekaert, 40, avenue Émile-Zola, à Saint-Maur ;
9. M. Marin (F.), 33, avenue Victor-Hugo, à Saint-Maur ;
10. M. Braun, notaire, avenue Emile-Zola, à Saint-Maur ;
11. M. Chéron, 135, boulevard de Créteil, à Saint-Maur ;
12. M. Serres, 16, avenue Gilbert, à Saint-Maur ;
13. M. Soyer, 90, avenue de Marinville, à Saint-Maur ;
14. M. Firino, 31, boulevard de Créteil, à Saint-Maur ;
15. M. Fleury, 5, avenue du Buisson, à Saint-Maur ;
16. M. Grieshaber, 18, rue des Ecoles, à Saint-Maur ;
17. M. Faure (Albert), 61, avenue du Mesnil, à Saint-Maur ;
18. M. Marie (A.), 59, boulevard Rabelais, à Saint-Maur ;
19. M. le Maire de Bonneuil, à Bonneuil ;
20. M. Marin (A.), maire de Saint-Maur, à Saint-Maur ;
21. M. Thomas (René), 4, boulevard de la Marne, à Saint-Maur ;
22. M. Paquet (Al.), 3, rue Lebeau, à Vincennes ;
23. M. Martin, 30, avenue des Arts, à Saint-Maur ;
24. M. Joly, 21, rue Edgar-Quinet, à Saint-Maur ;
25. M. Maréchaux, 41, avenue de l'Echo, à Saint-Maur ;
26. Mme Vve Spalding, 35, rue de Créteil, à Joinville-le-Pont ;
27. Mme Vve Houdart, née Moynet, 65, rue du Pont-de-Créteil, à Saint-Maur,
28. Mme Meunier du Haussoy, 43, rue de Courcelles, à Paris.

———OO———

TABLE DES MATIÈRES

INTRODUCTION.	1
CHAPITRE I. — PÉRIODE PRÉHISTORIQUE	1
Époque des hauts niveaux. — La vallée de la Marne.	1
Les fossiles. — Le mammouth, le rhinocéros, l'hippopotame . .	4
L'homme. — L'âge de la pierre. — Sépulture préhistorique. — La Marne.	4
CHAPITRE II. — PÉRIODE GAULOISE	9
Les Parisii	9
L'oppidum gaulois	10
État de notre région avant les Romains	11
CHAPITRE III. — PÉRIODE GALLO-ROMAINE.	13
La bataille de Lutèce.	13
Le Château de César	15
Examen des sources historiques.	17
Le temple de Sylvain — Inscription latine	20
Cimetière gallo-romain. — Armes.	22
Les Bagaudes. — Origine. — La légion thébaine. — Extermination	27
Les Huns. — Les saints de Créteil.	34
CHAPITRE IV. — L'ABBAYE.	37
Introduction	37
Fondation de l'Abbaye. — Blidegisile et saint Babolein.	39
Vie de saint Babolein. — Premières donations.	40
Autres donations	45
Fossatus. — Première réforme. — Bégon et l'abbé Benoît . . .	46
Lothaire à Bonneuil-sur-Marne	47
CHAPITRE V. — LES NORMANDS.	51
Incendie de l'Abbaye. — Fuite des religieux.	51
Translation des reliques de saint Maur aux Fossés	53
Biographie de saint Maur	56

CHAPITRE VI. — RÉFORME ET APOGÉE 59
 Bouchard le Vénérable et saint Mayeul. 59
 Nouvelle réforme. — Mort de Bouchard. — L'abbé Teuton. ... 60
 Reconstruction de l'Abbaye et de l'église 64
 Donations. 65
 Légende de Notre-Dame des Miracles 65
 Prieuré de Saint-Éloi 66
 Biens et prérogatives 67
 Bulle de confirmation d'Innocent II (1136). 69
 Miracle de la pluie. — Louis le Jeune. — Associations de prières 71
 Époque de l'affranchissement des serfs 73
 Revue de la garde féodale de l'Abbaye 74
 Le Cartulaire. 75
 L'abbé Pierre de Chevry 76
 Condamnation d'un faux monnayeur. 77
 Condamnation du maire de Mesly. 78
 Droits de justice de l'abbé à Paris. — Léproserie de Saint-Maur 79
 L'Abbaye des Fossés devient Abbaye de Saint-Maur. — Visites
  royales. 80

CHAPITRE VII. — GUERRES CIVILES. — GUERRE DE CENT ANS 83
 Désolation du monastère de Saint-Maur. 83
 Pèlerinage de l'empereur d'Allemagne Charles IV. 84
 Procès à trois épiciers. 86
 Hôtel de l'abbé à Paris. 87
 Les mystères 88
 Charles VI. — Sauvegardes royales. 89
 Procession des habitants de Saint-Maur à Paris. — Processions à
  Saint-Maur. 90
 Traité de Saint-Maur (16 septembre 1418) 91
 Peste de 1418. — L'évêque de Paris se retire à Saint-Maur. — Con-
  fiscation d'un hôtel à La Varenne 91
 Incendie du fort de Champigny par les Armagnacs le 5 avril 1420 92
 Prise de l'Abbaye par les Armagnacs (25 avril 1430). — Les Anglais
  les en chassent. 93
 Inhumation des entrailles du roi Henri V à Saint-Maur 94
 Coups de main des Armagnacs. — Le gué de La Varenne. . . 94
 Serment de l'abbé de Saint-Maur. — Misère publique aggravée
  par l'abbé. 95
 Aventure à trois religieux qui exhibaient les reliques de saint
  Maur. 96
 Inondation de 1460. 97
 Second traité de Saint-Maur (1465) 97
 Chemin de Paris à Saint-Maur 98
 Catalogue des abbés. 100
 Religieux écrivains et historiens 100

CHAPITRE VIII. — LES CHANOINES. 103
 Sécularisation. 103
 Rabelais 104
 Budé. — Sacre de l'évêque Pierre Duchâtel. 105
 Exécution d'un parricide à Nogent en 1611 106

Vol des reliques de saint Maur. — Vente de la bibliothèque aux religieux de Saint-Germain-des-Prés	106
Le concours aux reliques	107
Union du chapitre de Saint-Maur à celui de Saint-Louis du Louvre	109
Exhumation des corps	111
Dispersion des reliques	112
Démolition de l'église. — Les vestiges	114

Chapitre IX. — ÉGLISES ET PAROISSES 117

Église Saint-Hilaire	117
La Varenne-Saint-Maur, paroisse	119
Paroisse Saint-Nicolas	122
Description de l'église Saint-Nicolas	123
Le hameau du Pont-de-Saint-Maur	124
Polangis	127
Confrérie de Notre-Dame des Miracles. — Le père Olier	128
Congrégation des bénédictins de Saint-Maur	128
Arrêt du 7 juin 1723	129

Chapitre X. — LE CHATEAU 131

Construction du Château. — Jean du Bellay	131
Catherine de Médicis	132
Sully. — Henri IV. — Prise du pont de Saint-Maur	135
Les Condé. — Mort du marquis de Pisany	136
Mariage de Mlle du Bueil	137
État du Château avant Gourville	138
Saint-Maur pendant la Fronde	140
Condé à Saint-Maur et à Créteil	142
Le Château achevé et embelli par Gourville. — Mme de la Fayette	144
Plan de la baronnie en 1701	146
Description du Château. — Maison du marquis de La Touanne	147
Mme de Sévigné, Mme de Coulanges, Boileau, etc.	149
Donation de l'usufruit de la baronnie à Gourville	151
Terrier de la baronnie de Saint-Maur. — État des biens	151
Étude du Terrier	154
Manufacture royale de drap d'or	161
Fêtes en l'honneur du dauphin (1700)	162
Lettres de Chaulieu	163
L'Esprit de Saint-Maur	165
Grand bal. — La guerre des Farines. — Les coches de Marne, de Champagne et de Brie	166
Le duc d'Enghien	168

Chapitre XI. — LA VILLE DE SAINT-MAUR (de la révolution a nos jours) 171

Introduction	171
Cahier des doléances	172
Vivant-sur-Marne. — Les cloches. — La chapelle Notre-Dame des Miracles	174
Volontaires (1792)	176
Agitateur. — Affaire Renyé	177
Fêtes révolutionnaires	179

Séparation de la Branche-du-Pont-de-Saint-Maur. — Premières municipalités	180
Union des municipalités de La Varenne et de Saint-Maur	182
Protestations et incidents. — Saint-Maur et la Branche-du-Pont.	183
Détresse. — Manque de vivres	189
Les émigrés. — Le sort du Château	191
Proclamation de Bonaparte, consul à vie	194
Exercice du culte	195
Budget pour l'an XIV (1806)	196
Troupes alliées (1814). — Troupes françaises (1815)	198
Le canal de Saint-Maur	201
L'île des Saints-Pères (villa Schaken)	202
La Restauration	204
Le Père la Ruine	206
Armoiries	207
Les fondateurs de la ville moderne. — Vente des biens du duc d'Aumale (1831)	208
La grande culture. — Raffinerie de sucre	209
Cimetières	212
Saint-Maur en 1833	213
Les lieux dits	218
Maison commune	221
Municipalité du baron de Marinville (1837-1843). — Les ponts.	222
L'eau. — Les moyens de communication	225
Saint-Maur en 1841. — Le cadastre	228
La République de 1848	229
Coup d'État du 2 décembre 1851. — Sous l'Empire	231
Demande de séparation du quartier de La Varenne	233
Guerre de 1870-1871	236
La mairie. — Historique et description	240
Inondations	243
Voies de communication	244
Nouvelles écoles	247
Population	248
LISTE DES MAIRES	251
APPENDICE	253
Adjudication du Château à Charlotte-Catherine de La Trémoïlle.	253
Arrêt du conseil, 7 juin 1723	259
LISTE DES SOUSCRIPTEURS A L'OUVRAGE DE LUXE	261
TABLE	263

TABLE DES GRAVURES

M. Marin, maire de Saint-Maur.	1
Vue générale de l'Abbaye et du Château	IV
Carte de la presqu'île par De Fer (1717)	IV
Armes gauloises	23
Saint Babolein	41
Saint Maur	57
Tombeau de Bouchard, comte de Corbeil	64
Tombeau d'Élisabeth, comtesse de Corbeil	80
Tombeau de l'abbé Jean Thaere	100
Tombeau d'Antoine de Nancuise	108
Vue des ruines de l'Abbaye	113
Vue de l'église de Saint-Maur	123
Église et cimetière de Saint-Maur	125
Plan de l'église de Saint-Maur-les-Fossés, du cloître, du réfectoire et lieux adjacents	130
Vue du Château, par Israël Sylvestre	139
Vue du Château (devant), par J. Rigaud	141
Vue du Château (derrière), par J. Rigaud	143
Le Château et l'Abbaye, par Guéroult du Pas (1710)	144
Plan de l'entrée du Château de Saint-Maur	147
Plan de la presqu'île en 1701	152
Rue du Pont de Saint-Maur	155
Cascade de la maison de M. de La Touanne	160
Vue de l'Abbaye de Saint-Maur	160
Ruines de l'Abbaye de Saint-Maur, par Lesueur	164
Armes de Saint-Maur	171
Tombeau de Dominique de Chaufourneau	172
Statue de Notre-Dame des Miracles	192
Sceau de la baronnie	192
Sceau de la municipalité (1792)	192
Portraits des fondateurs	208
Plan du potager du Château	219
Bac de la Varenne (1864) avec la voiture de Sucy	228
Bac de Chennevières et château de l'Étape	236
Mairie de Saint-Maur	241
Le restaurant « Au Père la Ruine »	244

———××———

Montévrain. — Imprimerie
de l'École d'Alembert

LIBRAIRIE ANCIENNE ÉDOUARD CHAMPION, ÉDITEUR

Arbres généalogiques (Feuilles préparées pour) . . . . 1 fr.

Bournon (Fernand). **La Bastille (1370-1789)**. Histoire et description des bâtiments, administration, régime de la prison, événements historiques. — 1893, in-4. . . . . 30 fr.

Bournon (Fernand). **Histoire de la ville et de tout le diocèse de Paris**. Rectifications et additions (Ville de Paris et son ancienne banlieue). — 1890, in-8. . . . . 25 fr.

Bournon (Fernand). **Belleville.** — 1897, in-8. . . . . 1 fr. 50

Bournon (Fernand). **La Chapelle-Saint-Denis et la Villette**. — 1896, in-8. . . . . 1 fr. 50

Bournon (Fernand). **Charonne.** — 1901, in-8 . . . . 1 fr. 50

Bournon (Fernand). **Grenelle.** — 1901, in-8 . . . . 1 fr. 50

Bournon (Fernand). **Montmartre, Clignancourt.** — 1895, in-8 . 1 fr. 50

Bournon (Fernand). **Vaugirard.** — 1901, in-8 . . . . 1 fr. 50

Bournon (Fernand). **Villiers-la-Garenne et Neuilly.** — 1895, in-8 1 fr. 50

Delisle (Léopold). **Instructions élémentaires et techniques pour la mise et le maintien en ordre des livres d'une bibliothèque.** — 1910. Nouvelle édition revue, in-8 de 82 pages . . . . 2 fr.

Delisle (Léopold). **Instructions pour la rédaction d'un catalogue de manuscrits et pour la rédaction d'un inventaire des Incunables.** — 1910, in-8 de 100 pages . . . . 2 fr.

Durieux (J.). **Les Vainqueurs de la Bastille.** Vainqueurs brevetés. Gardes françaises. Basoches du Châtelet et du Palais. Volontaires de la Bastille. 35e division de gendarmerie à pied. Autres assiégeants : citoyens, soldats, femmes. — 1911, in-8 écu et fac-similé de vainqueur . . . . . . 4 fr.

Espaullard (Hector). **Notes historiques sur le plateau d'Avron.** La seigneurie d'Avron. Le château d'Avron-Beauregard. Le fief de la Montagne. La seigneurie de la Garenne de Villemomble, etc. — 1907, in-8, planches . . . . 4 fr.

Bournon (Fernand). **État des communes de la Seine à la fin du XIXe siècle**, publié sous les auspices du Conseil général. Notice historique accompagnée de nombreux renseignements administratifs et de plans. Epinay, Pierrefitte, Stains, Villetaneuse, Orly, Dugny, Antony, Le Bourget, Thiais, Rungis, Fresnes, Drancy, Le Plessis-Piquet, Villemomble, Bondy, Gennevilliers, Romainville, Bourg-la-Reine, La Courneuve, Sceaux, Bobigny, Bonneuil-sur-Marne, L'Hay, Les Lilas, Rosny-sous-Bois, Noisy-le-Sec, Aubervilliers, Châtenay, L'Ile-Saint-Denis, Bagneux, Chevilly, Pantin, Châtillon, Arcueil-Cachan, Malakoff, Alfortville, Fontenay-aux-Roses, Vanves, Villejuif, Bry-sur-Marne, Saint-Ouen, Choisy-le-Roi, Bagnolet, Asnières, Charenton-le-Pont, Saint-Denis, Créteil, Fontenay-sous-Bois, Saint-Maurice, Levallois, Pré-Saint-Gervais, Nanterre, Clichy, Issy-les-Moulineaux, Clamart, Neuilly-sur-Seine, Saint-Mandé, Ivry-sur-Seine, Maisons-Alfort, Vincennes, Colombes, Bois-Colombes, Saint-Maur-des-Fossés, Vitry-sur-Seine. — Chaque monographie, fort volume in-8, plans . . . . 2 fr.

LIBRAIRIE ANCIENNE ÉDOUARD CHAMPION, ÉDITEUR

Hector-Hogier. **Curiosités parisiennes.** — 4 séries, in-12. 1907-1910.
Chaque série . . . . **3 fr. 50**

    Voici une publication qui remplira d'aise les amateurs du Vieux Paris. M. Hector-Hogier, qui paraît connaître merveilleusement le passé de la capitale, a rapporté de ses déambulations dans la ville une grande quantité de renseignements ignorés ou oubliés ; il les publie sous une forme qui, pour être humoristique, n'en traduit pas moins les faits avec précision.
                                                                 (*New-York Herald.*)

Lebeuf (l'abbé). **Histoire de la ville et du diocèse de Paris.** — Nouvelle édition, publiée par Augier, 5 vol. grand in-8 de texte et 1 de table   **40 fr.**

Bournon (Fernand). **Rectifications et additions.** — In-8. . . . **25 fr.**

    Dans le nombre illimité des ouvrages qui ont été écrits sur Paris et la région parisienne, il en est quelques-uns seulement qui sont capitaux et demeureront toujours indispensables aux travailleurs soucieux de l'exactitude et de la critique historique : ce sont les livres de Sauval, de Félibien, de Piganiol de La Force, de Lebeuf, de Jaillot.
    L'ouvrage de l'abbé Lebeuf, notamment, composé de 1745 à 1760 et consacré à l'histoire des 450 paroisses de l'ancien diocèse de Paris, offre une mine inépuisable de renseignements puisés aux meilleures sources et reste, pour la plupart de ces localités, le seul instrument de travail à utiliser.
    L'édition originale, en 15 volumes in-12, était rare et contenait de nombreuses erreurs typographiques. La réimpression entreprise par Cocheris (3 volumes et demi, in-8) s'interrompt brusquement au milieu de l'histoire de la banlieue ecclésiastique de Paris.
    L'édition que nous offrons contient :
    1° Le texte complet de l'œuvre de l'abbé Lebeuf en 5 volumes gr. in-8, d'où les fautes d'impression de la première édition ont été soigneusement corrigées par les soins de M. A. Augier ;
    2° Une table analytique des matières constituant un volume de même format, de 548 pages, rédigée par MM. Augier et Fernand Bournon ;
    3° Un volume de même format, de 618 pages, contenant les *Rectifications et additions* à l'abbé Lebeuf par M. Fernand Bournon pour l'histoire de la ville de Paris, de ses faubourgs et des communes annexées ou suburbaines : Auteuil, Passy, Chaillot, Montmartre, Boulogne, Neuilly, Clichy, Levallois-Perret, La Chapelle, La Villette, Belleville, Charonne, etc.
    Ce dernier volume, fruit de près de vingt années de travail, renferme sur toute cette région les indications les plus précieuses de sources manuscrites et imprimées, fournit une suite de dissertations sur tout ce que le savant abbé aurait dû dire, sur tout ce qu'il dirait, avec le secours de nos dépôts d'archives, s'il vivait encore aujourd'hui.

Lefèvre-Pontalis. **Le Plan d'une monographie d'église et le vocabulaire archéologique** — 1910, in-4, 5 planches et figures. (Extrait de la *Revue de l'Art chrétien*) . . . . **1 fr. 50**

Picarda (A.). **Les Marchands de l'eau.** Hanse parisienne et compagnie française. — 1901, grand in-8 . . . . **3 fr.**

Sellier (Charles), *conservateur adjoint du musée Carnavalet*. **Anciens Hôtels de Paris.** — 1909, fort volume in-8 de près de 500 pages. **10 fr.**

    Voici un ouvrage qui intéresse les Parisiens curieux de l'histoire de leur ville. Dans ce volume, M. Sellier a réuni une suite de monographies très intéressantes sur divers hôtels de Paris : l'hôtel Lepelletier de Saint-Fargeau, l'hôtel de Hollande, l'hôtel de Luynes, l'hôtel de Sens, l'hôtel de Saint-Chaumont, l'hôtel de Lamoignon, etc., etc., les uns naguère démolis, les autres qui subsistent encore. Ces études consciencieuses, sur bien des points, contredisent des traditions erronées et dissipent des légendes.
                                                   André Hallays (*Les Débats*).

Schmidt (Charles). **Les Sources de l'histoire de France**, depuis 1789, aux Archives nationales, avec une lettre-préface de M. A. Aulard. — 1907, in-8. . . . . **5 fr.**

    Les demandes de recherches — la salle de travail — les inventaires — les sources de l'histoire d'un département, d'un canton ou d'une commune aux Archives nationales — les séries départementales. Grâce à cet excellent répertoire, *en quelques instants tout travailleur saura ce qu'il peut trouver et ce qu'il doit demander aux Archives nationales.*
                                                            Aulard.

www.ingramcontent.com/pod-product-compliance
Lightning Source LLC
Chambersburg PA
CBHW071340150426
43191CB00007B/797